IGNAZ WYSS

Wirkungsvolle Briefe, aber wie…?

Nachschlagewerk und Vorgaben für Büro und Privat

- Geschäftsbriefe
- Privatbriefe
- Protokolle
- Medienkonferenz
- Formales zu den Briefelementen
- Normvorgaben
- Stellenbewerbung
- Kündigung

NK-VERLAGS AG, LUZERN

ISBN 3-907138-10-4

Impressum

Auflage 2002	In diesem Buch sind die Beispiele und Empfehlungen vom Autor und dem Verlag sorgfältig ausgewählt und geprüft worden. Eine Haftung des Verfassers oder des Verlags oder der Beauftragten ist bei Personen, Sach- oder Vermögensschäden in jedem Fall ausgeschlossen.
ISBN 3-907138-10-4	Abdruck und Vervielfältigung, auch auszugsweise, sind nur mit Bewilligung der NK-VERLAGS AG LUZERN gestattet.
Druck	Sarganserländer Druck AG, 8887 Mels
Cartoons	Ronald Roggen, Roggen Public Relations, 3073 Gümligen
Layout	Theo Hobi, 8887 Mels
Verlag	NK-VERLAGS AG LUZERN Schädrütihalde 54, 6006 Luzern 041 370 92 17 / Fax 041 370 91 21
Auslieferung Buchhandel	Schweizer Buchzentrum, Olten Das Buch kann in jeder Buchhandlung erworben werden.

Vorwort

Es wird trotz der hohen Telefondichte mehr geschrieben als früher. Die schriftliche Kommunikation, privat oder im Geschäft, ist intern und extern dank der im Internet günstigen und schnellen E-Mail-Übertragungstechnik noch bedeutender geworden.

Mit seinem Lehrbuch «Moderner Muster-Briefsteller» hat Professor E. Walden vor mehr als hundert Jahren schon versucht, «veraltete Floskeln und unnötige Weitschweifigkeiten, für die keine Zeit mehr vorhanden ist», zu beseitigen.

Vielleicht fallen Ihnen auch heute genauso wie damals Professor E. Walden jene Alltagsbriefe mit distanzierten, floskelhaften Wendungen auf.

Die Sprache wandelt sich ständig, und wir alle möchten aussagekräftig schriftlich verhandeln und Briefe mit gezielt ausgewählter, sorgfältig angepasster Wortwahl schreiben.

Mit diesem Buch haben Sie die richtige Auswahl getroffen; es soll Sie mit Musterbriefen aus der Praxis im Büro und im privaten Bereich sowie mit zahlreichen Anregungen zum wirkungsvollen, individuellen, neuzeitlichen Schreiben anregen.

Die umfangreichen Zusatzinformationen zur Briefgestaltung machen «Wirkungsvolle Briefe, aber wie...» zum unentbehrlichen Nachschlagewerk bei Ihrer beruflichen Tätigkeit.

Gleichstellung von Mann und Frau: Für mich kein Thema – selbstverständlich! – Sie finden jedoch zu Gunsten des günstigen Leseflusses im vorliegenden Buch nicht überall die manchmal träge wirkende Doppelform wie «Briefautorin und Briefautor» oder etwa «die Verfasserin/der Verfasser». Ist aus sprachlichen Gründen nur die maskuline Form aufgeführt, so meine ich inhaltlich auch die feminine Version oder umgekehrt.

Luzern, Sommer 2002

Ignaz Wyss

Auszüge aus dem Vorwort zur Neuauflage des Lehrbuches «Moderner Muster-Briefsteller» von Professor E. Walden, um 1900:

«... Es galt bei der Umgestaltung erstens, alles inhaltlich wie sprachlich Veraltete zu beseitigen. Zweitens galt es auch, der Vielgestaltigkeit des Lebens Rechnung zu tragen und ein möglichst in allen Lagen und Verhältnissen brauchbares Hilfsmittel für die Abfassung von privaten und geschäftlichen Briefen, Eingaben an Behörden und anderen Schriftstücken zu schaffen. Drittens war dabei zu berücksichtigen, dass heutigen Tages mehr als zuvor die Losung gilt: Zeit ist Geld, dass namentlich im geschäftlichen Leben und im Verkehr mit den Behörden für veraltete Floskeln und unnötige Weitschweifigkeiten keine Zeit mehr vorhanden ist und dass infolgedessen auch im privaten Verkehr die behagliche Breite, mit der man früher seine Herzensgrüsse zu Papier brachte, um stets die Bogen voll zu bringen, einer wohltuenden Kürze und knapperen Darstellungsweise Platz gemacht hat. Endlich ist auch den Anforderungen an die Sprachreinheit viel mehr als früher Rechnung getragen worden, indem entbehrliche Fremdwörter nach Möglichkeit vermieden worden sind. Möge das Buch auch in seiner neuen Form freundliche Annahme finden.»

Die Cartoons wurden erstellt von:
Dr. Ronald Roggen
Roggen Public Relations
3073 Gümligen

NK VERLAGS AG Luzern
Schädrütihalde 54
6006 Luzern
Tel. 041 370 92 17 / Fax 041 370 91 21
iwyss@tic.ch

.... weitere Bücher aus unserem Programm

Nachschlagewerk	**Neue Rechtschreibung am Arbeitsplatz** ISBN 907138-09-0 94 Seiten Überblick über die Rechtschreibung und Einführung zur Umsetzung Geeignet zum Selbststudium oder für Rechtschreib-Seminare
Schulung	**Deutsch für Berufstätige** ISBN 3-907138-07-4 272 Seiten Schulungsbuch, grammatische Grundlagen, Lerntechnik, Grammatik, Textverständnis, Aufsatzlehre ISBN 3-907138-08-2: dazu passendes Lösungsbuch, 280 Seiten
	Neue Korrespondenz für Berufstätige ISBN 3-907138-05-8 316 Seiten Schulungsbuch für Erwachsene Anregungen zur Verfeinerung der Korrespondenz im Betrieb Geschäftskorrespondenz, Protokolle, Berichte, Stellenbewerbung, Kündigung. ISBN 3-907138-06-6: dazu passendes Lösungsbuch, 452 Seiten
	Neue Korrespondenz für Handelsschulen ISBN 3-907138-02-3 184 Seiten Schulungsbuch für Handelsschüler Grundlagen und Anregungen zur Korrespondenz, Stellenbewerbung, Kündigung ISBN 3-907138-06-6: dazu passendes Lösungsbuch, 452 Seiten
	Grundschule Informatik ISBN 3-907138-04-X 186 Seiten Schulungsbuch Grundlagen über Aufbau und Anwendung von Computersystemen

Sie erhalten die Bücher in jeder Buchhandlung oder Sie können bei der NK-VERLAGS AG LUZERN bestellen.

Inhaltsverzeichnis

ÜBERSICHT

Hören ist einfacher als Lesen	7
Abgedroschene Floskeln vergessen!	9
Standardbriefe	10
Beim Schreiben hinterlassen wir Spuren	10

SCHREIBKULTUR

Zeitgemässer Briefstil	11
Wirkungsstil – Sie-Einstellung	13
Betriebsimage und Schreibkultur	18
E-Mail-Botschaften	19
Verborgener Wortschatz	21
Sprachstil und Umgebung	23
«Funktionärinnen» und «Funktionäre»	25
10 Stilgebote	26
Was wollen Sie ändern?	27
Aus Alt wird Neu	31

BRIEFELEMENTE

Briefinhalt	37
Anlassbereich	37
Wirkungsbereich	38
Abschlussbereich	38

FORMALES

Briefanfang	39
Adresse	39
Ort/Datum	43
Brieftitel	43
Anrede	45
Briefschlüsse, Grussformen	46
Unterschriften	48
Beilagenvermerke	50
Fortsetzungsseiten	51
Verteilervermerke	52
Umschlagadresse	53

GESCHÄFTSBRIEFE

Formales

Abschnitte	55
Form, Corporate Identity	55
Corporate Design	56
Standardvorgaben für Geschäftsbriefe	57

Ideen aufs Papier bringen

Ideen aufs Papier bringen	59
Clustering	59
Mind-Mapping	61
Botschaft und Formulierung	62

Kontakte schaffen

Anfrage	65
Bestimmte Anfrage	66
Anfrage, Vertreterbesuch	67

Kontakte erhalten

Angebot	69
Angebot für Dienstleistung	70
Angebot für Ware, verbindlich	71
Angebot für Ware, verbindlich, befristet	72
Angebot für Ware, unverbindlich	73

Werbebriefe

Wirkungsvolle Werbebriefe	75
Synchronisieren	77
Persönlicher Werbebrief	80
Allgemeiner Werbebrief	85
Nachfassbriefe	87

Beanstandungen, Mahnungen

Beanstandung	89
Mängelrüge	92
Antwort auf Mängelrüge	97

Mahnbriefe

Liefermahnung	100
Mahnung nach unbegründeten Abzügen	101
Mahnung bei Zahlungsverzug	103
Mahnsysteme	104
Mahnstufe 1	105
Mahnstufe 2	107
Mahnstufe 3	109

Antworten zu Mahnbriefen

Antwort nach Liefermahnung	111
Antwort nach Zahlungsmahnung	113

Geschäftsbriefe, die es manchmal braucht ...

Danken	115
Glückwunsch zum Geburtstag	116
Gratulation zum Betriebsjubiläum	117
Erkundigung, Auskunft	118
Datenschutz am Arbeitsplatz	119
Datenschutz bei E-Mail und Fax	120
Beileid	121
Todesanzeige für die Zeitung	121

Inhalt

Beileidsbezeugung an Mitarbeiter	121
Todesanzeige am Anschlagbrett	122
Rundschreiben als Todesanzeige	122
Absage nach Bewerbung	123
Kündigung	124
Arbeitszeugnis	125
Lehrzeugnis	127
Zwischenzeugnis	129
Arbeitszeugnis zum Abschluss	130
Arbeitsbestätigung	132

BEHÖRDENBRIEFE

Briefverkehr mit Amtsstellen	133
Einsprache	134
Beschwerde	135
Gesuch	136
Erkundigung/Auskunft	137
Eingabe	138

PROTOKOLL

Objektiv informieren

Protokoll	139
Einladung zur Vorstandssitzung	145
Protokollmuster	146
Pendenzenliste zum Protokoll	151

BERICHT

Objektiv orientieren

Bericht	153
Aktennotiz	154
Verhandlungsbericht	156
Medienkonferenz/Communiqué	158
Pressemappe	162

PRIVATBRIEFE

Privatbriefe, die es manchmal braucht ...

Wohnungssuche	163
Beanstandung an Vermieter	164
Beanstandung, Wohnungsmängel	165
Wohnungskündigung	166
Beanstandung, Ferienarrangement	167

Danken

Dankesbrief	168
Danken für Blumengiessen, Einladung, Geschenk, Glückwunsch	169
Dank und Absage	171
Dank an Reisebüro	171
Abmeldung für GV mit Dank	172
Dank zum Abschied	172

Glückwünsche

Glückwunsch zur Geburt	173
Glückwunsch zum Geburtstag	173
Glückwunsch zur Beförderung	174

Allerlei

Wechsel zur Passivmitgliedschaft	175
Kurbeitrag	175
Krankenkasse	176
Versicherung. Kündigung	176
Bank. Dauerauftrag	177
Bank. Überweisungsauftrag	177
Polizei. Einsprache gegen Busse	178
Strassenverkehrsamt. Halterwechsel	179
Internet. Kündigung Provider	179
Steueramt. Einsprache	180
Steueramt. Gesuch um Aufschub	181
Steueramt. Erstreckung Zahlungsfrist	181

Beileid

Beileidsbezeugungen	182

STELLENBEWERBUNG

Bewerbungsanfrage	183
Für sich werben ...	185
Plus-/Minuspunkte	186

Bewerbungsbriefe

Bewerbung auf ein Inserat	187
Bewerbung zum Lehrabschluss	188
Stellenbewerbung	189
Bewerbung für Wiedereinsteigerin	189
Personalienblatt	190

Mit der Bewerbung überzeugen!

Der erste Eindruck	192
Vorstellungsgespräch	192
Anstellungsgespräch	193
Der Entscheid	193
Zusammenfassung, Checkliste	194

TIPPS

Checklisten	195
Sieben Stiltipps	199
Wörterbuch zum Nachschlagen	207

Hören ist einfacher als lesen

Beim Schreiben Aufmerksamkeit gewinnen

Die Sprache ist unsere Fähigkeit, sich mit Zeichen oder Worten zu verständigen. Deshalb muss alles, was von uns gesprochen oder geschrieben wird, zur Verständlichkeit des Gesagten führen. Für eine ungestörte Kommunikation müssen sowohl der Sender als auch der Botschaftsempfänger über einen einheitlichen gemeinsamen bekannten Zeichenvorrat verfügen.

Nicht jede Kommunikation kann mündlich erfolgen. Der direkte Kontakt zum Anderen wird bei Geschriebenem nur über einen Träger möglich. Eine Botschaft kann beispielsweise in den nassen Sand geritzt oder auf ein mit Wasserdampf beschlagenes Fenster geschrieben sein. Was über längere Zeit festgehalten werden soll, muss auf einem zuverlässigen Träger (Tonziegel, Schiefertafel, Papier, Diskette, Speicherplatte) festgehalten werden. Geschriebenes richtet sich ohne Einschränkung auf das Verstehen untereinander aus. Wählen wir für unsere Botschaft einen unpassenden Träger, so erreichen wir den Ansprechpartner nicht. Es wird nichts geschrieben, das nicht in einer Sprache einmal gedacht oder gesagt worden ist. Unsere Schreibarbeit zielt auf das ständige 'Hinterher-wieder-Aufnehmen', das Lesen von Gedachtem oder Gesprochenem.

Hören ist einfacher als Lesen: Wenn Sie mit jemandem Reden, hört man Ihnen in der Regel zu. Mit der Betonung einzelner Wörter können Sie steuern, was an der Teilaussage für den Angesprochenen wichtig ist. Wird im Dialog ein Wort oder ein Inhaltsteil nicht verstanden, bringt das Nachfragen die Klärung. Ob Ihre Botschaft angekommen ist, können Sie mit anschliessenden Rückfragen als Erfolgskontrolle unverzüglich prüfen. Die gesprochene Sprache erlaubt Spontanität, Offenheit und verträgt zudem weitere Uneinheitlichkeiten in der Betonung, beim Wortschatz, bei der Grammatik und selbst bei unterschiedlichen Dialekten. Gesprochenes kann jedoch auch Nachteile bringen, weil der Redner seine Vorstellungen – Bilder – nur auszugsweise vermitteln kann. Wenn er sagt: «Draussen steht ein Auto», macht sich jede Zuhörerin und jeder Zuhörer ein eigenes Bild: Jemand sieht vielleicht einen blauen «Mercedes», ein anderer einen roten «VW» ... – Sie gewinnen als Rednerin oder als Redner interessierte Zuhörer, wenn Sie mit der Botschaft auch Ihre Bilder präzis beschreibend weitergeben können.

Beim Brief gewinnen wir die Leserin oder den Leser erst mit treffenden, anschaulichen Wörtern, partnerschaftlichem Ton und gutem Schreibstil. Schreiben ist zwar der Ersatz für das gesprochene Wort, es ist «schriftliches Reden». Damit meine ich jedoch nicht spontanes unkontrolliertes «Blabla», sondern ein floskelloses, angepasstes, verständliches Formulieren. Wenn Sie nach einem versandten Schriftstück das Feedback des Adressaten oder Korrekturen erwarten, so müssen Sie sich gedulden, denn im Gegensatz zum Gespräch wird das Feedback erst verspätet möglich sein.

Viele können sehr gut sprechen, scheitern jedoch beim Schreiben. Das Verfassen sprachlich gewandter Briefe ist zugegeben anspruchsvoll. Erkennbare Mängel und Schwächen sind bei schriftlich verfassten Texten besonders auffällig. Beim schriftlichen Formulieren werden wir immer wieder verleitet, anstelle des allgemein gültigen treffenden Wortschatzes aus dem eigenen Wortschatz umgangssprachliche Ausdrücke zu übernehmen.

In der Korrespondenz ist die Genauigkeit bei der Wortwahl wichtig, und die Sätze müssen überlegt und so formuliert werden, dass eine Botschaft auch vom betriebsfremden Leser verstanden werden kann.

Sehr oft ist etwas Schriftliches der erste Kontakt zu einem Kunden oder möglichen Lieferanten. Die Wirkung der Wörter bestimmt das Verhalten der Leserin oder des

Übersicht

Lesers. Man hört immer wieder Einwände, in der Praxis könne man aus Kostengründen doch nicht an jedem Satz 'herumbasteln'. Bestimmt ist es so, dass man nicht jeden Satz optimal verbessern kann. Geschriebene Wörter dürfen aber nicht zur Massenware werden, und es soll immer unser Ziel sein, alles für den Leser zu tun, was zugunsten des besseren Verständnisses möglich ist. Mit der Wahl von unpassenden Wörtern oder unverständlichen Redewendungen verlieren wir nämlich die Aufmerksamkeit des Lesers. Wer als «Funktionär» oder als «Funktionärin» in seinem Betrieb das echte, engagierte «ICH» in den Briefinhalten aufgibt – obwohl wir Geschäftsbriefe in der WIR-Form verfassen –, schreibt zu distanziert, unpersönlich ... Mit stereotypen Formulierungen wird es uns nicht gelingen, Sympathie beim Leser zu wecken. Nutzen Sie Ihre Bildung und die Menschenkenntnisse, damit Sie sich auf die Leserinnen und Leser einzustimmen vermögen. Erfolgreich verhandeln können Sie nur mit angepasstem Sprachniveau, ausgefeilten Texten und überzeugendem Inhalt.

Ist mit einer Ansprechpartnerin oder einem Ansprechpartner die mündliche Kommunikation aus irgendeinem Grunde nicht möglich, erfolgt sie schriftlich, meistens in Briefen. Geschäftsbriefe schreiben Sie als Ersatz für den unmittelbaren Dialog. Zur Lösung von Konflikten können Sie beispielsweise Ihre Argumente ungestört darlegen, und Sie werden nicht – wie in einem Streitgespräch eigentlich immer – ständig durch Gegenargumente unterbrochen. Vieles, was zum gegenseitigen Verständnis auch im persönlichen Gespräch wesentlich ist, lässt sich umsetzen. Beim Verfassen von Schriftstücken vernetzen wir uns aber viel bindender mit dem Gegenüber. Was wir schreiben, kann genutzt, weiterverarbeitet, archiviert oder von Dritten als Beweismittel eingesetzt werden. Es lohnt sich deshalb, mit dem geschriebenen Wort sorgfältig umzugehen ...

Briefbotschaften können von allen gelesen werden, doch nicht jeder nimmt sie genau gleich auf wie der andere. Wir können nie sicher sein, ob der Empfänger, auch wenn man ihn gut kennt, unsere Botschaft so verstanden hat, wie sie gemeint ist. Es hängt oft weniger vom Produkt oder vom Unternehmen ab, ob ein Text Einfluss auf die Angesprochene oder den Angesprochenen nehmen kann. Es sind eher Form und Schreibstil, die vorgezogen oder abgelehnt werden. Selbst wenn wir beim Lesen von Brieftexten bloss sachliche Interessen bekunden, sind im Unterbewusstsein – wenn auch weniger ausgeprägt – emotionale Elemente beteiligt. Sie können sich je nach Briefton positiv, neutral oder negativ zeigen und Toleranz, Freundlichkeit und Kompromissbereitschaft signalisieren oder Respektlosigkeit, Distanz und Überlegenheit bewirken.

Sachliche Briefe in trockener Sprache führen keinesfalls zum Erfolg. Es gibt beispielsweise keine Briefe im Betrieb, bei denen bloss die rationale Ebene (Verstandesebene) allein die Vermittlerrolle zu übernehmen hat, die emotionale Ebene (Gefühlsebene) spielt immer mit. Der Spielraum ist für Sie wie auch für die Leserschaft immer noch gross genug, um Geschriebenes unterschiedlich zu interpretieren. Sie sind beim Schreiben dann erfolgreich, wenn Sie Ihre Botschaft in partnerschaftlichem Ton, mit klarem inhaltlichem Aufbau und sauber formulierten Sätzen weitergeben können.

> Die Gefühlsebene ist beim Schreiben eines Briefes immer dabei!

Abgedroschene Floskeln vergessen

Wirkungslose Briefe sind Zeitverschwendung

Brauchen wir beim Sprechen Floskeln? Ich denke, nicht so häufig! Warum verwenden wir sie dann beim Schreiben? Briefe mit unbedeutenden, irreführenden oder irrealen Inhalten verstärken das Desinteresse der Leserschaft. Gebrannte Kinder fürchten das Feuer ...! Ich glaube, die Zeit irreführender Werbemethoden mit rätselhaften Aussagen oder übersteigerten Versprechungen ist abgelaufen. Wir begegnen einer Werbung mit ständig benutzten Superlativen mit Misstrauen, und alle Versuche stossen auf Ablehnung, wenn sie beispielsweise verbrauchte Wörter oder abgedroschene Schlagzeilen enthält:

> **Keine Floskeln!**
>
> **Nicht die Wörter führen uns, wir führen die Wörter!**

Sie gehören zu den glücklichen Gewinnern!
Wir gratulieren Ihnen zum Gewinn dieses schönen Autos!
Wir schenken Ihnen diesen tollen Mercedes!
Rubbeln Sie Ihre Losnummer, Sie bringt Ihnen das Glück!
Wir haben Sie auserwählt!

Briefe mit festgefahrenen, langweiligen Wendungen sind nicht beliebt. Floskeln oder Phrasen, wie im alten Kaufmannsdeutsch noch üblich, sind in der neuen, Sie-bezogenen Briefkultur nicht mehr gefragt. Aber auch mit ausgefallenen Wörtern oder ungewohnten Formulierungen verlieren wir die Aufmerksamkeit der Leserin oder des Lesers. Nur wer sich verstanden fühlt, kann vertrauen: Wir sind erfolgreicher, wenn wir auf Floskel-Texte verzichten und unsere Texte inhaltlich wie auch sprachlich auf die wirklichen Bedürfnisse und Erwartungen des anspruchsvollen Zielpublikums ausrichten.

Verwenden Sie für Ihre Briefe unverbrauchte Wörter, aktive Verben anstelle des langweiligen Nomenstils. Sorgen Sie für eine lebendige, leicht verständliche Sprache. Nutzen Sie Ihre Fähigkeit, Verhandlungsziele, Standpunkte, Meinungen sprachlich präzise und ansprechend zu formulieren. Jeder sorgfältig und positiv verfasste Brief ist direkte Werbung für Ihren Betrieb.

Wer möchte im Büro nicht rationell arbeiten! Viele werden in ihren Bestrebungen aber dazu verleitet, Briefe mit abgedroschenen Phrasen zu verfassen: Sie verwenden oft auch Wörter, die sie selten oder nie beim Sprechen gebrauchen würden. Bedeutend mehr als das versiegende, gesprochene Wort sagt Geschriebenes auch später viel mehr über den Textverfasser aus: Man spürt, ob der Schreiber die formalen sprachlichen Voraussetzungen erfüllen kann, ob er übersichtlich, sachlich und in gutem Ton an uns gelangen kann. Zweifler an der eigenen sprachlichen Ausdrucksfähigkeit suchen nach alten Brieftexten mit ähnlichem Inhalt, die dann für den neuen Zweck abgeändert werden. Damit wird – was eigentlich keiner will – den Geschäftsbriefen mit floskelhaften Wendungen der Weg bereitet ...

Standardbriefe

Eigentlich schreibt kein Mensch wie der andere. In der Geschäftskorrespondenz wiederholen sich aber bestimmte Vorgänge und Briefinhalte immer wieder. Die Praxis erinnert uns daran, dass bei Routinebriefen häufiger standardisierte Briefformen, die vom Computer-Speicher geholt werden können, eingesetzt werden. Autotext-Briefe sind zwar sehr kostengünstig, doch sie lassen dem Briefverarbeiter zur textlichen Mitarbeit wenig Raum, sich einer aussergewöhnlichen Situation anzupassen, beispielsweise erlauben sie den Verfassern keine empfängerorientierte, individuelle inhaltliche Abstimmung. Bei unsorgfältig abgestimmten Standardbriefen fühlt sich die Leserschaft eher verwaltet und Ihre Firma wird demnach eher weniger als kundenfreundlicher, moderner Betrieb erfahren.

Rationalisieren unbedingt ..., doch auch bei 'Modulbriefen', die auf vorgegebenen Sätzen basieren, darf das 'Briefganze' nicht gestört werden. Achten Sie darauf, dass der Leser oder die Leserin bei persönlich adressierten Briefen mit wiederkehrendem Inhalt die Bausteinkorrespondenz nicht auf Anhieb erkennen kann. Mit der modernen Textverarbeitungssoftware ist es wieder einfacher geworden, Serienbriefe mit individuellem Charakter aufzulegen. Der Brief muss der Zielgruppe angepasst sein; daraus versteht sich von selbst, dass sich meistens nur der Informationsteil eines Briefes als Autotext eignet. Wollen Sie Vertrauen schaffen und Sympathie gewinnen, so müssen Briefeinstieg und -schluss individuell bleiben. Überprüfen Sie zudem die Bausteintexte routinemässig, ob sie den aktuellen Anforderungen in Sprache, Form und Stil noch genügen.

Keine Regeln ohne Ausnahmen! Es ist aber auch möglich, dass wir bewusst die 'Allerweltsbrief'-Form wählen, bei der die standardisierte Baustein- oder Modultext-Korrespondenz (vollständige Abschnitte als Bausteine, Autotext) deutlich erkennbar wird. Wer hat denn nicht schon einen Rechnungsauszug oder eine Mahnung erhalten, weil die Rechnung unbeachtet mit Zeitungen oder Werbeprospekten ins Altpapier gewandert ist! Wie gut tut es uns doch, wenn wir dann erfahren dürfen, dass unser unabsichtliches 'Vergehen' als Routinemeldung in Form eines Standardbriefes an vergessliche Kunden (Rechnungs- oder Kontoauszug) beanstandet wird ...

Beim Schreiben hinterlassen wir Spuren ...

In Betrieben wird die Fähigkeit, fehlerfrei zu schreiben, beim schriftlichen Verhandeln vorausgesetzt. Die sichtbaren Schwächen lassen offenbar Rückschlüsse auf die sprachlichen Möglichkeiten und den Bildungsgrad des Absenders zu. Formal sorgfältig verfasste, fehlerfreie Briefe gewinnen höhere Anerkennung als unsorgfältig verfasste Schriftstücke mit gleichem Inhalt.

Es gibt selbst langjährige Angestellte, die beim Schreiben verunsichert sind. Vielleicht sind sie gehemmt, weil sie wissen, dass ihr Brief von weiteren Personen gelesen und nach Stil und Orthografie beurteilt werden kann. Vielleicht haben sie das Vertrauen in ihre sprachlichen Fähigkeiten verloren, oder es wurde ihnen während der Schulzeit genommen ...

TIPP
Für jeden wichtigen Gedanken (jede wichtige Aussage) einen Satz! Kurze Sätze ermöglichen den gewählteren Ausdruck und bringen dem Leser bessere Übersicht.

Zeitgemässer Briefstil

Stuttgart, den 30. September 1901

Wir beehren uns, Ihnen hierdurch die ergebene Mitteilung zu machen, dass unsere Handelsgesellschaft mit dem heutigen Tage durch den Rücktritt des Herrn Alfred Stickel aufgelöst worden ist.
Wir danken ergebenst für das uns erwiesene Wohlwollen und empfehlen uns Ihnen

hochachtungsvoll

Böhme, Stickel & Köppe

Quelle: Prof. Th. de Beaux, «Deutsche Handelskorrespondenz», 1909

Die Beispiele aus einem hundert Jahre alten Lehrbuch für die deutsche Handelskorrespondenz führen uns in eine fremde Welt ... Auch in der schriftlichen Kommunikation hat sich die Sprache völlig gewandelt. In den für uns altmodischen Geschäftsbriefen fallen der grosse Anteil langer Wörter und das umständliche Formulieren mit unterwürfigen Höflichkeitsfloskeln auf. Bestimmt stören auch Sie in den aktuellen Geschäftsbriefen nutzlose Formulierungen oder missverständliche Bezüge; denn Sie wollen doch den Inhalt möglichst rationell erfassen und verstehen können.

Wir können uns beim Verfassen von Briefen oft nur schwer von alten Denkmustern be-

Leopold Schmerl & Co.
Telegrammadresse:
Krauswolle, Berlin.
Fernsprech-Anschluß
AMT III NO. 2018
Reichsbank-Girokonto

Berlin C, den 1. März 1900

Kammgarnspinnerei zu Leipzig.

Durch Vermittelung unseres Leipziger Vertreters, des Herrn Otto Lindenberg, verkauften wir Ihnen den Posten Australzug 3421, den wir in 65 Ballen ab Kämmerei Hoboken, zoll- und frachtfrei, an Sie zu Versendung brachten.

Indem wir Ihnen für diesen Auftrag bestens danken, beehren wir uns, Ihnen in der Anlage mit Faktur aufzuwarten, und bitten, uns für deren Betrag von:

M 33 683.12, Wert am 31. März ds. Js.

gefl. erkennen zu wollen.

In der Hoffnung, daß sich die hiermit zwischen uns eröffnete Geschäftsverbindung recht lebhaft und für beide Teile befriedigend gestalten möge, zeichnen wir

hochachtungsvoll

Leopold Schmerl & Co.

1 Rechnung
1 Konditionsschein

Quelle: Prof. Th. de Beaux, «Deutsche Handelskorrespondenz», 1909

Zeitgemässer Briefstil

freien. Was uns vertraut ist, wenden wir gerne wieder an. Unsere Fertigkeit beim Schreiben basiert auf Erinnerungen (Erfahrungen). Der zeitgemässe Briefstil verlangt prägnant formulierte, kurze Sätze. Er wird mit dem sorgfältig gewählten Sprachaufwand offenbar, ohne überflüssige Wortwiederholungen und umständliche Formulierungen. Es lohnt sich für jeden Betrieb, wenn die Kunden erfahren können, dass die Korrespondenz wie auch die Produkte den aktuellen Normen und den zeitgemässen Ansprüchen genügen.

Der einheitliche Schreibstil soll jedoch keineswegs das erstrebte Ziel sein. Wäre das langweilig! Sie verwenden beim Verfassen von Texten I h r e n aktiven Wortschatz, und Sie machen in I h r e n Texten mit Vorliebe von I h r e n Wörtern auch Gebrauch, was sich im Schreibstil niederschlägt. Wählen Sie jedoch nur Fach- oder Fremdwörter sowie Abkürzungen, die der angesprochenen Zielgruppe geläufig sind. Unverzichtbare inoffizielle Abkürzungen, die aber der Adressat noch nicht kennen kann, werden beim ersten Gebrauch erklärt.

Je kleiner der Sprachaufwand in Bezug auf den Inhalt ist, desto grösser der Erfolg! Ein guter Brief ist flüssig geschrieben; er überzeugt mit treffenden, anschaulichen Wörtern, wirkt wie aus einem Guss.

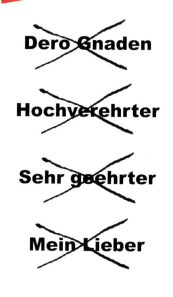

Unsere Sprache ist ständig im Wandel. Die Veränderungen wirken sich auf den Schreibstil aus:

- Der Satzbau hat sich geändert.
- Der Nomenstil musste dem aktiven verbalen Stil weichen.
- Es kamen neue Wörter, beispielsweise viele Fachwörter (auch Unwörter wie 'Elchtest' oder 'Fastfood'), dazu.
- Andere Wörter oder Floskeln, die man früher häufig brauchte, gelten heute als veraltet oder werden gemieden.

Der Wirkungsstil beginnt mit der Sie-Einstellung

Bei Grossverteilern stossen wir auf Plakate mit der Aufschrift «Heute Abend*einkauf*», nicht etwa 'Abend*verkauf*'. Der Käufermarkt hat den Verkäufermarkt schon längst abgelöst. Der Aushang mit der Sie-bezogenen Formulierung ist auf die Bedürfnisse der Kundschaft abgestimmt, schliesslich geht sie abends e i n k a u f e n, nicht verkaufen.

Wir versuchen Verhaltensänderungen unserer Ansprechpartner frühzeitig wahrzunehmen, zu analysieren und zu bewerten. Sie schreiben erfolgreich, wenn Sie die Bedürfnisse des anderen kennen und seine Interessen achten. Dem Leser muss möglich gemacht werden, die Gedanken der Verfasserin oder des Verfassers nachvollziehen zu können. Ungleiche Zielgruppen sollen auch unterschiedlich angesprochen werden. Schreiben Sie so, dass Ihr Text die Kunden interessiert. Schreiben Sie 'Beziehungsbriefe' stets freundlich, positiv und kundenorientiert, Briefe die man gerne liest, bei denen man die Präsenz von einem engagierten Verfasser auch spürt. Der Inhalt muss zu einem Ziel führen. Die Botschaft soll mit Leseanreizen gespickt sein ...

Die Kommunikationswirkung lässt sich in Ton, Wortwahl und inhaltlicher Verständlichkeit grösstenteils planen. Orientieren Sie sich nach den Grundmotiven des Lesers. Wir fördern die Leselust, wenn der Leser in richtig gewähltem Ton das Beschriebene vor sich sehen kann. Briefe, deren Inhalt und Sprache angepasst sind, werden rasch verstanden. Sie erzielen die angestrebte Wirkung!

Der Wirkungsstil beginnt mit der Sie-Einstellung! Sie stellen nicht das «ICH» oder das «WIR» in den Vordergrund, sondern das «SIE», den Briefpartner. Der Angesprochene ist in Briefen mit ausgeprägter SIE-Bezogenheit eher bereit, Inhalte aufzunehmen, und es wird für uns wesentlich einfacher, mit passenden Formulierungen ihn zu überzeugen. Ist der Name der angesprochenen Person bekannt, sollen die Empfängerin oder der Empfänger bei der Briefanrede persönlich angesprochen werden. Selbst bei unerfreulichen Nachrichten, beispielsweise bei Absagen, begründen wir sachlich, ohne zu verletzen, die Ablehnung.

Schreibkultur

Die Sie-Bezogenheit darf auch in den Verwaltungsbetrieben angewandt werden.

Wir senden Ihnen die Bestätigung der Kursanmeldung. Das Programm mit allen für Sie nötigen Informationen werden wir wie üblich einen Monat vor Kursbeginn zugehen lassen.

'Wir senden Ihnen ...' Es fehlt im Beispielsatz nicht bloss die bewusste Sie-Bezogenheit. Der Verfasser vermag sogar abzuschätzen, welche Informationen für den Empfänger alle 'nötig' sind ...
Dem Absender ist es offenbar 'üblich', dass die Kursinformationen einen Monat vor Kursbeginn zugestellt werden. Muss der Empfänger das auch wissen ...?

Nichts ist eigentlich falsch, wenn ein Angesprochener unsere Ausführungen versteht. Wir achten dennoch auf eine partnerschaftliche, einfache und zeitgemässe Verhandlungssprache. Sätze im 'Kanzleideutsch' werden oft unübersichtlich und damit wirkungslos. Die Sie-Bezogenheit wird noch deutlicher, wenn Sie dem Briefempfänger mitteilen, um welchen Kurs es sich handeln wird. Der Service der Datumsangabe ist ebenfalls zu empfehlen.

Andere, Sie-bezogene Varianten.

- Vielen Dank für Ihre Anmeldung zum Korrespondenzkurs vom Donnerstag, 25.11.JJ. Das detaillierte Programm erhalten Sie einen Monat vor Kursbeginn.

- Besten Dank für die termingerechte Anmeldung zum Kurs «Praxis Korrespondenz» vom Donnerstag, 25.11.JJ, in Luzern.
  Das Tagesprogramm mit weiteren Informationen erhalten Sie einen Monat vor Kursbeginn.

- Ihre Anmeldung zum Kurs «Praxis Korrespondenz» freut uns.
  Das ausführliche Tagesprogramm mit weiteren organisatorischen Angaben erhalten Sie einen Monat vor Kursbeginn.

Wirkungsstil

Die Sie-Bezogenheit steht an erster Stelle.

Neue, Sie-bezogene Varianten.

Für weitere allfällige Fragen stehen wir für Sie jederzeit zur Verfügung.

- Wünschen Sie weitere Auskünfte, so rufen Sie uns einfach an.

- Gerne erteilt Ihnen unsere Mitarbeiterin Frau Inge Bühler weitere Auskünfte.

Wer stellt schon gerne Fragen? Besonders dann, wenn der Absender im Text mit 'allfällig' hervorhebt, dass er gar nicht mit Fragen rechnet, hat er doch so klar formuliert ... Ist er zudem tatsächlich jederzeit zu erreichen (zur Verfügung)?

Wir erteilen 'Auskünfte'. Ist es möglich, selbst die direkte Telefonnummer zur Ansprechperson aufzuführen, so bieten wir unseren Kunden diesen Service.

- Weitere Auskünfte erhalten Sie von unserer Sachbearbeiterin Frau Inge Bühler unter Tel. 041 370 91 21.

Die Leser ansprechen.
Sie-Bezogenheit konsequent anwenden.

Neue, ansprechende Varianten.

Wir geben Ihnen als Stammkunden einen Einführungs-Rabatt von 20 %.

- Zum Kennenlernen erhalten Sie als Stammkunde 20 % Rabatt.

'Wir geben Ihnen'...
... Mit dieser 'wir-bezogenen' Formulierung erklären Sie der Stammkundschaft deutlich, dass sie bei der Rabattverteilung von Ihrer Laune (Willkür) abhängig ist. Dabei wollen wir doch, dass die Kundin / der Kunde die Ermässigung als Geschenk empfinden darf.

'... einen Einführungs-Rabatt'. Ins Angebot aufnehmen, ins Sortiment einführen: aus der Sicht des Verkäufers richtig. Die Kundschaft soll jedoch vom neuen Produkt erfahren und es kennen lernen.

'... Rabatt von 20 %'. Es ist etwas verwirrend; denn man könnte auch deuten, dass die Stammkunden noch Rabatt von den 20 Prozent erhalten. Es geht doch wirklich auch einfacher, klarer: '20 % Rabatt.'

- Sie zählen zu unseren Stammkunden. Für Ihre Treue erhalten Sie 20 % Rabatt.

- Sie gehören zu unseren Stammkunden und zum Kennenlernen erhalten Sie als Sonderprämie 20 % Rabatt.

Die Sie-Bezogenheit vor die Sache stellen.

Den Empfänger ansprechen.

Beiliegend senden wir Ihnen zur Anmeldung das neue Kursprogramm.

- Sie erhalten mit der Anmeldung beiliegendes Kursprogramm.

Im personenbezogenen Schreibstil wird der Adressat angesprochen.

'beiliegend' wird fälschlicherweise oft als Adverb gebraucht, richtig ist: 'beiliegendes' Kursprogramm (Adjektiv). 'Beiliegend' ist aber meistens überflüssig. Wollen wir zwar etwas verdeutlichen, macht es wieder Sinn, 'beiliegend' zu gebrauchen:

Als Bestätigung der Anmeldung gilt die b e i l i e g e n d e gelbe Karte.

Praktischer Hinweis: Die Flügelmuttern passen auch zu den b e i l i e g e n d e n Schrauben.

- Sie erhalten mit der Anmeldung das beiliegende Kursprogramm.

- Sie erhalten mit der Anmeldung das Kursprogramm.

Wirkungsstil

Die Sie-Bezogenheit vor die Sache stellen.

Die Anmeldung muss spätestens am 05.05.JJ bei uns sein.

Im Beispiel wird nur von der Sache geschrieben. Der Empfänger, dem wir ja eigentlich schreiben, wird nicht angesprochen.

TIPP
In Briefen häufiger 'Sie' als 'Wir' gebrauchen!

Den Empfänger ansprechen.

- Bitte senden Sie uns die Anmeldung bis zum 05.05.JJ zu.

- Dürfen wir Sie bitten, die Anmeldung bis spätestens 05.05.JJ zuzustellen?

- Bitte stellen Sie uns die Anmeldung bis zum 05.05.JJ zu.

Passivsätze wirken fremd, sie sind distanziert, nicht kundenorientiert.

Die Kopie des Gutachtens wird Ihnen gemäss Ihrem telefonischen Wunsch gleichzeitig mit dieser Verfügung zugestellt.

Passivsätze sprechen die Leserschaft nicht an. Der Autor muss sich bekennen, das 'ICH' oder 'WIR' muss spürbar sein. Passivsätze regen kaum zum interessierten Lesen an.

Was macht denn Passivsätze so schwerfällig? ... Ganz einfach: Wir locken den Leser mit falschem Subjekt (Satzgegenstand/Werfall) auf eine falsche Fährte:

Der Apfel wird von Paul gegessen. (WER wird gegessen? → 'der Apfel')
Paul isst den Apfel. (WER isst? → 'Paul')
Paul ist der Verursacher, also für die Botschaft das passende Subjekt.
Die Anmeldekarte ist auszufüllen.
Bitte füllen Sie diese Einladungskarte aus.

Sie erhalten «gleichzeitig mit» ... Verzichten Sie auf überflüssige Wörter. Hier ist 'mit' dem sinngleichen Wort 'gleichzeitig' vorzuziehen.

Passivsätze sind langweilig, kraftlos.

- Sie erhalten – wie telefonisch gewünscht – mit der beiliegenden Verfügung die Kopie des Gutachtens.

- Sie erhalten wie telefonisch vereinbart die Verfügung und eine Kopie des Gutachtens.

- Sie finden als Beilage die gewünschte Verfügung und eine Kopie des Gutachtens.

Wir orientieren uns nach den Bedürfnissen des Lesers.

Vielen Dank für die telefonische Anfrage. Wir unterbreiten Ihnen folgende zehn Menüvorschläge:

Der Text ist beispielsweise in einer gewohnlichen Offerte für einen Betriebsanlass stilistisch nicht zu bemängeln. Ist das Menüangebot jedoch an Private oder für einen besonderen Festanlass vorgesehen, so ist er zu geschäftlich, geht es hier doch um etwas Sinnliches.

Im Briefinhalt muss emotionaler auf die Bedürfnisse des Lesers eingegangen werden.

Neue, Sie-bezogene Varianten.

- Es freut uns, dass Sie bei uns als Gast verwöhnt werden wollen.
  Zum Auswählen haben wir zehn köstliche Menüs zusammengestellt:

- Vielen Dank für Ihren Anruf.
  Gerne haben wir für Sie zehn schmackhafte Menüs ausgesucht:

- Ihre Anfrage freut uns sehr. Gerne lassen wir Sie ab unserer Angebotspalette das Lieblings-Menü auswählen:

Schreibkultur

Wirkungsstil

| **Mit dem Indikativ* wirken wir überzeugender (* Wirklichkeitsform).** | **Neue Varianten, die überzeugend wirken.** |

Wir wären Ihnen sehr dankbar, wenn Sie uns auf den abgemachten Termin liefern könnten.

- Wir freuen uns auf eine termingerechte Lieferung.

- Wir danken Ihnen (zum Voraus), wenn Sie pünktlich liefern.

- Ist es Ihnen möglich, am vorgesehenen Datum zu liefern?

Bei der mündlichen Kommunikation brauchen wir sehr häufig die Form des Konjunktivs (Möglichkeitsform), meinen aber meistens den Indikativ (Wirklichkeitsform):
Wir w ä r e n dankbar, wenn die Lieferung bald eintreffen w ü r d e ..., statt:
Wir s i n d dankbar, wenn die Lieferung bald eintrifft ...

In der schriftlichen Kommunikation ist der Konjunktiv (Möglichkeitsform) nur dann passend, wenn er wirklich als sprachliches Ausdrucksmittel verwendet wird:
Gewänne er, verlöre der Falsche.

Wir schreiben, wenn es geht, in der Korrespondenz nicht im Konjunktiv (Möglichkeitsform).
Gewinnt er, so verliert der Falsche.
Hat er gewonnen, so hat der Falsche verloren.
Wird er gewinnen, so wird der Falsche verlieren.
Wird er gewinnen, so hat der Falsche verloren.

| **Wichtige Aussagen versiegen bei vielen Nebensächlichkeiten: pro Satz nur einen Gedanken!** | **Kurze Sätze ohne viele unnötige Abschweifungen.** |

Der Genossenschaftsrat erteilt Ihnen als Bauherr für die nötigen Zulieferungen die Erlaubnis ohne weitere Kosten zur zeitlich begrenzten Nutzung des wenig befahrenen Radwegs bis Ende Jahr mit der Auflage, alle geeigneten Massnahmen dahingehend zu treffen, dass die entsprechende Signalisation an der Baustelle genügend sein wird.

- Die Genossenschaft erlaubt Ihnen(,) für Zulieferungen zur Baustelle bis zum 31.12.JJ den öffentlichen Radweg zu befahren.
 Die Baustelle ist von Ihnen jedoch ausreichend zu signalisieren.

- Der Genossenschaftsrat erlaubt Ihnen bis 31.12.JJ für Zulieferungen zur Baustelle das Befahren des Radweges.
 Sie haben die Baustelle jedoch auffällig zu signalisieren.

- Der Genossenschaftsrat gestattet Ihnen(,) die Zufahrt zur Baustelle über den Radweg kostenlos zu benützen.
 Die Baustelle ist von Ihnen ausreichend zu signalisieren.
 Das Sonderrecht gilt bis 31.12.JJ.

Wortfülliges Gerede, missverständliche Bezüge und umständliche Formulierungen führen zu schwerfälligen Sätzen und schwer verständlichen Botschaften.
Die Botschaft wird leichter verständlich, wenn die Sätze in Sinneinheiten gegliedert werden.

TIPP
Lange Sätze auflösen, pro Satz nur einen Gedanken!

Wirkungsstil

Mit Adjektiven sorgen wir für die anschauliche Sprache.

Wir sorgen für eine prompte Ausführung Ihres Auftrages und grüssen Sie freundlichst.

Adjektive können Attribut (Beifügung) oder Adverb (Umstandswort) sein:
Der s c h ö n e Vogel singt.
→ *Adjektiv, Attribut: zum Nomen gehörend*
Der Vogel singt s c h ö n .
→ *Adverb, zum Verb gehörend*

Adjektive sorgen für die anschauliche, lebendige Sprache. Sie lösen jedoch beim Leser auch Bilder – seine eigenen! – aus. Deshalb suchen wir mit Sorgfalt das wirklich passende Adjektiv.

Was verstehen Sie unter 'prompt'?... etwa die sofortige Ausführung? Das wäre eigentlich korrekt, doch immer wieder wird 'prompt' auch in anderen Zusammenhängen gebraucht. Wie soll der Leser dann wissen, was der Absender damit meint? Sicher führt es zu Missverständnissen, wenn er anstelle von 'prompt' eine eigene, passende Version ausmachen muss ...

Treffende Adjektive bringen emotionale Färbung.

- Ihren Auftrag werden wir sorgfältig und termingerecht ausführen und grüssen Sie freundlich.

- Wir versichern Ihnen, dass wir die Arbeiten sorgfältig ausführen, und grüssen Sie freundlich.

- Wir sorgen dafür, dass Ihr Auftrag fachgerecht und termingemäss ausgeführt wird. Freundliche Grüsse

Mit ausdrucksstarken Verben sorgen wir für die lebendige Sprache.

Wir schenken Ihrem Wunsch Beachtung und werden die Belieferung am vorgesehenen Termin vornehmen.

Es gibt Verben, die in der Satzkonstruktion auf ein Nomen angewiesen sind. Sehr oft ist es ein substantiviertes Verb, das mit - u n g endet. Wenn es aber möglich ist, zwischen einem Nomen und einem Verb zu wählen, entscheiden wir uns für das Verb:
Wir beachten die neue Werbung besonders gut, statt ...
Wir schenken der neuen Werbung besondere Beachtung.

Wenn es die Botschaft (die Aussage) erlaubt, ist es sehr zu empfehlen, auf ein noch treffenderes Verb – hier im Beispiel 'entsprechen' – auszuweichen.

Passende Verben unterstützen den Wirkungsstil.

- Gerne entsprechen wir Ihrem Wunsch und Sie erhalten die Lieferung am vorgeschlagenen Termin.

- Ihren Wunsch erfüllen wir gerne. Sie erhalten die Lieferung in der 35. Woche.

- Die Lieferung werden Sie wunschgemäss am vorgeschlagenen Termin erhalten.

In der mündlichen Kommunikation vernehmen Sie im kurzen Dialog aus dem Feedback die Bedürfnisse des Angesprochenen. Es ist Ihnen möglich, mit Kontrollfragen zu prüfen, ob Sie verstanden werden. Die schriftliche Kommunikation erlaubt Ihnen bloss abzuschätzen, ob Ihre angestrebte Wirkung erzielt wird; denn das Feedback können Sie nur mittelbar erwarten. Wollen wir etwas Neues verkaufen, so ist es zugegeben selten möglich, Kundenbedürfnisse zu erzeugen, vorhandene können jedoch geweckt werden ...

Es sollen gezielt die Vorteile der Ware oder Dienstleistung angepriesen werden, nicht die Eigenschaften. In einem Werbebrief heben Sie beispielsweise zum Einstieg jene Idee hervor, die zur Wunscherfüllung beim möglichen Kunden führen kann (→ Synchronisieren).

Betriebsimage und Schreibkultur

Zwischen dem Image eines Betriebes und seiner Korrespondenz sollen keine Unterschiede bestehen. Der erste Eindruck entscheidet, wie sich der Leser dem Inhalt zuwenden will. Mit dem Verfassen von gepflegten, sachlich richtigen Geschäftsbriefen können Sie die Wertbegriffe des Unternehmens vermitteln. Briefe und Prospekte prägen das Bild, das man sich von einem Unternehmen machen wird. In vielen Betrieben ist das Firmenleitbild jeder Fachkraft bekannt, doch über betriebliche Richtlinien zur inhaltlichen Gestaltung von Schriftstücken wird selten gesprochen, geschweige geschrieben.

Fortschrittliche Betriebe verfügen über modern gestaltete Briefpapiere mit firmeneigenem Logo. Das *'Corporate Design'* (einheitliches Gestaltungsbild, beispielsweise bei Drucksachen) und die *'Corporate Identity'* (einheitliches visuelles Erscheinungsbild eines Unternehmens nach aussen) werden bei jeder Gelegenheit konsequent demonstriert. Selbst die Produkte, Firmengebäude und Fahrzeugbeschriftungen werden mit dem Firmenlogo oder einer bestimmten Farbe versehen. Die 'Corporate Identity' ermöglicht die rasche Wiedererkennung eines Unternehmens und vermittelt durch positive Darstellung entsprechende Glaubwürdigkeit.

> Die Sprache ist unser wichtigstes Mittel.

Und wie ist es in den Briefbotschaften? Wird der Kunde wirklich in den Mittelpunkt gestellt? – Leisten Sie Überzeugungsarbeit, damit auch Ihre Geschäftsdrucksachen und Briefe einheitlich, in kundenorientierter, partnerschaftlicher Schreibkultur, übersichtlich gegliedert und nach zeitgemässen Formen verfasst werden können. Anregungen zur Förderung und zur Durchsetzung des firmeneigenen, einheitlichen Erscheinungsbildes bei der schriftlichen Kommunikation finden Sie in diesem Buch im Register «Geschäftsbriefe», ab S. 55.

Wir dürfen nicht übersehen, dass die Sprache als wichtigstes Mittel dient, um die partnerschaftliche Beziehung mit unseren Kunden zu pflegen.

E-Mail-Botschaften

E-Mail, Electronic-Mail – schneller als die Post

Schreiben Sie auch E-Mails? Hätten Sie gedacht, dass das Electronic-Mail, «E-Mail», im Internet eine der ältesten und zugleich die am häufigsten gebrauchte Dienstleistung zur schriftlichen Kommunikation ist? Der Austausch elektronischer Post ist im Internet am beliebtesten. Über ein Modem mit Telefonanschluss oder über das Kabelfernsehen wird eine elektronische Nachricht (Text, Grafik, bei Multimedia selbst mit Musikuntermalung) mit relativer Sicherheit und hoher Geschwindigkeit über einen Server (Provider) an einen oder mehrere Empfänger weitergeleitet. Die E-Mail-Übertragungstechnik benötigt Computersysteme mit compatibler Software. Ist der Adressat nicht in der Lage (PC ausgeschaltet), die Meldung zu empfangen, so ist die Nachricht in einem für ihn reservierten elektronischen Briefkasten gespeichert, bis sie abgeholt wird.

Mit den in den Betrieben steigenden Informationsangeboten und -bedürfnissen ist die E-Mail-Übertragungstechnik mit firmeneigenen Netzwerken kaum mehr wegzudenken. Innert kürzester Zeit hat sich das Kommunikationsinstrument weltweit verbreitet. Ist die Einrichtung vorhanden, so ist diese Art elektronischer Nachrichtenübermittlung auch am kostengünstigsten. Termine, Aufgaben und Kontakte können automatisch synchronisiert werden, wenn die Rechner miteinander verbunden sind.

Eine E-Mail-Adresse trägt zum guten Image einer Firma wesentlich bei. E-Mail-Anschlüsse ermöglichen eine rasche Kommunikation, intern und extern, sie demonstrieren zudem mit dem Einsatz modernster Medien das Fortschrittsdenken einer Firma. Die E-Mail-Adresse ist auf Briefköpfen und Visitenkarten zum festen Bestandteil geworden. Es ist anzunehmen, dass durch die E-Mail-Übertragungstechnik Fax-Übertragungen abgelöst werden. Ein Anrufversuch per Fax wird beim Besetztzeichen oder wegen Abwesenheit des Botschaftsempfängers frühzeitig enden. Mit dem E-Mail haben wir jedoch die Möglichkeit, die Botschaft zu platzieren. Obwohl E-Mail-Mitteilungen weitgehend gleiche Vorteile wie Briefe haben, sind sie anders. Das äussere Erscheinungsbild steht im Hintergrund; nur selten findet man das Logo einer Firma. Was in Briefen gefordert und äusserlich als wichtig betrachtet wird, hat mit dem Einsatz der E-Mail-Übertragungstechnik marginale Bedeutung. Für die Form gibt es keine Normen. Formal sind nur noch Fragmente der 'klassischen' Korrespondenz vorhanden. Das 'Mailen' wird gerade deshalb unterschätzt. Zwar achtet man beim Texten kaum auf Schriftart und -grösse, auch nicht auf genormte Schaltungen und Einzüge. Tippfehler werden ebenfalls toleriert, doch die Botschaft wird bei diesem raschen Übertragungsmedium die gleiche wichtige Bedeutung haben.

> E-Mails sind für die rasche Kommunikation.

Über die elektronische Post wird auch firmenintern wieder mehr schriftlich festgehalten. In Dienstleistungsbetrieben wählt die Geschäftsleitung zur gezielten, raschen Information des Personals die E-Mail-Übertragung als modernes Führungsinstrument.

Selbst ungeübtere Schreiberinnen und Schreiber texten freier und damit spontaner. Sie bedienen sich bei der Informationsbeschaffung oder bei Mitteilungen anstelle des Telefonierens mit Vorliebe dieser zweckmässigen, schnellen elektronischen Kommunikationsart, bei der sie den Adressaten sehr schnell erreichen können. E-Mails intern sind weniger Briefersatz als vielmehr schriftliche Mitteilungen, Notizen.

E-Mail-Botschaften

E-Mails ermöglichen uns, ohne besonderen Aufwand grössere Dokumente oder Bilddateien als «Attachment» (Anhang, Beilage) zu übertragen oder zu empfangen. Grosse räumliche Entfernungen können praktisch ohne Zeitverzug, ohne weiteren administrativen Aufwand überbrückt werden. Elektronische Verteilerlisten beschleunigen den Versand von Rundschreiben intern und erlauben über fremde Rechnernetze das 'Mailen' von Werbebotschaften oder das Versenden von Serienfaxen auch nachts und am Wochenende.

Die übermittelten E-Mail-Nachrichten können aus den elektronischen Aktenordnern, in denen sie abgelegt sind, jederzeit wieder hervorgeholt werden. Für den Betrieb wichtige E-Mail-Nachrichten sollen jedoch zur Weiterverwendung gedruckt und sicher abgelegt werden.

Die Praxis bestätigt, dass sich viele Textverfasserinnen und -verfasser beim Schreiben von E-Mails der Kleinschreibung bedienen. Vielleicht sind es rationelle Gründe, oder einfach ein Weg, um sich weitere orthografische Fehler zu ersparen, die übrigens in E-Mail-Botschaften sehr viel häufiger sind als in Papiertexten.

«In der Kürze liegt die Würze»; viele Internet-Anwender nehmen diesen altbekannten Leitspruch für dieses ultraschnelle Übertragungsinstrument sehr ernst.

Man trifft in E-Mails Anreden in allen Varianten, beispielsweise «Grüezi», «Hallo Herr Moser», «Guten Tag», «Guten Tag, Frau Müller», auch meistens sehr kurze, unfertig wirkende Passagen wie:

intern: «Sorry, verspätete Antwort. Wir kommen morgen zur Sitzung und präsentieren die gewünschten Dokumente.»

Antwort nach Empfang des Mails dem Verfasser:

«Ok! Fotos nicht vergessen, Gruss A. Williner»

extern: «Danke für Offerte. Erwarten Referenzmuster. Besuchen Sie uns morgen Dienstag, 26. Juni JJ, 11.00? Erwarten noch umgehend Bescheid.»

Antwort an den Verfasser als Zusatznotiz:

«Vielen Dank für das Interesse. Herr F. Moser wird Sie beraten, ist um 11.00 bei Ihnen!»

Teppichmarkt Imboden

Werner Haldner, Marketing

Verborgener Wortschatz

Der stolze Dampfer «TITANIC» stiess am 14. April 1912 auf der Jungfernfahrt vor Neufundland mit einem Eisberg zusammen und sank. 1503 Menschen fanden den Tod.

Das Bild vom Eisberg, bei dem vielleicht bloss ein Siebtel seiner Grösse aus dem Wasser ragt und der grösste Teil seines Volumens gefährlich unter Wasser verborgen bleibt, ist bekannt.

Der Vergleich mit dem Eisberg ist für unserem Sprachschatz passend: Wir verfügen über einen individuellen a k t i v e n Wortschatz mit auserwählten Vokabeln. Im täglichen Umgang brauchen wir nur einen kleinen Teil der uns bekannten Wörterpalette, der Rest ist im passiven Wortschatz verborgen. Zum passiven Wortschatz gehören demzufolge jene Wörter, die wir zwar kennen, aber selber beim Sprechen und Schreiben nicht gebrauchen. Die Anteile des aktiven und passiven Wortschatzes sind bei uns Menschen sehr unterschiedlich.

Je belesener wir sind, desto vielfältiger und differenzierter wird unsere Ausdrucksfähigkeit in der mündlichen und schriftlichen Kommunikation.

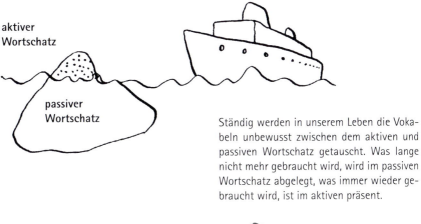

Ständig werden in unserem Leben die Vokabeln unbewusst zwischen dem aktiven und passiven Wortschatz getauscht. Was lange nicht mehr gebraucht wird, wird im passiven Wortschatz abgelegt, was immer wieder gebraucht wird, ist im aktiven präsent.

Wortschatz

Gebrauchen Sie die folgenden Wörter häufig, oder sind sie in Ihrem passiven Wortschatz bekannt?

	Was gemeint ist ...		Was gemeint ist ...
aasen	mit den Vorräten verschwenderisch umgehen «Er aaste mit den Vorräten.»	das Blankett	bereits unterschriebenes, jedoch nicht vollständig ausgefülltes Schriftstück
sich abasten	sich plagen	das Geschmeiss	ekelerregendes Ungeziefer, Gesindel
abdizieren	abdanken (lat., veraltet)	das Gewese	auffallendes Gebaren
absent sein absentieren	abwesend sein (lat., veraltet) sich entfernen	harschen	krustig, hart werden
bimsen	drillen, angestrengt lernen	Hutung	dürftige Weide (landwirtschaftlich)
verbimsen	verprügeln	katschen	schmatzend kauen
die Fase	Abschrägung einer Kante	pesen	eilen, rennen
genant	unangenehm, peinlich (veraltet)	probabel	wahrscheinlich (lat.)
Mäkelei	Nörgelei	der Stamper	Schnapsglas ohne Fuss
exkoriieren	enthäuten	wetzen	Messer, Klinge schärfen

Ein Verb, das Sie nur noch im Präteritum (Vergangenheit) oder als Partizip II (Mittelwort) gebrauchen.

Präteritum	Präsens (veraltete Wendung)	Futur 1 (veraltete Wendung)
Wir **erkoren** Hans zum Klassenchef.	Wir **erkiesen** Hans zum Klassenchef.	Wir werden Hans zum Klassenchef **erkiesen**.

Beim Verb 'e r k i e s e n' zeigt sich der sprachliche Wandel deutlich, hier der Vergleich von Einträgen in drei «DUDEN»-Auflagen:

1920

erkiesen

Präsens	Präteritum
ich erkiese	ich erkor weniger gut: ich erkieste
du erkie(se)st	du erkorst weniger gut: du erkiestest
Imperativ	Partizip 2
Erkies! Erkiese!	erkoren weniger gut: erkiest

1973

erkiesen gehoben für: erwählen

Präsens	Präteritum
ich erkiese	ich erkor selten: ich erkieste
du erkiest (erkiesest)	du erkorst selten: du erkiestest
Imperativ	Partizip 2
Erkiese!	erkoren (vgl. erkiesen) selten: erkiest

1999

erkiesen gehoben für: [aus]wählen   vgl. kiesen (küren), Kiese! meist nur noch im Präteritum und Partizip 2 gebraucht

Präsens	Präteritum
→ nicht mehr gebraucht	ich erkor
	du erkorst
Imperativ	Partizip 2
	erkoren

Der Sprachstil wird durch die Umgebung bestimmt

Wer schreibt wem?

Unser Schreibstil wird von der Antwort auf die Frage «Wer schreibt wem?» geprägt. Mitbestimmend werden aber auch der Anlass des Schreibens, die Wortwahl, der Satzbau und der Textaufbau sein.

Geschriebene Texte erfordern im Gegensatz zum gesprochenen Wort die grössere Genauigkeit in der Wortwahl, dem Sprechen sollen sie aber ähnlich bleiben: Wir schreiben mit eigenen Worten und brauchen eine floskelfreie, spontane, natürliche Briefsprache.

Unsere stärkste Formulierungshilfe ist die sprachliche Erfahrung, die wir von Kind auf in unserer Umgebung erwerben. Verbunden sind damit auch die Bilder, denen wir folgen, die wir beim Lesen von Wörtern abrufen. Beim folgenden Beispiel erfahren Sie, wie vielfältig die Wortverbindungsmöglichkeiten für ein einziges Wort sein können, wenn es ohne zusätzliche Textinformation dasteht:

Unsere Worte lösen Bilder aus.

aufschlagen	Bitte schlagen Sie die Bücher auf!
	Sie schlagen die Nüsse nicht auf?
	Er will das Zelt heute noch aufschlagen.
	Wird er die Augen wieder aufschlagen?
	Die Truppe wird ihr Quartier auf dem Bauernhof aufschlagen.
	Bei der Landung schlug das Flugzeug auf die Wasseroberfläche auf.
	Die Flammen schlugen hoch auf.
hat aufgeschlagen	Beim letzten Tennismatch hatte er sehr gut aufgeschlagen.
	Die Benzinpreise haben aufgeschlagen.
	Ein Geschoss hat an der Hauswand aufgeschlagen.
ist aufgeschlagen	Beim Sturz ist er auf der Kante aufgeschlagen.
	Die Bettdecke ist aufgeschlagen.
	Die Seite ist aufgeschlagen.
	Die Kokosnuss ist aufgeschlagen.

Wir müssen zum Voraus genau wissen, w a s wir mit unseren Worten beim Leser erreichen wollen – ... können. Unsere Worte wirken dann, wenn sie Bilder auslösen. In der Kommunikation sind sprachliche Bilder und jede treffende Formulierung erwünscht. Wir können unsere Briefe frei gestalten. Wesentlich ist jedoch, w o und w i e wir im sprachlichen Ausdruck unsere individuellen Freiheiten einsetzen, um die gewählten Bilder auch für andere eindeutig verständlich zu machen.

Im Betrieb sind «Funktionärinnen» oder «Funktionäre»

Als Angestellte sind Sie im Betrieb «Funktionäre» geworden. Sie nehmen die sprachlichen Eigenheiten des Betriebes an und in Ihren aktiven Wortschatz auf.

Das Milieu prägt die Art und Vielfalt unseres aktiven Wortschatzes wesentlich. Arbeiten Sie beispielsweise neu in einem Garagenbetrieb, so brauchen Sie bestimmte Begriffe aus Ihrem aktiven Wortschatz häufiger, oder Sie übernehmen als Funktionärin oder Funktionär Vokabeln aus dem früheren passiven Bereich, beispielsweise: Pneu, Winterreifen, Ganzjahresreifen, Batterie, Wagenheber, Getriebeöl usw. – Arbeiten Sie jedoch bei einer Versicherung, so sind Begriffe wie Versicherungsnehmer, Versicherungsnachweis, Schadenanzeige, Schadensfall, Prämie, Selbstbehalt wesentlich häufiger zu finden.

Wechseln Sie das Arbeitsfeld, so wird die Wortpalette wieder an die neuen Bedürfnisse angeglichen. Als Funktionärin oder Funktionär gebrauchen Sie dem Milieu entsprechende Fachausdrücke, die für Sie vielleicht bereits im aktiven Wortschatz vorhanden waren oder aus dem passiven Bereich aktiviert wurden.

Es gibt Vokabeln oder Wortformen, die beim Sprechen und Schreiben selten oder nie verwendet werden. Diese Wörter sind selbst im passiven Wortschatz nicht oder bei Vereinzelten nur zufällig vorhanden. Einzelne 'fremde' Wörter lassen sich auch aus dem Kontext (inhaltlicher Zusammenhang im Text) erklären.
Beispiel: *Jetzt wetzt er die Sense.*

Vielleicht ist Ihnen das Verb 'wetzt' oder das Nomen 'Sense' nicht bekannt. Steht diese Wortkombination jedoch mit einer Teilsatzerweiterung, so erfahren Sie aus dem Kontext, was diese Wörter bedeuten: *Jetzt wetzt er die Sense, damit er das Gras besser mähen kann.*

Viel-Leser vergrössern ihren passiven Wortschatz und es wird seltener vorkommen, dass sie in der Muttersprache auf unbekannte Wörter stossen, die sie selbst im Textzusammenhang nicht verstehen können.

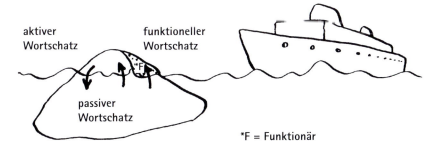

*F = Funktionär

10 Stilgebote

Nichts ist schwerer, als bedeutende Gedanken so auszudrücken, dass jeder sie versteht.

1	Kurze Sätze	ausgeschliffene Formulierungen
2	Wenig Einschiebungen	Sinneinheiten kurz halten
3	Wenig Fremdwörter	treffendes deutsches Wort suchen
4	Fachbegriffe allenfalls erklären	für Laien erklären Beispiel: Abkürzungen
5	Modewörter möglichst meiden	allenfalls in Werbebriefen einsetzen
6	Konjunktiv meiden	Aussagen nicht einschränken z.B. mit «würde» oder «könnte»
7	Passivsätze meiden	richtiges Subjekt wählen, aktiv schreiben
8	Auf Füllwörter verzichten	überflüssige Wörter weglassen
9	Sie-Bezogenheit beachten	Briefpartner ansprechen Wirkungsstil!
10	Keine ausgeprägte Dialektfärbung	gepflegte Geschäftssprache

Was wollen Sie an Ihrer Korrespondenz noch ändern?

Die Sprache verändert sich, sie ist lebendig und sie reflektiert ständig unsere Wahrnehmung und unser Denken. Selbst ein Geschäftsbrief sagt vieles über den vielleicht unbekannten Verfasser aus und die optische, sprachliche Qualität lässt Rückschlüsse auf die Unternehmenskultur ziehen. Wir wählen jenen Sprachstil, der den Unternehmensgrundsätzen entsprechen soll. Es ist der Gesamteindruck, nicht nur ein einzelnes Wort, der über Stil und Ton entscheidet. Die Bildhaftigkeit unserer Brieftexte ist bestimmend, wie uns der Empfänger wahrnehmen wird.

Der neue Stil überzeugt in Geschäftsbriefen mit treffenden, anschaulichen Wörtern in leicht lesbaren Sätzen und übersichtlichem Aufbau. Wir verzichten auf modische Floskeln und es müssen bedeutungshaltige Wörter sein, die informieren, die zum Denken anregen, andere haben nur geringe Bedeutung, Ballastwörter gar keine. Je kleiner der Sprachaufwand in Bezug auf den Inhalt, desto grösser ist die Wirkung.

Was wollen Sie ändern? Wir können uns trotz der Variationenvielfalt, die unsere Sprache bietet, nur schwer von alten Denkmustern lösen. Selbst bei gutem Willen gelingt es uns nicht, uns von heute auf morgen einen völlig neuen Briefstil anzueignen. Was uns vertraut ist, ziehen wir gerne wieder an. Was wir einmal angefangen haben und was sich auf seine Art auch eigentlich 'bewährt' hat, wenden wir hartnäckig weiter an.

Wünschen Sie eine neuere, wirkungsvollere Briefsprache, so durchsuchen Sie vorerst Ihre Standardbriefe nach altmodischen, nicht Sie-bezogenen Redewendungen. Notieren Sie diese in einer modifizierten, besseren Version auf ein grosses Blatt, das Sie auffällig auf Ihrem Schreibtisch platzieren. Sie werden feststellen, dass Ihnen vorerst jene abgedroschenen Floskeln ins Auge stechen, die Sie in Standardbriefen und in Briefen mit wiederkehrenden Inhalten verwenden.

Es gibt Wortfolgen, auf die Sie verzichten dürfen.

zur Entsorgung	Vorschläge
telefonischen Anruf	Anruf
in Betracht ziehen	überlegen
Rückantwortkarte	Antwortkarte
zum Abschluss bringen	abschliessen
einer Kontrolle unterziehen	kontrollieren
ein Telefon geben	anrufen
zur Kenntnis geben	mitteilen
der vollen Überzeugung sein	überzeugt sein
Wir danken bestens.	Wir danken Ihnen.
	Vielen Dank.
Wir sind erfreut, wenn Sie in Bälde einen Besuch abstatten.	Wir freuen uns, wenn Sie uns bald besuchen.
	Besuchen Sie uns bald? Wir freuen uns.
Wir senden beiliegend das Buch.	Sie erhalten beiliegendes Buch.
Wir sind der Überzeugung.	Wir sind überzeugt.
	Wir sind sicher.
Wir senden Ihnen zur Erledigung...	Sie erhalten zur Prüfung ...
Ihrer Antwort entgegensehend verbleiben wir mit freundlichen Grüssen.	Wir freuen uns auf Ihre Antwort und grussen Sie.
	Wir freuen uns auf Ihre Nachricht und grüssen Sie.
Wir haben mit der Firma ständigen Kontakt.	Wir pflegen mit der Firma regelmässige Geschäftsbeziehungen.
Wir gelangen mit der Bitte an Sie, den Vertrag möglichst bald zu unterzeichnen und an uns zu retournieren.	Wir bitten Sie, möglichst bald den Vertrag unterzeichnet zurückzusenden.

Schreibkultur

Was wollen Sie ändern?

Nomenstil und Füllwörter verhindern.

Ihrem baldigen Bericht über Ihre getroffenen Vorkehrungen zur Einhaltung der Lärmschutzvorschriften sehen wir mit Interesse entgegen und danken Ihnen zum Voraus bestens.

Sätze mit einer Häufung von Substantiven führen zum langweiligen Nomenstil. Sie schreiben gern gelesene Sätze, wenn Sie ersetzbare Nomen gezielt durch Verben oder Adjektive ersetzen:

'Nach Feststellung der Rechtmässigkeit der Forderung bitten wir Sie um Begleichung des Betrages.'
B e s s e r : *Nachdem Sie feststellen, dass die Forderung rechtmässig ist, bitten wir Sie, den Betrag zu begleichen.*

... zum Voraus 'bestens' danken: Genügt nicht einfach «Wir danken zum Voraus»?

Was bedeutet 'bestens danken' – etwa 'bestmöglich danken' –, oder ist die Formulierung «Ich danke Ihnen dafür bestens» etwa der Umgangssprache entnommen? Kaum, demzufolge verzichten wir in der Korrespondenz aufs wirkungslose Füllwort 'bestens'.

Kurze Sätze ohne viele unnötige Abschweifungen.

- Bitte berichten Sie uns umgehend, was Sie veranlasst haben, um die Lärmschutzvorschriften einzuhalten.

- Wir erwarten Ihren Bericht über die getroffenen Massnahmen, damit die Lärmschutzvorschriften eingehalten werden. Vielen Dank zum Voraus.

- Ihren Bericht über die gemäss Lärmschutzvorschriften getroffenen Vorkehrungen erwarten wir möglichst bald. Vielen Dank zum Voraus.

Superlative sind veraltet.

Ersatzwort suchen oder Sätze umstellen.

Wir bitten Sie höflichst um Kenntnisnahme der Massnahme und grüssen Sie freundlichst.

Superlative wie 'höflichst', 'freundlichst' galten früher im geschäftlichen Umgang vielleicht als respektvolle, ehrerbietige Form, um die besondere Höflichkeit auszudrücken. In der modernen Briefsprache spürt man eher den Einfluss unserer kultivierten Umgangssprache:

'Wir bitten Sie verbindlichst um Nachricht und grüssen Sie höflichst.'
B e s s e r : *Wir erwarten Ihre Nachricht in den nächsten Tagen und grüssen Sie.*

- Wir hoffen, dass Sie die Massnahme verstehen und grüssen Sie freundlich.

- Für die angeordnete Massnahme bitten wir Sie um Verständnis. Freundliche Grüsse

- Wir grüssen Sie freundlich und hoffen, dass Sie die getroffene Massnahme verstehen können.

Wiederholungen vermeiden.

Ersatzwort suchen oder Sätze umstellen.

Wie viel Wahrheit in seinen Aussagen ist, ist nicht herauszufinden.

Wir vermeiden die stilistisch unschönen Wortwiederholungen, indem wir ein bedeutungsähnliches Ersatzwort suchen oder den Satz umstellen:

Meine Kollegin, der der Autofahrer winkte, war sehr überrascht.
B e s s e r : *Als der Autofahrer meiner Kollegin winkte, war sie sehr überrascht.*

Jene Künstlerinnen, auf die die Leute warteten, kamen gar nicht.
B e s s e r : *Die Leute warteten auf Künstlerinnen, die gar nicht kamen.*

- Wie viel Wahrheit in seinen Aussagen steckt, ist nicht herauszufinden.

- Was bei seinen Aussagen stimmt, können wir nicht herausfinden.

- Wir können nicht herausfinden, was in seinen Aussagen wahr ist.

Was wollen Sie ändern?

Positiv schreiben!
Den Leser für Botschaft günstig einstimmen.

Wir bedauern, dass wir Ihnen leider aus gesetzlichen Gründen zu den Öffnungszeiten keinen besseren Bescheid geben können und verbleiben mit freundlichen Grüssen.

Mit unserem Ziel, stets positiv zu formulieren, weichen wir in Briefen mit unangenehmen Inhalten den üblichen, unbeholfenen, abgedroschenen Formulierungen aus.

«... und 'verbleiben' mit» ... Was tun wir eigentlich, wenn wir 'verbleiben'? Es gibt keinen Grund, einfach floskelhaft mitzuteilen, dass man verbleibt. Man muss aus dem B r i e f i n h a l t spüren, dass wir vom Adressaten eine Aktion erwarten.

Negative Wendungen meiden.

- Ihrem Gesuch hätten wir gerne entsprochen, doch die gesetzlichen Bestimmungen lassen keine längeren Öffnungszeiten zu.

- Ihrem Wunsch hätten wir gerne erfüllt, doch die gesetzlichen Bestimmungen lassen keine längeren Öffnungszeiten zu.

- Wir haben uns (für Sie) sehr eingesetzt, doch die gesetzlichen Bestimmungen lassen keine längeren Öffnungszeiten zu.

Wortstellung beachten.

Wir mussten Sie schon zweimal an die fällige Zahlung erinnern.

Je nachdem, wo das Wort oder die Wortgruppe in einem Satze steht, ist die Betonung unterschiedlich. Besonders auffällig stechen die Wörter am Anfang oder am Schluss eines Satzes ins Auge.

S c h o n z w e i m a l mussten wir Sie an die fällige Zahlung erinnern.

A n d i e f ä l l i g e Z a h l u n g mussten wir Sie schon zweimal erinnern.

S i e mussten wir schon zweimal an die fällige Zahlung erinnern. (S i e, sonst niemanden ...!)

Zur Hervorhebung Sätze umstellen.

- Schon zweimal mussten wir Sie an die fällige Zahlung erinnern.

- An die fällige Zahlung mussten wir Sie schon zweimal erinnern.

- Sie mussten wir schon zweimal an die fällige Zahlung erinnern.

Negationen vermeiden.
Positiv schreiben

Wir sind nicht unzufrieden und wir wollen es nicht unterlassen, Ihnen für die ausgezeichnete Arbeit zu danken.

Damit der Satzinhalt positiv ausgeht, muss das verneinende 'nicht' herhalten. Diese besondere Art der Hervorhebung durch Negation brauchen selbst bekannte Redner häufig, um ihre Aussage noch zu verstärken.

In der schriftlichen Kommunikation kann diese verwirrende Phrasierung zu Lesefehlern führen, also: Nicht zu empfehlen!

Wir schreiben direkt, eindeutig und quälen den Leser nicht mit verblassenden Wendungen!

Kurze Sätze
ohne viele unnötige Abschweifungen.

- Wir danken Ihnen für die ausgezeichnete Arbeit.

- Wir sind sehr zufrieden. Vielen Dank für die ausgezeichnete Arbeit!

- Gerne danken wir Ihnen für die ausgezeichnete Arbeit.

Was wollen Sie ändern?

Nie Negatives wiederholen.
Redundanzen (überflüssige Wörter) weglassen.

Wir danken Ihnen für Ihre Mängelrüge. Mit Ihrer Beanstandung sind wir einverstanden. Es ist vermutlich ein Materialfehler, deshalb erwachsen für Sie keine Kosten.

Das Danken für eine Mängelrüge wirkt doch unecht; wer hat schon gerne Reklamationen! Antworten Sie 'neutral' mit passenden Bezeichnungen wie ...'danken für den Brief, '... 'für die Nachricht vom' ..., ...'für die Mitteilung vom' ..., ... 'für den Anruf vom' ...

«Mit der Beanstandung sind wir einverstanden.» – Ob wir damit einverstanden sind oder nicht: Etwas beanstanden kann jeder. Bei unserem Einverständnis ist hier wohl der Grund der Beanstandung gemeint.

Ideal ist, wenn wir möglichst im selben oder in ähnlich passendem Wortlaut den Beanstandungsgrund wiederholen können. Der Kunde soll mit der Beantwortung spüren können, dass wir den Brief aufmerksam gelesen oder am Telefon aufmerksam zugehört haben. Er muss das Gefühl haben, seine Beanstandung werde ernst genommen.

Wortfolgen-Überladungen (Redundanzen) wie ... 'Ihnen' für 'Ihre' ... sind zu meiden:
Wir danken Ihnen für Ihren Brief.
B e s s e r : Wir danken Ihnen für den Brief.
   Wir danken für Ihren Brief.
   Vielen Dank für Ihren Brief.

Nomenstil «... keine Kosten erwachsen»: Ersetzen Sie das Nomen durch ein treffendes Verb, beispielsweise: «Es ' k o s t e t ' Sie nichts».
Wir reparieren die Maschine kostenlos.
Sie erhalten einwandfreien Ersatz.
Wir ersetzen dieses Modell kostenlos.

Passende Verben unterstützen den Wirkungsstil.

- Vielen Dank für Ihren Brief. Offenbar ist bei der neuen Kaffeemaschine bereits nach zwei Wochen der Ein-Aus-Schalter blockiert. Vermutlich ist es eine technische Störung, die wir selbstverständlich kostenlos beheben.

- In Ihrem Brief teilen Sie mit, dass bei der kürzlich gekauften Kaffeemaschine der Ein-Aus-Schalter blockiert ist. Sie haben wirklich Pech! – Selbstverständlich liefert Ihnen unser Chauffeur in den nächsten Tagen eine einwandfreie Ersatzmaschine. Wir freuen uns auf Ihren Anruf, damit wir einen Termin vereinbaren können.

- Sie haben uns telefonisch benachrichtigt, dass bei der kürzlich erstandenen Kaffeemaschine der Ein-Aus-Schalter blockiert ist. Bei diesem technischen Teil muss es sich um einen Materialfehler handeln. Wir bedauern, dass Sie noch Umtriebe haben.
In den nächsten Tagen erhalten Sie einwandfreien Ersatz.

Präsens (Gegenwart) dem Futur vorziehen.

In sechs Monaten werden wir mit unseren Umbauarbeiten beginnen.

Wird bei einem Satz mit einem Wort oder irgendeiner Wortgruppe auf die Zukunft (Futur) verwiesen, so wählen Sie die Gegenwartsform. Das Präsens wirkt der Wirklichkeit näher.

Wir werden bald Ferien haben.
Wir haben bald Ferien.

Wir werden Sie am Montag besuchen.
Wir besuchen Sie am Montag.

Am Montag wird geschlossen sein.
Am Montag ist geschlossen.

Grammatische Zeit – wirkliche Zeit.

- In sechs Monaten beginnen wir mit den Umbauarbeiten.

- Unsere Umbauarbeiten beginnen in sechs Monaten.

- Bei uns beginnen die Umbauarbeiten in sechs Monaten.

Aus Alt wird Neu

Der erste Eindruck

Bei Briefen entscheidet der erste Eindruck, ob der Leser am Inhalt interessiert ist. Damit Sie diesen wichtigen Augenblick nicht verpassen, suchen Sie Gemeinsamkeiten, die den Empfänger ansprechen. Achten Sie darauf, dass er all jene Informationen in verständlicher Sprache vollständig erhält, die er von Ihnen benötigt. Planen Sie die Niederschrift, schreiben Sie bewusst adressatenbezogen, stimmen Sie den Schreibstil auf das Umfeld des Angesprochenen ab. Er muss spüren, dass Sie sich an ihn wenden.

gut gemeinte Botschaften mit unpassender Formulierung	Botschaft	Kommentar	gleiche Botschaft, anders formuliert
Leider stellten Sie fest, dass wir beschädigte Pakete geliefert haben.	... bedauern, dass die Lieferung nicht einwandfrei war, dass es beschädigte Pakete hatte	Schade, Sie haben es gemerkt ... Ist ein Fehler passiert, entschuldigen wir uns.	Bei der letzten Lieferung haben Sie beschädigte Pakete erhalten. Wir entschuldigen uns dafür.
Wir möchten den Montage-Fehler entschuldigen.	... sich entschuldigen, weil bei der Montage etwas falsch war	Wir können uns entschuldigen, niemals aber den Fehler.	Wir bitten Sie wegen des Fehlers bei der Montage um Entschuldigung.
Wir senden zu Ihrer baldigen Erledigung einen Dekorationsentwurf für die Sommerfenster.	... Dekorationsentwurf zur Begutachtung zustellen	Hoffen wir nicht, dass der Adressat erledigt wird ... Unmögliche Wortkonstruktionen meiden. Sie-Bezogenheit fehlt.	Sie erhalten den Entwurf für die Sommer-Dekoration Ihrer Schaufenster. Gefällt er Ihnen? Dürfen wir Ihre Nachricht bald erwarten?
Den Firmen-Kalender erhielt ich immer von meinem Ex, den ich in der Küche aufhängte.	... Kalender in der Küche früher vom Mann erhalten, jetzt nicht mehr	Man muss nicht alles weitersagen. Wer will schon etwas vom Ex-Mann wissen ... ... ist die Frau zur Killerin geworden?	Früher erhielt ich von meinem Mann Ihren Firmenkalender; wollen Sie mir nun zum Jahreswechsel einen zustellen?
Das neu erweiterte Angebot hat einen hohen Zuspruch der zufriedenen Kundschaft.	... das Angebot hat die Kundschaft angesprochen	Die Kundschaft 'spricht nicht zu'. Gibt es auch unzufriedene Kunden? Nomenstil meiden.	Die guten Umsatzzahlen bestätigen, dass den Kunden unser neues Angebot passt.

Schreiben Sie dem Leser individuell, zielgerichtet, mit kurzen Sinneinheiten.

Vorher – nachher

Die geschriebene Sprache darf genauso lebhaft wie die gesprochene wirken. Es fällt uns manchmal schwer, uns vom alten, oft weitschweifigen Schreibstil zu trennen, doch mit heruntergeleierten Standard-Phrasen können wir den Leser niemals spontan ansprechen und überzeugen.

• Ein praktisches Beispiel:
Eine Unfallversicherung antwortet mit einem Brief jenem Kunden, der beim Velofahren verunfallt ist und sich dank einem schützenden Radfahrerhelmes vor schweren Kopfverletzungen bewahren konnte. Der Versicherte hatte nämlich in seiner Mitteilung gefordert, dass ihm sein beim Sturz beschädigter Helm vergütet werde, weil er der Versicherung doch grössere Folgekosten erspart habe ...

alte Version *vorher*

Sehr geehrter Herr Matter

Wir kommen zurück auf Ihr Schreiben vom 25.10.JJ. Sie bitten uns um die Rückvergütung Ihres neuen Helmes, da Sie beim Unfall vom 08.07.JJ durch das Tragen des nicht obligatorischen Fahrradhelmes grössere Kosten vermieden haben.

Mit dem Tragen eines Velohelmes handeln Sie absolut richtig und dieses Vorgehen kann von uns unterstützt werden. Leider können wir aber wegen den gesetzlichen Gegebenheiten keinen Ersatz eines durch einen Unfall beschädigten Helmes leisten.

Wir hoffen trotzdem, dass Sie auch in Zukunft diese Vorkehrung treffen, erfolgt dies in erster Linie ja auch in Ihrem eigenen Interesse.

Besten Dank für Ihre Kenntnisnahme.

Freundliche Grüsse

VELOTREND AG

«Wir kommen zurück ...» Der schwerfällige, gekünstelte Briefanfang ist nicht zu empfehlen und der Nomenstil verstärkt den Eindruck eines wenig engagierten 'Beamtenbriefes'.

«... handeln Sie richtig.» – Ist die Versicherung das Gewissen, das wertet, ob der erwachsene Klient 'richtig' oder 'falsch' handelt ...?

«Mit diesem Vorgehen...» 'Vorgehen' heisst, 'in einem bestimmten Fall handeln'. Kann das Tragen eines Helmes als 'Vorgehen' bezeichnet werden?

Im Brief ist der abweisende Nomenstil auffällig, doch die abwechslungsreiche Wortwahl ist gegeben, beispielsweise 'Fahrradhelm', oder 'Velohelm'. Zwar etwas Wortklauberei, doch es müsste 'Radfahrerhelm' heissen; denn der Helm ist für den Radfahrer, nicht fürs Fahrrad.

«Besten Dank für Ihre Kenntnisnahme.» Ein unbeholfener, autoritärer Briefschluss im Nomenstil.

neue Version *nachher*

Sehr geehrter Herr Matter

Das Glück lag auf Ihrer Seite! Wir freuen uns mit Ihnen, dass Sie beim Unfall mit dem Fahrrad so glimpflich davongekommen sind.

In Ihrem Brief vom 25.10.JJ wünschen Sie, dass wir den Helm, der beim Unfall beschädigt worden ist, vergüten.

Durch den Schutz Ihres Helmes haben Sie vielleicht unfallbedingte Kosten tiefer gehalten, sich aber möglicherweise vor bleibenden Schäden bewahrt. Im Schweizerischen Unfallversicherungsgesetz (UVG) sind für Präventions-Massnahmen dieser Art keine Entschädigungsleistungen vorgesehen.

Wir hoffen auf Ihr Verständnis und wünschen Ihnen weiterhin unbeschwerte, erlebnisreiche Ausfahrten.

Freundliche Grüsse

VELOTREND AG

Mit dem positiven Einstieg holen wir den Briefempfänger ab. → Synchronisieren: Diesen Begriff finden Sie in diesem Buch an anderer Stelle (S. 77) erklärt.

Ohne belehrende Worte weisen wir darauf hin, dass das Tragen eines schützenden Helmes dem Versicherten viel Unheil ersparen kann.

Mit dem passiven « ... im UVG sind keine Entschädigungsleistungen vorgesehen» befreien wir uns bewusst vom 'WIR', um keinesfalls den Eindruck zu erwecken, dass wir einfach nicht bezahlen wollen ...

Beim Briefschluss nutzen wir die Chance, den Leser trotz des für ihn unerwarteten negativen Bescheids wieder in seinen positiven Erlebnisbereich zurückzuführen.

Anwendungen

Zur Übersicht und Vertiefung finden Sie hier eine Zusammenstellung mit Sätzen, wie sie in der Geschäftskorrespondenz in ähnlicher Form immer wieder anzutreffen sind. Sie sind neu formuliert und die *'Tipps'* erklären stichwortartig den Grund der Korrektur.

> Nehmen Sie den Briefpartner ernst und sprechen Sie ihn so an, wie Sie angesprochen sein wollen.

Vorher	Nachher	*TIPPS*
Wir möchten Sie höflichst bitten, uns die Anmeldung auszufüllen und wieder raschmöglichst zuzusenden.	Bitte stellen Sie uns das ausgefüllte Formular so rasch wie möglich wieder zu.	Gekünstelte Höflichkeitsfloskeln weglassen, ebenso *'freundlichst'* oder *'höflichst'*.
Wir erlauben uns nochmals, Sie an die fällige Zahlung zu erinnern und bitten Sie freundlichst, diese demnächst vorzunehmen.	Die erste Zahlungserinnerung vom 20.03.JJ haben Sie offenbar übersehen. Wir bitten Sie, unser Guthaben, CHF 890.–, innert 10 Tagen zu überweisen.	Sie haben das Recht, das Guthaben einzufordern. Auf *'freundlichst'* verzichten!
Wir möchten uns für Ihren Brief bedanken.	Wir danken für Ihre Anfrage.	Einfacher: «Wir danken» ... Sich für etwas *'bedanken'* wird auch gebraucht, wenn jemand etwas Unpassendes angerichtet hat: «Dafür möchte ich mich aber bei ihm bedanken.» Richtige Anwendung: «Hast du dich beim Onkel schon bedankt?» Weisen Sie präzis auf den Inhalt des Briefes hin, wirkt der Dank echter; im ersten Beispielsatz anstelle von «für Ihren Brief»: ... «für Ihre Anfrage».
Wir möchten Ihnen bestens danken und grüssen Sie freundlichst.	Vielen Dank und freundliche Grüsse.	
Wir danken bestens für Ihre Bemühungen.	Besten Dank für Ihre sorgfältige Bedienung und freundliche Grüsse.	
Dürfen wir Sie bitten, das Formular möglichst bald zuzustellen?	Wir freuen uns, wenn Sie das Formular möglichst bald zustellen.	Modalverben *'möchten'*, *'dürfen'* *'meinen'* sparsam einsetzen.
Sie sollten möglichst bald den Entscheid fällen, wenn Sie mitmachen wollen.	Entscheiden Sie sich bald, wenn Sie dabei sein wollen.	In der Mundart häufig gebrauchte Konjunktiv-Formen wie *'sollten'* beim Schreiben meiden oder dann gezielt als Stilmittel einsetzen.
Die Parkanlage ist im Winter geschlossen. Wir bedauern, Ihnen keinen besseren Bescheid geben zu können.	Gerne hätten wir Ihnen den Wunsch erfüllt, doch die Parkanlage ist nur im Sommer öffentlich zugänglich.	Positiv formulieren, negative Wendungen wie «wir bedauern» wenn möglich meiden.
Wir bitten Sie hiermit, uns neue Prospekte aus Ihrem Angebot zu schicken.	Bitte stellen Sie uns aus Ihrem Angebot Prospekte zu.	Sätze nicht mit überflüssigen Worthülsen wie «bitten hiermit» verlängern.
Wir bieten Ihnen gerne unsere Beratung an.	Wir beraten Sie gerne.	Nomenstil meiden, wenn das Nomen durch ein passendes Verb umschrieben werden kann.
Er hat grossen Wert darauf gelegt, dass am Turnier alle Angestellten dabei sein sollen.	Es ist ihm sehr wichtig, dass alle Angestellten am Turnier mitmachen.	

Aus Alt wird Neu

Vorher	Nachher	TIPPS
Der Verwaltungsrat hat eine umfängliche Renovation erwogen.	Der Verwaltungsrat hat die vollständige Renovation des Hauses in Erwägung gezogen.	Der Nomenstil ist grundsätzlich zu meiden. Er wird jedoch ausnahmsweise als Stilmittel eingesetzt, wenn der Ablauf eines Geschehens stärker betont werden soll.
Ich habe Ihnen von der Bank das Guthaben rechtzeitig überweisen lassen.	Die Überweisung des fälligen Betrages ist von der Bank termingemäss erfolgt.	Neben bewusst gewähltem Nomenstil wird als Stilmittel die Passivform manchmal vorgezogen, um für die Leser anstelle der handelnden Person den reinen Sachverhalt hervorzuheben.
Die Postboten leeren an Werktagen die Briefkästen um 18.00 Uhr.	Die Briefkästen werden an Werktagen um 18.00 Uhr geleert.	Die Passivform trägt bei, um den Sachverhalt zu betonen. Die Personen sind in diesem Beispiel nebensächlich.
Er fuhr mit dem einem Gast gehörenden Motorrad davon.	Mit dem Motorrad eines Gastes fuhr er davon.	Durch die Satzumstellung wird der Satz übersichtlicher und das *'Motorrad eines Gastes'* kann verstärkt werden.
An die fällige Zahlung mussten Sie schon zweimal erinnert werden.	Schon zweimal haben wir Sie an die fällige Zahlung erinnert. An die fällige Zahlung haben wir Sie schon zweimal erinnert.	Der Satz soll nicht im Passiv stehen. Der Absender soll aus der Anonymität in die *'Wir-Form'* übergehen. Mit dem personenbezogenen *'wir'* wird der Leser emotional stärker betroffen.
Bezüglich Ihrer Reklamation wegen des defekten Staubsaugers haben wir Verständnis und schlagen eine Garantiereparatur vor.	Vielen Dank für Ihre Nachricht. Der Staubsauger wird umgehend repariert. Wegen der Umtriebe bitten wir Sie um Entschuldigung.	Es ist grundsätzlich besser, auf die Person, nicht bloss auf die Sache einzugehen. Passivsatz «... wird repariert ...» ist hier passend, weil es um die Reparatur des Gerätes geht. Übrigens: Bei entstandenen, von uns verschuldeten Unannehmlichkeiten entschuldigen wir uns.
Für allfällige Fragen ist unser Herr Gosteli zuständig.	Herr Anton Gosteli, unser Aussendienstberater, erteilt Ihnen gerne weitere Auskünfte.	A. Gosteli ist Mitarbeiter, nicht Leibeigener der Firma! Mit *'allfällige Fragen'* strahlen Sie jene Unsicherheit aus, die kein Kunde schätzt. (*'allfällig'*: schweizerisch/österreichisch)
Aufgrund Ihrer Anfrage machen wir Ihnen folgendes Angebot:	Vielen Dank für die Anfrage vom 18.02.JJ. Gerne unterbreiten wir Ihnen ein besonders günstiges Angebot: Vielen Dank für die Anfrage. Es freut uns, dass Sie sich für unsere Produkte interessieren. Wir haben für Sie ein besonders vorteilhaftes Angebot ausgewählt:	Nach einer Anfrage ist der Dank Pflicht. Ein Angebot (Offerte) unterbreitet man. Der Doppelpunkt allein weist auf *'Folgendes'* hin. Anstelle des überflüssigen Adjektivs *'folgendes'* eher das Angebot näher beschreiben: *'besonders vorteilhaftes'* Angebot. Die zweite Version wirkt noch Sie-bezogener und ist bei möglichen Neukunden besonders passend.

Aus Alt wird Neu

Vorher	Nachher	*TIPPS*
Wir bieten Ihnen aus unserem Sortiment ein äusserst interessantes Angebot.	Für Sie haben wir ein besonders preiswertes Angebot:	'*interessant*' ist hier unpassend; mit ausdrucksstarken Adjektiven versteht der Leser, was wir sagen wollen.
Wie Sie sicher wissen, führen wir auch dieses Jahr wie üblich im Dezember die Weihnachtsausstellung durch. Wir laden Sie gerne ein.	Wollen Sie schon etwas Weihnachtsstimmung? ... dann laden wir Sie gerne zu unserer traditionellen Geschenke-Ausstellung im Dezember ein.	«*Wie Sie sicher wissen*»: Woher soll der Angesprochene bereits wissen, was der Absender '*Übliches*' vorhat? Sätze nicht mit '*Wie ...*' beginnen; Wie-Anfänge unterstützen den floskelhaften Stil.
Wir weisen bereits heute gerne darauf hin, dass Sie in den nächsten Tagen von uns besucht werden.	Nächste Woche wird Sie unser Wohnberater besuchen.	«*Wir weisen darauf hin*» tönt nach Kanzleistil und ist offenbar wichtiger als der positive Hinweis auf einen Vertreterbesuch, der bloss als Nebensatz aufgeführt worden ist.
Die Tatsache, dass das neue Auto weniger Benzin verbraucht, hat sich beim Test bestätigt.	Das neue Auto braucht wesentlich weniger Benzin – das hat der TCS-Test ergeben.	Die wichtige Botschaft «*Auto braucht wesentlich weniger Benzin*» muss vom Nebensatz zum Hauptsatz werden.
Der Prospekt zeigt, dass unsere Kaffeeautomaten in drei Ausführungen geliefert werden können.	Im Prospekt finden Sie drei verschiedene Modelle aus unserem Angebot für Kaffeeautomaten.	Der Leser entnimmt die Informationen aus dem Prospekt. Der Prospekt '*zeigt*' selber nichts ...
Im Prospekt ersehen Sie, welche Wohnungen für den Rollstuhl geeignet sind.	Dem Prospekt können Sie entnehmen, welche Wohnungen rollstuhlgängig sind.	'*ersehen*', in der gesprochenen Sprache kaum gebraucht! Warum soll es denn in der geschriebenen Sprache angewandt werden?
Die mit der Aufstellung des Gerüstes beauftragte Firma ist nicht auf der Liste der Unternehmer.	Die Firma, die das Gerüst aufstellt, steht nicht auf der Liste der beteiligten Unternehmer.	Der Sachverhalt – '*beauftragte*' – steht als Adjektiv unpassend vor dem Nomen. Der Satz wirkt mit dem eingeschobenen Relativsatz aktiver.
Die entstandenen Kosten belaufen sich auf CHF 3000.00.	Die Kosten betragen CHF 3000.00.	'*entstandenen*' Kosten – Auf das Adjektiv kann verzichtet werden.
Wenn die Ware nicht am pünktlich vereinbarten Termin eintrifft, so sehen wir uns gezwungen, bei der Konkurrenz bestellen zu müssen.	Trifft die Ware zum vereinbarten Termin nicht ein, verzichten wir auf Ihre Lieferung.	Floskelformulierungen wie «*wir sehen uns gezwungen*» möglichst meiden. Auf '*Drohgebärden*' (Konkurrenz) verzichten, der Sachlage entsprechend direkt formulieren.
Die bei der Projektion des Werbefilmes überraschend aufgetretene Störung verzögerte das Programm.	Eine Störung verzögerte die Vorführung des Werbefilmes.	Auf «*überraschend aufgetretene*» kann hier verzichtet werden. Der Beginn der Vorführung, nicht das Programm, wird verzögert.

Schreibkultur

Briefinhalt

Anlassbereich

Wer schreibt wem? – Wer ist die Kommunikationspartnerin oder der Kommunikationspartner? Was kann man voraussetzen, was spricht den Adressaten, vielleicht ein künftiger Geschäftspartner, möglicherweise an? Was haben Sie als Briefautorin oder als Briefautor für eine Aufgabe zu übernehmen?

Wozu schreiben Sie? Ob Sie etwas Neues wollen oder auf einen Brief, beispielsweise auf eine Anfrage, antworten müssen, vor dem Schreiben legen Sie das Ziel des Briefes fest. Jetzt gilt es, die Gedanken zu ordnen und sie mit ansprechenden Sätzen für den Leser anschaulich darzulegen.

Ich oder wir? – In Privatbriefen sprechen Sie die Empfänger persönlich an. Deshalb schreiben wir in der «Ich-Form» und zudem – ausser bei E-Mails – in der Regel handschriftlich. Der Geschäftsbrief unterscheidet sich klar vom Privatbrief. Hier gilt in jedem Falle, selbst in einem Einmannbetrieb, die «Wir-Form». Obwohl Sie im Betrieb die Briefpartnerin oder den Briefpartner zwar auch persönlich ansprechen, schreiben Sie als Delegierte oder als Delegierter Ihres Betriebes einem «Funktionär», der für seinen Betrieb eine bestimmte Tätigkeit auszuführen hat.

In Unternehmungen mit Mitarbeiterinnen und Mitarbeitern im Aussendienst kann es möglich sein, dass die Wir-Regel mit der Ich-Form getauscht oder gemischt wird. Hier ein praktisches Beispiel:

Als Mitarbeiter/Mitarbeiterin der Unfallversicherungsanstalt «XYXY» haben Sie die Sicherheitsvorkehrungen bei einem versicherten Arbeitgeber zu überprüfen. Sie haben festgestellt, dass einige Betriebsarbeiter bei einer gehörgefährdenden Tätigkeit keinen Lärmschutz tragen. Der Inhaltsteil des Briefes an den Unternehmer könnte etwa so verfasst werden:

Am letzten Freitag, 14.02.JJ, besuchte i c h im Auftrag der «XYXY» als Betriebsinspektor Ihren Betrieb, um die für alle Angestellten bei ihrer Tätigkeit angeordneten Schutzmassnahmen zu überprüfen.

Es ist m i r aufgefallen, dass in der Blechstanzerei einige Hilfskräfte weder den geforderten Helm noch einen wirksamen Gehörschutz trugen.

W i r von der «XYXY» fordern, dass Sie die reglementarisch vereinbarten Massnahmen zum Schutz vor Gehörschäden und zur Unfallverhütung unverzüglich veranlassen.

«XYXY» LUZERN

Es wirkt für Sie vielleicht etwas fremd, wenn ich empfehle, in Geschäftsbriefen auch einen guten Bekannten mit «Sie» anzusprechen, doch die Briefe dienen möglicherweise weiterhin auch anderen Sachbearbeitern oder später einem Stellennachfolger als Belege. Wollen Sie den Briefempfänger dennoch persönlich grüssen, so stecken Sie zum Brief in den Briefumschlag eine persönliche Notiz.

Briefinhalt

Wirkungsbereich

Was wollen wir wie erreichen? – Im Gegensatz zum Gespräch haben Sie beim Schreiben Zeit zum Formulieren. Sie können sich weitgehend auf den Empfänger einstellen, den Inhaltsverlauf und den Wortlaut exakt planen. Beim Schreiben überlegen Sie sich, wie der gewählte Wortlaut vom Leser interpretiert werden kann, wie Sie selbst auf diese Botschaft reagieren würden.

Verzichten Sie auf umständliche Formulierungen. Wir schreiben kurze Sätze, ohne unnötigen sprachlichen Ballast. Das Interesse lässt nach, wenn sich der Briefempfänger auf allzu viele Einzelheiten konzentrieren muss. Es darf jedoch niemals zugunsten einer knappen Formulierung die Höflichkeit auf der Strecke bleiben. Schreiben Sie übersichtliche, fehlerfreie, normgerechte Geschäftsbriefe, der Briefempfänger gewinnt Zeit und wird Ihnen dafür danken.

Bei der praktischen Tätigkeit mussten Sie bestimmt auch schon erfahren, dass die Briefinhalte und -texte äusserst selten als Normvorgabe unverändert zu übernehmen sind. Für individuelle Briefe gibt es keine Standardvorlagen – hier ist die eigene Kreativität gefragt. Die Ausnahmen sind selbstverständlich Formularbriefe wie Offerten, Mahnungen, Auftragsbestätigungen, Bestätigungen für Alltägliches, Routinebestellungen, Versandanzeigen usw.

Es ist kaum möglich, die verschiedenen Briefarten wegen ihrer Vielfalt in Stil und sachlichem Ausdruck so zu erfassen und anzuwenden wie ein Kochrezept. Hier zeigt die Praxis bald, dass es nur wenige Briefe zu rezeptieren gibt. Besonders die Antwortbriefe verlangen grosses Einfühlungsvermögen und Gewandtheit im schriftlichen Ausdruck. Sie bringen die Erkenntnis, dass jeder anspruchsvolle Brief ein einmaliges Dokument bleibt.

Abschlussbereich

Wie schliesse ich ab? – Achten Sie darauf, dass Ihr Brief über eine situationsbezogene, positive Botschaft einen gewinnenden Ausklang erhält. In der neuen Briefkultur ist bei klassischen Geschäftsbriefen «Freundliche Grüsse» die am meisten verwendete Grussformel.

Soll der Gruss echt oder bloss eine Abschlussfloskel sein?

~~Mit freundlichen Grüssen~~

veraltete Floskel!

«Wir erwarten Ihren Bericht und *verbleiben* m i t freundlichen Grüssen …»
Wer schreibt im Schlusssatz noch «verbleiben»? In der zeitgemässen Verhandlungssprache wird dieses Wort beim Briefschluss kaum mehr geschrieben, demzufolge kann auch auf den unnötigen Füller «Mit», der früher berechtigt war, verzichtet werden.

Die Grussfloskel «Mit freundlichen Grüssen» ist unbegründeterweise noch sehr verbreitet, obwohl die Satzkonstruktion eigentlich gar keinen grammatischen Sinn mehr macht.

Schliesslich sagen wir, wenn wir einem Kollegen Grüsse an seine Schwester auftragen:
«Freundliche Grüsse an Sabine»
… und nicht etwa …
«Mit freundlichen Grüssen an Sabine».

Briefanfang

Adresse

Das Äussere bei der Adresse ist eigentlich nicht das Wesentlichste! Viel wichtiger – nicht nur für die Briefträger – ist, dass der Brief beim richtigen Ansprechpartner ankommt und die Botschaft unsere angestrebte Wirkung hat. Der Vollständigkeit halber möchte ich jedoch auch bei der Adresse auf einige formale Details eingehen.

Zeilenzahl

Nach der Norm soll die Adresse höchstens acht Zeilen haben. In diese Zeilenanzahl sind auch die Qualifikations- oder Beförderungsvermerke wie «Lettre signature»/«Priority» einbezogen. Zu umfangreiche Adressangaben erschweren die Lesbarkeit.

Lettre signature[1]	1	Lettre signature	1	Lettre assurance[2]	1
>	2	Frau	2	>	2
Frau	3	Mélanie Wyss Bosshard	3	Frau	3
Mélanie Wyss Bosshard	4	Gesangspädagogin	4	Mélanie Wyss Bosshard	4
Gesangspädagogin	5	Landenbergstrasse 37	5	Gesangspädagogin	5
Landenbergstrasse 37	6	Postfach	6	Landenbergstrasse 37	6
6005 Luzern	7	6005 Luzern	7	Postfach	7
	8			6005 Luzern	8

[1] Aushändigung gegen Unterschrift ohne Versicherung

[2] Aushändigung gegen Unterschrift versichert bis CHF 500.00

Mélanie Wyss Bosshard

In diesen Beispielen hat Mélanie Wyss mit der Verehelichung gewünscht, ihren bisherigen Namen «Wyss» voranzustellen. Deshalb fehlt der Verbindungsstrich nach ihrem Namen. Es handelt sich hier um einen Doppelnamen und nicht um den üblichen Allianznamen mit Verbindungsstrich.

Als offizieller Familienname gilt nach ZGB grundsätzlich der Name des Mannes; deshalb werden die Kinder den Familiennamen des Mannes tragen.

Adresse

Herr oder Herrn?

Herr
Alexander Mauser
Tierpfleger
8153 Katzenrüti

«Herr» oder «Herrn»?

Früher schrieb man je nach Land in der Briefadresse
«An Herrn ...» oder *«Dem Herrn ...»*
Die Akkusativ- oder Dativbeugung «Herrn» ist nicht mehr begründet, da wir bei den Adressen nun weder *«An»* noch *«Dem»* verwenden. Schreiben Sie «Herr», und zwar aus folgenden Gründen:
In Dateiverwaltungen sind die Adressen im Nominativ (Werfall) angelegt; sie können ohne Änderung übernommen werden.

Allein stehende Nomen stehen in Wörterbüchern immer vorerst ungebeugt im Nominativ (Werfall). Bei der modernen Briefadresse steht «Herr» ungebeugt und ohne Erweiterung allein auf einer Zeile.

NK-VERLAGS AG
Herr Gabriel Bosshard
Postfach 123
6000 Luzern 15

«z. H.» veraltet!

Bei Firmenadressen sind «Firma» und «An» nicht mehr üblich. Wird unter dem Firmennamen eine Person erwähnt, kann das «z. H.» weggelassen werden.
Beachten Sie beim Namen: ohne «z. H.»; «Herr», nicht «Herrn».

A
Herr Gabriel Bosshard
NK-VERLAGS AG
Postfach 123
6000 Luzern 15

Wer darf den Brief öffnen?

Vorsicht beim Öffnen von Briefen! ... Wer als Chef einen Brief öffnet, der an eine persönliche Adresse gerichtet ist, verletzt nach einem Entscheid des Bundesgerichts das strafrechtlich geschützte Schriftgeheimnis.

A B

Briefe mit der Adressangabe wie in den Beispielen A (Name an erster Stelle) und B (Vermerke wie «persönlich» oder «vertraulich») dürfen keinesfalls von Unbefugten geöffnet werden. Sie gelten trotz Firmenadresse als Privatbriefe!

B
persönlich
NK-VERLAGS AG
Herr Gabriel Bosshard
Postfach 123
6000 Luzern 15

Wer solchermassen adressierte Briefe ohne Erlaubnis der auf der Adresse genannten Person öffnet, verletzt das Schriftgeheimnis und kann angezeigt werden.

C
NK-VERLAGS AG
Herr Gabriel Bosshard
Postfach 123
6000 Luzern 15

C

Gabriel Bosshard wird als «Funktionär» der Firma angeschrieben. Bei dieser Form der Adressangabe ist von Befugten der Firma das Öffnen des Briefes erlaubt. Ist 'G. Bosshard' abwesend, so wird die Stellvertretung in seiner Funktion die Interessen des Betriebes wahren.

Herr
Johannes Schmeller
Familie Wenger
Feldackerstrasse 3
7320 Sargans

Vorname voran?

Ist der Vorname des Briefempfängers bekannt, so schreiben wir ihn ungekürzt und stellen ihn vor den Namen.

c/o?
Das «c/o» (care of) bei der Wohnadresse ist nicht mehr üblich.

Adresse

Frau Inge Burckhalter
Herr Marcel Burckhalter
Bahnhofstrasse 27
8887 Mels

«Familie» für Ehepaare?

Anstelle der Anrede «Familie» können in der Adresse die Mitglieder einer Familiengemeinschaft persönlich angesprochen werden, wie es bei kinderlosen oder unverheirateten Paaren üblich ist.

Anrede *'Herr'* oder *'Frau'* steht in dieser Anwendung neben dem Namen.

→ nicht zu empfehlen: Herr/Frau Marcel/Inge Burckhalter Bahnhofstrasse 27 8887 Mels

Frau und Herr Inge und Marcel Burckhalter Bahnhofstrasse 27 8887 Mels

Express/Lettre signature
Frau Inge Bütikofer
Friedrich-Schiller-Allee 3
4600 Olten

Dienstvermerke unterstreichen?

Dienstvermerke wie «Lettre signature», «Lettre assurance», «Priority», «Express» gehören zur Adresse. Sie können auch unterstrichen sein: Lettre assurance.

→ «Express» heisst nicht gleichzeitig «Lettre signature».
→ Für jede weibliche Person die Anrede «Frau» verwenden.

Herr
Dr. med. Hans Bosshard
Löwenstrasse 9
6006 Luzern

Akademische Titel?

Akademische Titel gehören zum Namen.

Frau **Rektor**
Inge Bütler
Postfach 23
3000 Bern 8

Berufstitel in der Adresse?

Berufstitel setzt man neben die Anrede «Herr» oder «Frau».

Herr
Hans Moser
Bildhauer
Wuhrmattweg 1a
5075 Hornussen

Berufsbezeichnungen?

Berufsbezeichnungen stehen unter dem Namen auf der dritten Zeile.

NK-VERLAGS AG LUZERN
Schädrütihalde 54
Postfach 274
6006 Luzern

Wo steht der Postfachvermerk?

Postfachvermerke stehen gut übersichtlich als letzte Zeile vor der Ortschaftsangabe.

oder...

NK-VERLAGS AG LUZERN
Postfach/Schädrütihalde 54
6006 Luzern

Postfachvermerke stehen in Verbindung mit der Hausadresse (Strasse) immer an erster Stelle.

Adresse
Wo soll sie im Brief stehen?

Nach Weisung der Post ist die Adresse eine Blockeinheit. Besonders zu beachten ist deren Standort bei Briefumschlägen mit Adressfenstern (Fensterkuverts). Die Adresse kann auf dem Briefpapier jedoch links oder rechts stehen.

Vor Jahren empfahl man aus praktischen Gründen die Linksdarstellung der Brief-Elemente. Es gab nämlich bei alten Schreibmaschinen oder beim Telex weder Tabulatoren, geschweige Masken für die Briefgestaltung. Das Einrücken oder Untereinanderschreiben, beispielsweise bei Sorten, musste mit Leerschlägen und mühsamem Zählen erfolgen. Dann kamen komfortablere Schreibgeräte mit Tabulatoren auf den Markt – eine revolutionäre Neuheit! –, später mit den elektronischen Schreibgeräten wurde der Komfort noch grösser.

Die Linksdarstellung nahm nie überhand. Die Textverarbeitungsprogramme bieten indes weitere Annehmlichkeiten, und es gibt eigentlich keine wirtschaftlichen Gründe mehr, die uns zur Adress-Darstellung auf der linken Seite verleiten. Briefe mit der Adresse auf der rechten Seite sind am häufigsten. Der Grund, weshalb die Rechtsdarstellung trotz des lästigen Einzuges für die Adressdarstellung weiter verbreitet ist, liegt an den Vorzügen:

- Briefe mit der Adresse rechts sind im Ordner leichter zu finden, man muss beim Suchen einer Adresse nicht immer das ganze Briefblatt freilegen.
- Die unterschiedliche Gliederung der Elemente bringt Abwechslung und Aufmerksamkeit.
- Der Brieftitel hebt sich besonders gut ab.
- Briefumschläge mit dem Adressfenster auf der rechten Seite sind, weil sie mehr gefragt sind, als Standardartikel selbst in Supermärkten oder Warenhäusern im Angebot.

Will aber die Leitung eines Unternehmens mit einem neuen Erscheinungsbild an die Öffentlichkeit treten, werden – so hoffen wir – auch die Drucksachen und Briefpapiere auf den neuesten Stand gebracht. Der beauftragte Gestalter (Typograf oder Grafiker) soll ja etwas Neues präsentieren, also fällt es ihm leicht, die Briefvorlagen von der herkömmlichen Rechts- auf die 'neuzeitliche' Linksdarstellung auszurichten.

Obwohl für die Adresse die linke Briefseite gewählt werden kann, empfehle ich aus Platzgründen die Darstellung auf der rechten Seite.

Ort / Datum

NK Verlags AG, Schädrütihalde 54, 6006 Luzern • 041 370 92 17

1 • Kaufmännische Berufsschule
2 • Luzern
3 • Dreilindenstrasse 20
4 • 6006 Luzern
5 •
6 •
7 •
8 •
9 •
10 •
11 • (6006 Luzern,) 9. Mai 2000

Ort und Datum können Sie in verschiedenen Varianten darstellen. Schreiben Sie beispielsweise auf Briefpapier mit vorgedrucktem Firmenbriefkopf, so ist die Ortsangabe mit Postleitzahl meistens als «Leitwort» vorhanden, und es ist bloss noch das Datum hinzuzufügen.

Fehlen die Leitwörter, so liegt das Datum bei Vordrucken meistens etwa 6 Zeilenschaltungen unterhalb der letzten Adresszeile.

Ideal: im Adressblock auf der 11. Zeile.

6006 Luzern, 18.02.JJ 6006 Luzern, 18.02.JJJJ	Datum numerisch. Digitalanzeige, sehr übersichtlich. → veraltet mit Leerschlägen: 18. 2. JJJJ	In der Praxis bewährt sich die numerische, digitale Darstellung.
6006 Luzern, 18. Februar JJJJ	Datum alphanumerisch. Monat nicht abkürzen.	Sie drängt sich auf, wenn am Ende einer Zeile das Datum wegen der Monatsangabe getrennt werden müsste.
6006 Luzern, JJJJ-02-18	Internationaler Normenausschuss.	
6006 Luzern, JJJJ 02 18 6006 Luzern, JJJJ0218	Reihenfolge Jahr, Monat, Tag. → mit oder ohne Leerschläge	→ Datum niemals trennen!

Brieftitel

In grösseren Unternehmen kommt es vor, dass Hilfskräfte die Postsendungen öffnen, aufbereiten und später in die Abteilungen verteilen. Der Brief muss dabei nicht gelesen werden. Aus der Adresse und dem Brieftitel kann man erkennen, was Sie wollen, und Sie vereinfachen ihnen das Sortieren und Verteilen der Briefe an die SachbearbeiterInnen und -bearbeiter. – Später kann ein übersichtlicher Brieftitel auch beim Suchen einer als Beleg im Ordner abgelegten Kopie sehr nützlich sein.

Ihre Anfrage vom 18.02.JJJJ
Ihr Brief vom 18.02.JJ
Ihr Anruf vom 18.02.JJJJ
Ihre Lieferung Nr. 203-B, 18.02.JJ

Der Brieftitel (Betrifft- oder Betreffvermerk) gibt auf einen Blick eine kurze Inhaltsangabe oder verrät den Anlass des Briefes.

Betrifftvermerke schreiben wir ohne das veraltete Leitwort *'Betreff'* oder das Kürzel *'Betr.'*

Betrifftvermerke werden selten noch unterstrichen, in der Praxis findet man sie in fetter Schrift formatiert. Am Ende des Brieftitels setzt man keinen Punkt.

Verwenden Sie die veraltete Formulierung 'Ihr Schreiben' nicht.

Formulieren Sie, worum es sich handelt:

Ihre Anfrage vom 18.02.JJJJ
Unser Anruf von heute
Unsere Vereinbarung vom 18.02.JJ

Brieftitel

Ihre Anfrage vom 18.02.JJJJ

<u>Ihr Brief vom 18.02.JJ</u>

Ihr Anruf vom 18.02.JJJJ

Ihre Lieferung Nr. 203-B, 18.02.JJ

Der Brieftitel kann in der Grundschrift ohne jegliche Auszeichnung stehen. Es ist zwar auch möglich, ihn zu <u>unterstreichen</u>, doch besser ist, ihn einfach **fett** oder *kursiv* zu formatieren.

Beachten Sie beim Unterstreichen, dass das dazugehörige Satzzeichen auch markiert wird. Diese typografische Vorschrift gilt auch bei anderen Auszeichnungsarten:
<u>Offerte.</u> / kursiv: *Offerte.* / fett: **Offerte.**

Redaktion. Sportbericht Segeln

Offerte. Los 3, Gartenanlage

Widerruf. Zimmerbestellung vom 22.12.JJ

Bestellung. *Taschenrechner*

Inserat «NZZ», 28.06.JJ. *Stellenbewerbung*

Zweiteilige Betrifftvermerke soll man mit dem Punktzeichen unterteilen. Brauchen Sie in der Betreffzeile den Doppelpunkt möglichst selten.

Der Punkt trennt den Betrifftvermerk fürs Auge unübersehbar in zwei unterschiedliche Gruppen oder Fachbereiche.

Mit dem Abgrenzungspunkt gewinnen Sie weitere Zeichenvarianten, die für Auszeichnungen eingesetzt werden können. Das Komma kann – wie das zweite Beispiel zeigt – zur Abgrenzung einer Apposition (nähere Bestimmung des Nomens) dienen.

Inserat «NZZ», 28.06.JJ
<u>«Bauland mit Abbruchliegenschaft zu verkaufen»</u>

«Bauland mit Abbruchliegenschaft zu verkaufen»
<u>Inserat «NZZ», 28.06.JJ</u>

Lange Betrifftvermerke sind zwar nicht zu empfehlen, doch sie können auf zwei Zeilen stehen.

Zweizeilige Betrifftvermerke schliesst man mit einem Strich in der Länge der breitesten Zeile ab.

Stichwortinhalte im Text

Wintersport. Besonders beliebt ist das Skifahren auf den gut präparierten Pisten. Bei schönem Wetter stehen die Leute selbst vor den neuen, leistungsfähigen Skiliften geduldig Schlange.

Wintersport. Besonders beliebt ist das Skifahren auf den gut präparierten Pisten. Bei schönem Wetter stehen die Leute selbst vor den neuen, leistungsfähigen Skiliften geduldig Schlange.

<u>Wintersport.</u> Besonders beliebt ist das Skifahren auf den gut präparierten Pisten. Bei schönem Wetter stehen die Leute selbst vor den neuen, leistungsfähigen Skiliften geduldig Schlange.

Wintersport. Besonders beliebt ist das Skifahren auf den gut präparierten Pisten. Bei schönem Wetter stehen die Leute selbst vor den neuen, leistungsfähigen Skiliften geduldig Schlange.

W i n t e r s p o r t . Besonders beliebt ist das Skifahren auf den gut präparierten Pisten. Bei schönem Wetter stehen die Leute selbst vor den neuen, leistungsfähigen Skiliften geduldig Schlange.

Teil-Inhaltsangaben als Stichwort können Sie mit einem Punkt abschliessen. Im Anschluss folgt der Text.

Eine kurze Teil-Inhaltsangabe kann beliebig formatiert sein. Sie sticht durch die Abgrenzung mit dem Punkt hervor.

Anrede

Briefe werden von Menschen für Menschen geschrieben. Als Standard brauchen wir mit Vorliebe die Anrede «Sehr geehrte Damen und Herren», und vielleicht suchen Sie nach Alternativen, weil Sie es nicht bei dieser allgemeinen Anrede bewenden lassen wollen.

Sehr geehrte Frau Bosshard
Sehr geehrter Herr Moser

Die Anrede richtet sich immer nach der Adresse. Ist in der Firmenadresse auch eine natürliche Person erwähnt, so schreiben Sie in jedem Fall eine persönliche Anrede. In Geschäftsbriefen wird der Vorname in der Regel nicht erwähnt.

Guten Tag
Guten Tag!

Achten Sie besonders auf die Briefanreden, so finden Sie in 'halbprivaten' Briefen (Briefe von Privat an ein Geschäft) auch die Anrede-Form «Guten Tag». Warum eigentlich nicht? In Geschäftsbriefen mit unpersönlichen Adressen (juristische Personen) kann «Guten Tag» als neutrale Einstiegshilfe dienen. Diese unkomplizierte Form der Anrede wird jedoch kaum die klassischen Anrede «Sehr geehrte Damen und Herren» ablösen. Zweckmässiger ist diese Standardanrede, wenn eindeutig Damen und Herren angesprochen werden, beispielsweise ein Verwaltungsrat mit Angehörigen beider Geschlechter, oder wenn die besondere Art des Briefes diese 'vorsorgliche Höflichkeit' verlangt: *Stellenbewerbung, Werbebrief*.

Guten Tag Herr Meier
Guten Tag, Herr Meier

Sehr geehrte Damen und Herren

Bei Standardbriefen an eine unpersönliche Adresse fällt es aber auch leicht, auf die vermeintliche Anrede als Höflichkeitsfloskel zu verzichten. Viele Banken und Versicherungen lassen bei der speziellen 'Formular-Korrespondenz' die Briefanrede weg, bei persönlichen Briefen oder Briefen, die eine 'besondere Höflichkeit' verlangen, wird sie jedoch wieder gebraucht.

Liebe Kundinnen und Kunden
Liebe Gäste
Geschätzte Leserinnen und Leser

Sind Name und Funktion nicht bekannt, so können Sie für unterschiedliche Zielgruppen eine neutrale und dennoch Sie-bezogene Anrede wählen.

Sehr geehrte Dame
Sehr geehrter Herr

Die Anrede kann mehrteilig sein. Sie wirkt etwas förmlich, doch wollen Sie einer Dame und einem Herrn schreiben, so verwenden Sie für die Anrede zwei Zeilen.

Sehr geehrter Herr Gemeindepräsident
Sehr geehrte Herren Gemeinderäte

Zweizeilige Briefanrede bei Behördenbriefen.

Sehr geehrter Herr Stadtpräsident
Sehr geehrte Frau Stadträtin (Frau Stadtrat)
Sehr geehrte Herren Stadträte

Selbst dreizeilige Anreden sind möglich.

Sehr geehrte Frau Dr. Good
Sehr geehrter Herr Dr. Moser
Sehr geehrter Herr Professor
Sehr geehrter Herr Professor Good

Akademische Titel werden in der Anrede abgekürzt mit der Namensbezeichnung verbunden. Ausnahme: Ungekürzt aufgeführt und ohne zusätzlichen Doktortitel wird in der Briefanrede 'Professor'.

Die Bezeichnungen der akademischen Grade sind in der Anrede stets mit 'Herr' oder 'Frau' und dem Familiennamen (ohne Vornamen) gekuppelt.

Anrede

Sehr geehrte Frau Regierungsrat *Sehr geehrte Frau Regierungsrätin*	Verzichten Sie bei der Anrede mit dem Berufstitel auf die Namensnennung. Diese Form eignet sich, wenn Sie die Funktion der angesprochenen Person besonders hervorheben wollen.
Sehr geehrte Frau Pfarrer *Sehr geehrte Frau Pfarrerin*	Es gibt für viele Berufsbezeichnungen grammatisch männliche als auch weibliche Formen: Direktor/Direktorin; Doktor/Doktorin; Schiedsrichter/Schiedsrichterin. Die weibliche Form wird sich durchsetzen.
Sehr geehrte Frau Rektor *Sehr geehrte Frau Rektorin*	Fehlt das Wort *'Frau'*, so wird im Text in der Regel die weibliche Form angewandt: *'unsere Rektorin'*. Ausnahmen mit nur männlicher Form für die Berufsbezeichnung sind beispielsweise: *Landammann, Oberst*.
Grüezi	Eine besonders originelle Anrede haben sich wohl jene aussuchen wollen, die ihre Briefe mit dem mundartlichen, schweizerischen Alltagsgruss «Grüezi» beginnen. Jeder erfahrene Kaufmann empfiehlt, auf ausgefallene «Mödeli» in Darstellung und Text zu verzichten. «Grüezi» wirkt zudem eher distanziert als *«Guten Tag»*.
Hallo Inge	Eine etwas private Anrede, doch für gute Bekannte im Privatbrief passend.
Sali Vreni, Hallo Urs!	Private Anrede an zwei Bekannte.

Briefschlüsse

Passende, zeitgemässe Grussformen

Freundliche Grüsse	Der Gruss ist nicht zwingend mit einem Schlusssatz verbunden. Der Briefabschluss «Freundliche Grüsse» ist unserer Umgangssprache angepasst. Er eignet sich in der klassischen Korrespondenz besonders gut und ist auch für unbekannte Ansprechpartner neutral.
Freundlicher Gruss *Viele Grüsse*	Neutrale, ansprechende, eher vertraute Grussform; eignet sich durchaus in Geschäftsbriefen mit bekannten Adressaten.
Herzlichen Gruss *Gruss* *Es grüsst*	Sehr vertraute, persönliche Grussform an Bekannte, in Geschäftsbriefen nicht zu empfehlen.

Abschlussbereich

Briefschlüsse mit inhaltsbezogenem, positivem Ausklang

Der Briefinhalt beeinflusst den Briefschluss. Die personen- oder situationsbezogenen Satzbeispiele mit anschliessendem Gruss regen Sie vielleicht an, eigene passende Grussformen zu verfassen.

Warum den Brief nicht mal mit einer Frage abschliessen?

Zu lange Abschlusssätze sind unübersichtlich und können floskelhaft wirken.

TIPP
Grusszeile nicht an einen langen Schlusssatz binden.

→ Das letzte Beispiel zeigt, dass ein Brief nicht zwingend mit einem Grusssatz enden muss.

Rufen Sie uns an, wenn Sie liefern können?
Freundliche Grüsse

Wir wünschen Ihnen zum vorgesehenen Unternehmen viel Erfolg.
Beste Grüsse!

Für das geschenkte Vertrauen danken wir und sichern Ihnen eine sorgfältige Ausführung des Auftrages zu.
Freundliche Grüsse

Wir freuen uns auf Ihren Besuch und grüssen Sie freundlich.

Auf die Zusammenarbeit freuen wir uns und grüssen Sie

Wir sichern eine termingerechte Lieferung zu und grüssen Sie

Wir erwarten Ihre Nachricht in den nächsten Tagen und grüssen Sie

Dürfen wir Ihre Nachricht bald erwarten?
Freundliche Grüsse

Besuchen Sie uns bald?
Wir freuen uns!

Spontane, situative Schlusszeilen

Durch die regelmässige Korrespondenz entsteht eine Art persönliche Verbundenheit mit Ihren Geschäftspartnern.

In Ihre Standardkorrespondenz bringen Sie Abwechslung, wenn Sie an die langjährigen Briefpartner die Grusszeile situativ anpassen.

TIPP
Verwenden Sie Emotionen auslösende Grusszeilen nur dort, wo sie inhaltlich auch passen und der Empfänger diese Verbundenheit auch spürt, niemals jedoch in der anspruchsvolleren klassischen Korrespondenz, beispielsweise in einer Stellenbewerbung oder bei einer Mängelrüge.

Sind Sie der gleichen Ansicht? – Ihre Nachricht interessiert uns sehr.
Freundliche Grüsse

Frohe Ostergrüsse!

Freundliche Grüsse nach Bern

Vorweihnachtliche Grüsse

Fasnächtliche Grüsse aus Luzern

Bunte Herbstgrüsse aus dem Engadin

Freundlicher Gruss aus der Sonnenstube Tessin.

Wir wünschen Ihnen ein gutes Neues!

Ein gutes Neues!

Herzliche Grüsse

Firma und Unterschrift

Zu einem richtigen Unternehmen gehörte früher auch der passende Firmenstempel. Dessen Abdruck nutzten unsere Grossväter, um den Brief nach der Grussformel endgültig zu beenden. Um die Originalität zu bekräftigen, schrieben Sie über den Stempelabdruck ihre mächtige Unterschrift.

Der Firmenabdruck mit Stempel ist in Briefen nicht mehr zeitgemäss. Anstelle des Stempels führen wir, obwohl der Firmenname im Briefkopf steht, nochmals den Namen des Unternehmens auf. Damit der Leser weiss, wer ihm geschrieben hat, steht drei Leerzeilen darunter in Druckschrift die Übersetzung der möglicherweise unleserlichen Unterschrift. Kundenfreundliche Briefe sind uns wichtig: Wir schreiben den Vornamen demzufolge vollständig, nicht abgekürzt, damit der Leser erfahren kann, ob er mit einer Frau oder einem Mann korrespondiert.

> = Leerzeilen.

Freundliche Grüsse
>
HAGELVERSICHERUNG SCHWEIZ
Regionaldirektion Zürich
>
>
>
Ignaz Bütler, Direktor

Freundliche Grüsse
>
Zentralschweizer BildungsZentrum
>
>
>
Irène Schumacher
Sekretariat

Freundliche Grüsse
>
HAGELVERSICHERUNG SCHWEIZ
Regionaldirektion Zürich
>
ppa.
>
Ingmar Bütler

Freundliche Grüsse
>
CANOR-TEX, ZUG
>
>
>
ppa. Inge Lampart   Oskar Reichert

Der Firmenname wird in der Grundschrift nach der Grussformel aufgeführt. Längere Wortgruppen müssen nicht zwingend in Grossbuchstaben stehen.

In den Unternehmungen werden befugte Personen bestimmt, die im Namen der Firma Rechtshandlungen vornehmen dürfen. Man unterscheidet Generalvollmachten und Spezialvollmachten.

→ **Links oder rechts?** Der Unterschriftenblock kann am linken Seitenrand oder rechts in der Senkrechte des Adressblocks stehen.

→ **Kollektivunterschrift.** Sind zwei leitende Angestellte mit Kollektivunterschriften gebunden, so gilt ihre Unterschrift nur zu zweien (Doppelunterschrift). Der Ranghöhere (Beispiel unten: Inge Lampart) unterschreibt im Unterschriftenblock links.

→ **ppa.** «per procura». Der Prokurist gilt gutgläubigen Dritten gegenüber als ermächtigt, im Auftrag seiner Firma in vorausbestimmten Arbeitsbereichen Rechtshandlungen vorzunehmen, die der Zweck des Unternehmens mit sich bringen kann.

Die Prokura kann eingeschränkt werden durch die Kollektivunterschrift, die der Absicherung und der gegenseitigen Kontrolle dienen soll.

→ **Funktionale (funktionelle) Unterschrift.** Es gibt Betriebe, die Ihren Mitarbeiterinnen und Mitarbeitern im Bereich der schriftlichen Kommunikation grössere Kompetenzen einräumen und aus rationellen Gründen die «funktionelle Unterschriftsberechtigung» eingeführt haben nach dem Grundsatz: Wer einen Sachbereich bearbeitet, ist dafür verantwortlich und unterzeichnet die Briefe selbst. Mit dieser zweckbestimmenden Massnahme werden die Schreibarbeit der Mitarbeiterinnen und Mitarbeiter aufgewertet und zudem Kosten gespart: Der Briefverkehr kann einfacher und schneller abgewickelt werden.

Abschlussbereich

> = Leerzeilen.

Freundliche Grüsse
\>
CANOR-TEX, ZUG
\>
\>
\>
ppa. Inge Lampart
\>
\>
\>
Oskar Birrer
\>
\>
\>
- Grundbuchpläne
- Baugesuch

Freundliche Grüsse
\>
CANOR-TEX, ZUG
\>
i. V.
\>
Margrit Bütler

Freundliche Grüsse
\>
CANOR-TEX, ZUG
\>
i. A.
\>
Seline Bühler

Linksbündige Darstellung. Die Unterschriften können auch hierarchisch untereinander angeordnet werden.

→ Beachten Sie die Zahl der Leerzeilen.

Der Beilagenvermerk dürfte aus Platzgründen auch rechts, 9,5 cm vom rechten Rand entfernt, auf der Höhe der Zeile *«Oskar Birrer»* stehen.

i. V. = in Vollmacht

Handlungsbevollmächtigte dürfen im Rahmen ihrer aufgetragenen Tätigkeiten (immer wiederkehrende Rechtshandlungen) für den Betrieb oder einen bestimmten Teilbereich selbstständig entscheiden und unterschreiben.

→ In der deutschen Sprache gilt nach DUDEN das Kürzel «i. V.» in Sätzen auch für «in Vertretung»

i. A. = im Auftrag

Alle, die einen Schreibauftrag für einen Entscheidungsträger zu erfüllen haben, dürfen mit «i. A.» unterschreiben. Keinesfalls aber mit dem irrtümlich immer wieder verwendeten «i. V.» (in Vollmacht).

Abschlussbereich

Beilagen

«Beilagen erwähnt» – Verzichten Sie auf diesen belehrenden, floskelhaften Hinweis *«erwähnt»*, wenn Sie im Briefinhalt von den Beilagen schreiben. Jeder Leser merkt doch selber, dass die Beilagen bereits im Text erwähnt sind.

Sparen wir doch nicht mit einem echten Service! Schon manche Sekretärin war für das Weiterleiten von Unterlagen froh, dass am Schluss die Beilagen vollständig aufgeführt worden sind.

Freundliche Grüsse
\>
CANOR-TEX, ZUG
\>
\>
\>
Helena Moser

Adressliste

→ Das Wort «Beilagen» oder «Anhang» ist nicht mehr erforderlich, da in den Geschäftsbriefen weitere Zugaben stets unten links auf der Höhe der Unterschrift – allenfalls auch eine Zeile tiefer – erwähnt werden.

→ Steht nur ein Wort als Beilage, so braucht es zur besseren Übersicht keine ordnenden Absatzstriche.

Freundliche Grüsse
\>
CANOR-TEX, ZUG
\>
i. A.
\>
Ingrid Bühler

- 2 Adresslisten
  Hauseigentümer (Nrn. 1, 2, 4)
  Feriengäste
- 4 Prospekte
- 8 Anmeldeformulare

→ Stehen mehrere Beilagenvermerke untereinander, so setzen wir zur besseren Übersicht vor jeden einen Leitstrich.

Ohne Leitstriche wäre es kaum möglich, die Untergruppen so deutlich wie im Beispiel hervorzuheben.

TIPP
Nummerieren oder bezeichnen Sie mit Buchstaben die Kopien aufgeführter Dokumente, so weiss bei späteren Gesprächen jeder sofort, worüber der Partner spricht.

Freundliche Grüsse
\>
CANOR-TEX, ZUG
\>
i. A.
\>
Theres Fischer

- 2 Adresslisten
  Kopien an Frau H. Moser
- Prospekt
\>
Briefkopie an Herrn W. Bucher

→ Beilagen mit Verteilervermerk

→ Hat es sehr viele Beilagen, die im Text bereits erwähnt sind, führt man sie pauschal auf, sofern die Briefform dies erlaubt.

Freundliche Grüsse
\>
CANOR-TEX, ZUG
\>
i. V.
\>
Theres Fischer

6 Beilagen

Abschlussbereich

Fortsetzungsseiten

Brauchen Sie für Ihren Brief mehr als eine Seite, zeigen Sie die Fortsetzung dem Leser an, bei mehr als zwei Seiten empfehle ich Ihnen, diese zu nummerieren.

Am Blattende wird unten rechts mit den international als Norm geltenden drei Punkten «. . .» auf Folgeseiten verwiesen.

→ Als eher veraltet gelten die Zeichen oder Vermerke wie «./.»; «s. S. 2»; «/2»

In sehr wichtigen Briefen weisen Sie auf der ersten Seite auf die Folge von mehreren Seiten hin, beispielsweise beim Betrifftvermerk: «Blätter 1 – 4»
oder
bei der Seitenpaginierung (Nummerierung der Seiten) als Kopf- oder Fusszeile: «1/4, 2/4 ...»

Folgeblätter mit wichtigen Angaben

CANOR-TEX ZUG

Empfänger	Gegenstand	u/Zeichen	Ihre Ansprechperson	6300 Zug	Seite
ELCO AG Zürich	Seminar 29/30.11.JJ	WE/st	Seline Schmidt	28.06.JJ	2

Auf den Folgeblättern stehen in einer kleinen Kopfzeile die wichtigsten Angaben, die vorhanden sein müssen, wenn Einzelblätter aus einer Brieffolge kopiert werden.

In grösseren Betrieben sind für mehrseitige Briefe individuell gestaltete «Masken» mit den Leitwörtern vorbereitet und können vom Server geholt werden.

Fortsetzungsseiten schliessen wir am Ende des Blattes mit drei Punkten ab: «. . .», als besonderer Hinweis auf die Folgeseiten. Die internationale Norm gilt auch für die Schweiz, und es ist nicht vorgesehen, eine besondere neue Regelung für die Schweiz festzulegen.

Fachleute weisen darauf hin, dass trotz Normierungen immer wieder neue Varianten der Seitenbezeich-

Fehlt der Vordruck, so sind weitere Varianten möglich:

CANOR-TEX ZUG. ELCO AG, Zürich	Offerte. Garagentore	S. 3

Auf den Folgeblättern stehen in einer kleinen Kopfzeile die wichtigsten Angaben, die vorhanden sein müssen, wenn Einzelblätter aus einer Brieffolge kopiert werden.

CANOR-TEX ZUG	Offerte. Garagentore	3/4

Auf den Folgeblättern stehen in einer kleinen Kopfzeile die wichtigsten Angaben, die vorhanden sein müssen, wenn Einzelblätter aus einer Brieffolge kopiert werden.

Abschlussbereich

Verteilervermerke

Verteilervermerke gehören an den Platz unter den Beilagen oder aus Platzgründen rechts unter oder neben die Unterschrift.
Sie haben die Wahl:

A	Kenntnisnahme	z. K. – Setzerei – Redaktion – Korrektor		Kopien – Setzerei – Redaktion – Korrektor	
B	Einsicht und Weiterleitung	Verteiler – Setzerei – Redaktion – Korrektor	Datum	Visum	
C	Verteilen Lesen Bearbeiten	Bearbeiten – Setzerei – Redaktion – Korrektor	Datum	Visum	Kenntnisnahme – Geschäftsleitung – Gebäudeverwaltung – Hauswart

D   Geht an
– Setzerei
– Redaktion
– Korrektor

z. K.
– Geschäftsleitung
– Gebäudeverwaltung
– Hauswart

10-Punkte-Regel
vor der Unterschrift

Bevor Sie unterschreiben, prüfen Sie, ob...

1 ... die Adresse stimmt
2 ... die gewählte Anrede mit der Adresse übereinstimmt und formal richtig ist
3 ... der Inhalt glaubwürdig, sachlich und juristisch einwandfrei ist
4 ... Sie bei einem Antwort-Brief auf den Partner eingegangen sind (Sie-Bezogenheit)
5 ... Sie gut formuliert, verständlich, in angemessenem Stil geschrieben haben
6 ... alle Daten und Termine korrekt sind
7 ... der Brief in überleitende, sinnvolle Abschnitte gegliedert ist
8 ... der Brief nicht einen besonderen Qualifikationsvermerk braucht, beispielsweise «Lettre assurance»
9 ... es keine orthografischen Fehler (neue Rechtschreibung!) hat
10 ... die im Brief vermerkten Beilagen vollständig vorhanden sind

Abschlussbereich

Umschlagadresse

Absender auf dem Briefumschlag

Wird die Lesbarkeit der Adresse nicht gestört, so darf der Absender* auf der Vorderseite links stehen. Er darf jedoch nie tiefer als die letzte Adresszeile gesetzt werden.

Bei Privatbriefen eignet sich für den Absender die Klappe auf der Rückseite besonders gut.

Firmen setzen die Briefumschläge mit Adressfenster (C 5, C 5/6) auch als Werbeträger ein. Oft findet man Aufdrucke mit Logos, die tiefer als das Adressfenster stehen. Weil sie sich von der Adresse deutlich unterscheiden, wird die Lesbarkeit der Adresse kaum beeinträchtigt.

Formales

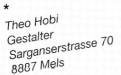

*
Theo Hobi
Gestalter
Sarganserstrasse 70
8887 Mels

Herr
Dr. Ronald Roggen
Roggen Public Relations
Eigerweg 16
3073 Gümligen

Die Briefstruktur

Abschnitte

Abschnitte, in der Textverarbeitung «Absätze», sind nicht nur gestalterische Elemente. Mit ihnen gliedern Sie einzelne inhaltliche Schritte. Briefe mit langen oder keinen Abschnitten sind wegen der grossen Zeilenlänge besonders schwierig zu erfassen. Unterteilen Sie den Brief abwechslungsweise in längere und kürzere Abschnitte, der Leser wird für die bessere Übersicht dankbar sein.

Was machen wir, wenn wir für den neuen Gedanken nur eine Textzeile brauchen? Grenzen Sie den folgenden inhaltlichen Schritt anstelle eines weiteren Absatzes einfach mit einen Gedankenstrich « – » ab. Beachten Sie, dass Sie das richtige Zeichen (–) brauchen, nicht etwa den kürzeren Trennungsstrich (-).

Form

Handgeschriebene Geschäftsbriefe wird es kaum mehr geben. Selbst die früher unentbehrliche Schreibmaschine musste dem PC weichen. Die Schriftenauswahl und die Gestaltungsvielfalt sind mit den modernen Textsystemen wesentlich grösser geworden. Formatieren Sie jene Briefe, die Sie mit dem Textverarbeitungsprogramm erfassen, linksbündig, nicht etwa als «Blocksatz». Der Geschäftsbrief mit dem linksbündigen Text (Flattersatz) kann in dieser Form auf einen Blick von einer gewöhnlichen Drucksache (Weisungen, Reglemente usw.) unterschieden werden.

Nicht nur die Schreibweise, auch das äussere Erscheinungsbild könnte Rückschlüsse zulassen, wie genau es eine Firma mit der Qualität nimmt. Die Briefaufmachung darf sich auch formal keinesfalls von dem, was ein Unternehmen in seinem Leitbild verankert hat, unterscheiden.

Corporate Identity. Sie ist eine Art «Verfassung», die Unternehmensphilosophie für die Personen in einem Unternehmen. In ihr sind konkret die Verhaltensnormen und die Haltung des Unternehmens festgehalten. Die Öffentlichkeit wird den Inhalt nie kennen lernen.

Mit der *'Corporate Identity'* wird auch das langfristige äussere Erscheinungsbild, das *'Corporate Design'* geprägt. In allen Bereichen des unternehmerischen Handelns arbeitet die moderne Firma mit einheitlich gestalteten Drucksachen: Zum passenden Briefkopf soll für die Briefe die Schriftart bestimmt und in allen Abteilungen des Betriebes konsequent angewandt werden.

Komma vor 'aber'!

Vor *'aber'* steht immer ein Komma, gleichgültig ob es Sätze oder Satzteile miteinander verknüpft.

Die Konjunktion *'aber'* braucht nicht zwingend an der Spitze jenes Satzes zu stehen, den es mit dem vorhergehenden verbindet.

richtig

aber

Das Auto ist gut, **aber** teuer.

Wir haben gesucht, **aber** nichts gefunden.

Dass Essen war vorzüglich, der Wein **aber** liess zu wünschen übrig.

Dass Essen war vorzüglich, der Wein liess **aber** zu wünschen übrig.

Er war ein talentierter Musiker, **aber** in der Schule versagte er.

Er war ein talentierter Musiker, in der Schule **aber** versagte er.

Form

Corporate Design

Einheitliche Briefdarstellung. Falls Ihr Betrieb noch über keine verbindlichen Anwendungsnormen zur Darstellung von Briefen verfügt, finden Sie hier ein Beispiel.

CANOR-TEX AG ZUG		Hinweise für die Geschäftskorrespondenz			
Grundsätzliches		Der Brief ist unsere Visitenkarte. Die Briefe sind ansprechend, Sie-bezogen, verständlich und aussagekräftig, in flüssigem Stil formuliert und in zeitgemässer Orthografie fehlerfrei verfasst.			
Interner/externer Schriftverkehr		Es bestehen – soweit es sinnvoll ist – für den externen und internen Briefverkehr bei Stil und Darstellung **keine Unterschiede**. Ausnahme: E-Mails, für sie gelten besondere Bestimmungen.			
		In der externen Kommunikation führen wir die akademischen Titel oder hierarchischen Berufsbezeichnungen auf, im internen Schriftverkehr nicht.			
Briefumschläge		Für den Versand bestimmte Briefumschläge sind mit dem aktuellen, farbigen Signet unserer Firma bedruckt.			
		Formate für Fenstercouverts: C 5/6 und C 5; Grossformate, ohne Fenster, für Dokumentationen: B 4			
Briefpapier		Einheitsformat: A 4, SK3, 80 g/m^2			
		Auf dem Briefpapier ist intern und extern immer das aktuelle, farbig gedruckte Signet (Logo) unserer Firma.			
		Interne Kopien werden, sofern es die äussere Form erlaubt, gelocht weitergeleitet.			
Schriftart		Standardformat für alle Briefe: Arial, 11 Punkt, Auszeichnungsformate **fett**, *kursiv* und <u>unterstreichen</u>.			
		Hervorhebungen möglichst nicht kombinieren, beispielsweise nie **fett** und **<u>unterstreichen</u>**.			
Satzspiegel		**Seitenränder**	links 28 mm	oben 26 mm	rechts 15 mm unten 28 mm
		Flattersatz	Für Briefe ist das Standard-Zeilenformat linksbündig.		
		Blocksatz	Nur für spezielle Auszüge aus Drucksachen oder Zitaten; andere Schriftgrösse wählen		
Adressierung		Der Adressblock steht rechts, Abstand vom oberen Papierrand: 5,0 cm. Die erste Zeile beginnt 9,5 cm vom rechten Blattrand entfernt. Zeilenschaltungen nach KV-Norm.			
Leerzeilen		Zeilenschaltungen nach KV-Norm. Grundsatz: Jeder Abschnitt nach der Anrede beginnt nach einer Leerzeile.			
Währungsangabe		Frankenbeträge werden gemäss ISO-Währungscode mit «CHF» aufgeführt. Sie sind in Tausender gegliedert: CHF 233 455.00; leere Stellen nach dem Punkt werden mit Nullen angezeigt.			

CANOR-TEX AG ZUG   Standardvorgaben für die Briefgestaltung

Briefelemente	Adresse	**Grundschrift: Arial, 11 Punkt.** Standardformat, weder *kursiv* noch **fett**			
		Qualifikations- oder Dienstvermerke stehen auf der obersten Zeile des Adressblocks: «Lettre signature», «Lettre assurance», «Eigenhändig», «Zweimal vorweisen», «Persönlich», «Express»			
		Firmenadressen Ansprechperson – sofern möglich – aufführen			
		Offizieller Geschäftsbrief an Hans Moser als Angestellter der Firma oder bei Abwesenheit an seinen Stellvertreter	CANOR-TEX AG Herr Hans Moser Rigistrasse 8 6300 Zug	Persönlicher Brief an H. Moser mit Firmenadresse, Brief darf nur von ihm geöffnet werden.	Herr Hans Moser CANOR-TEX AG Rigistrasse 8 6300 Zug
		«z. H.» oder «c/o» (care of) werden in der Adresse weggelassen In jeder Form Anrede «H e r r», nicht «Herrn»			
		Titel abkürzen Dr. Carla Wyss; Prof. Oskar Wyss; Prof. Dr. Hans Wittenberg			
		Strasse mit Nummer abkürzen, ohne Nummer vollständig schreiben Bahnhofstr. 12a; Bahnhofstrasse			
		Postfachvermerk steht auf der letzten Zeile vor PLZ und Ort Kombination mit Strassenangabe: Postfach 832/Bahnhofstr. 12a			
		Postleitzahl, Ort als Wortgruppe aufführen nicht fett, nicht unterstreichen: 6006 Luzern			
	Datum	**28.06.42** (Tag, Monat, Jahr) Jahr 2000 als Ausnahme ungekürzt, sonst «01», «02» usw., wenn keine Verwechslungen möglich sind			
	Referenz	**offizielle, dreistellige Kurzzeichen** der Betriebsangehörigen verwenden			
	Brieftitel	**ein- oder zweiteilig**, je nach Briefart; nie mit dem Hinweis «Betr.» oder «Betreff» Thema des Briefes hervorheben, wenn nötig **mit Punkten abgrenzen, Kommas** bei Ergänzungen Offerte. Bahnhof Los 4, Rolltreppen			
	Anrede	Sehr geehrte Frau Müller Sehr geehrter Herr Dr. Schäfer Sehr geehrter Herr Professor Sehr geehrte Frau Rektor		Sehr geehrter Herr Regierungsrat Sehr geehrte Damen und Herren Guten Tag! → in Briefen möglich Grüezi → in keinem Fall verwenden	
	Firmenname	**CANOR-TEX AG** immer in **Grossbuchstaben**, auch im Brieftext, nie getrennt schreiben			
	Grussform	**«Freundliche Grüsse»** Gruss in keiner Form mit dem Schlusssatz verbinden.			
	Unterschrift	Prokuristen		«ppa.»	Die Übersetzung der Unterschrift steht drei Leerzeilen unter dem Firmennamen, und zwar ungekürzt mit Vor- und Nachnamen, jedoch ohne die ergänzenden Vermerke «ppa.»,«i. V.» oder «i. A.»
		Fachkräfte mit Unterschriftsberechtigung		«i. V.»	
		Fachkräfte, die im Auftrag eines Entscheidungsträgers Briefe verfassen und unterschreiben		«i. A.»	
		Kollektivunterschrift		links Zweitunterschrift Gegenzeichnung oder der Ranghöhere	rechts Briefautor Verantwortlicher für den Inhalt
	Beilagen	~~«Beilagen»~~ nicht schreiben, jedoch einzeln aufführen: - Arbeitsvertrag (Doppel) - Stellenbeschreibung - Organigramm		Bei vielen Beilagen, die im Text erwähnt werden, genügt aus Platzgründen allenfalls der Vermerk: - 7 Beilagen	
	Verteiler	**Verteilervermerke** sind eine Leerzeile nach den Beilagen oder aus Platzgründen rechts davon anzubringen.			

Ideen aufs Papier bringen...

Mit unseren Briefen geben wir unsere eigenen Gedanken weiter. Die Botschaft soll in der Sprache des Zielpublikums vollständig und nachvollziehbar beim Leser ankommen. Sie soll Anregung für seine eigenen Gedanken und Bilder sein.

In Geschäftsbriefen schreiben wir manchmal unnatürlich, nicht als «Ich», sondern als «Funktionäre». Wir lassen uns von Regeln und Vorschriften vielleicht zu stark einschränken, geben neuen Ideen wenig Platz. Gerne halten wir uns immer wieder an (alte) Muster und Phrasen, um keine kostbare Zeit zu verlieren. Was sich 'bewährt' hat, soll man schliesslich auch weiterhin behalten ...

Ich muss zugeben, dass auch ich zu jenen vermeintlichen 'Schnellschreibern' gehörte, die beim Verfassen eines Briefes sofort mit einem stilvollen, grammatisch perfekten, fehlerfreien Einleitungssatz beginnen. Viel Zeit hatte ich für den Einstieg investiert, viel Energie dafür gegeben.

Ein guter Einstieg ist wichtig; ansprechende Sätze in flüssigem Stil sind sehr zu empfehlen, doch mindestens so bedeutungsvoll ist zweifellos die Briefbotschaft, auf sie müssen wir uns konzentrieren. Eine geplante Briefbotschaft färbt den Einstieg passend ein.

Uns fehlt der Mut, uns über die Reihenfolge der Sätze vorerst keine Gedanken zu machen. Statt am Anfang konzentriert den Inhalt, die eigentliche Botschaft in Stichworten – nicht bereits konstruierte Sätze! – aufs Blatt zu bringen, verbrauchen wir beim Einstieg den grössten Teil unserer Energie mit der Bildung stilreiner Sätze.

Eine Sekretärin, der ich bei der Arbeit über die Schulter schauen durfte, brachte mich auf die Idee, für das Verfassen eines Briefes zwei Bildschirmseiten zu nutzen: Auf einer Bildschirmseite entsteht der Brief, auf der vorangegangenen stehen Stichworte für Einstieg und Inhalt, vielleicht auch wichtige Fachbegriffe und Zusatzinformationen für die Botschaft und Hinweise auf vorgesehene Beilagen.

Meine Botschaft, die der Brief weiterreichen soll, arbeite ich also in **Stichworten** am Bildschirm auf. Weder die Reihenfolge der Gedanken noch die Orthografie sollen uns in dieser Phase interessieren. Alle Inhalte, die wir im Brief haben wollen, sollen aufgelistet werden.

Mit der organisierten 'Stoffsammlung' wird es einfacher, aussagekräftige Briefe in ansprechendem Schreibstil zu schreiben.

Geschäftsbriefe

Die «Clustering-Methode»

Im Buch «Garantiert schreiben lernen» von Gabriele L. Rico, Verlag Rowohlt, entdeckte ich auf der Suche nach Anregungen zum freieren Schreiben die so genannte «Clustering-Methode». Das Vorgehen, bei dem einzigartige neue Ideen mit bereits existierenden verbunden werden, ist einfach, und es können für die Korrespondenz sehr übersichtlich inhaltliche und rechtliche Ziele erarbeitet werden.

Cluster = Traube, Büschel, Schwarm

Notizen in Listenform hindern den Fluss unseres Gedankenstroms, weil sie enge Denkformen ohne tiefere Verknüpfungen erlauben. Das Suchen von passenden Wortfolgen oder formalen Abgrenzungen hemmt zudem den freien natürlichen Denkprozess.

Mit der Clustering-Methode konzentrieren Sie sich ohne Ablenkung auf das Thema. Sie springen von einem Bild zum anderen, lassen sich nicht von vorausgegangenen Ideen hinhalten. Das Verfahren ermöglicht Ihnen, das Entwickeln der neuen Ideen visuell aufzunehmen. Die Kluft zwischen Denken und Schreiben wird wesentlich kleiner, und es

Clustering

gelingt Ihnen nach kurzer Zeit, auf dem Papier möglichst rasch viele Gedanken mit Schlüsselbegriffen und überraschenden Verknüpfungen festzuhalten.

Ein Cluster kann unendlich werden, wenn Sie es liegen lassen und immer wieder mit neuen Schlüsselwörtern ergänzen, die über eine neue Assoziationskette zu neuen Bildern führen.

Verfahren:

- Beginnen Sie mit einem Schlüsselbegriff (Thema, Grundwort) in der Mitte einer leeren Seite.
- Umfahren Sie das «Kennwort» mit einem Kreis.
- Lassen Sie die Gedanken frei spielen und schreiben Sie die Einfälle rasch auf.
- Verbinden Sie jedes neue Wort (Nomen, Verben, Adjektive, Pronomen) oder eine Wortwendung durch einen Strich oder einen Pfeil mit dem zuvor gezeichneten Kreis.
- Fällt Ihnen etwas Neuartiges ein, so verbinden Sie das Wort mit dem Kern. Von dort gehen Sie wieder nach aussen.
- Beginnen Sie bei einer neuen Ideenkette wieder beim Kern.
- Verbinden Sie Einfälle, die irgendwie zusammengehören, mit Strichen oder Pfeilen.
- Ziehen Sie irgendein Element aus dem Cluster und lassen Sie sich zu einem ersten Satz anregen.

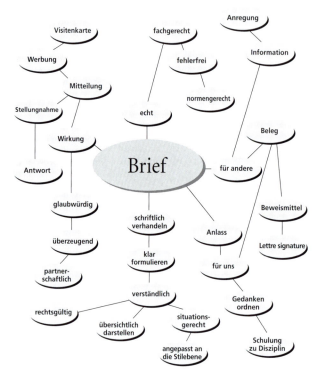

Mit der Clustering-Methode entdecken Sie Neues, und ich habe auch für andere Anwendungsbereiche sehr gute Erfahrungen gemacht, beispielsweise

- Vorbereitung und Organisationsplanung einer Tagung
- Planung eines Umbaus
- Planung eines Wohnungswechsels
- passende Worte an einer Familienfeier
- Abschiedsrede für einen pensionierten Kollegen
- Ferienreise: Vorbereitung, Packen, Unterlagen
- Zielsetzung und Gedanken vor einem wichtigen Gespräch festhalten
- Konzept und Planung meiner neuen Bücher
- Telefonnotiz in Clusterform am Telefon
- Kurzaufzeichnungen während einer Sitzung

Die «Mind-Mapping-Methode»

Ein weiteres bewährtes Instrument, mit dem Sie Ihre Ideen rasch und übersichtlich aufs Papier bringen, ohne sich in der geistigen Freiheit einschränken zu müssen, ist das «Mind Mapping». Es entwickelt sich ebenfalls aus einer Zelle mit einem Schlüsselthema oder -wort über Seitenäste zu einer Baumstruktur. Von den Seitenästen, Hauptästen – Sachbereiche, Kapitel – zweigen kleinere Äste als Untergruppen ab, die sich wieder in noch feinere Linien auflösen können.

Auch mit dem Mind-Mapping können Sie in kurzer Zeit viele Gedankenschritte festhalten, ohne sich bereits zu Beginn der Arbeit um die sprachlichen Probleme kümmern zu müssen.

Das Mind-Mapping-Verfahren eignet sich sehr zum Festhalten, Eingliedern oder Zusammenfassen bereits bekannter Sachthemen, Erkenntnisse und Abläufe. Nachdem Sie die wichtigsten Sachbereiche (Hauptäste) festgelegt haben, führt Sie das Mind-Mapping- wie das Clustering-Verfahren mit der Entwicklung der 'Baumkrone' zu neuen Entdeckungen und Erfahrungen, die Sie auf dem Papier als Übersicht ohne Einschränkungen festhalten können.

Wie beim Clustering ist beim Mind-Mapping die Aufstellung sehr individuell, und die Gedankengänge sind für Dritte schwer nachvollziehbar. Deshalb werden aufgrund des Clusterings oder Mind-Mappings die Ideen später geordnet aufgelistet, um die Gedanken als Fliesstext für den Leser festzuhalten.

Verfahren:

- Beginnen Sie mit einem Leitmotiv (Thema, Grundwort, Zeichnung) in der Mitte des Blattes
- Notieren Sie Schlüsselwörter mit Informationen: pro Schlüsselwort eine Linie!
- Schreiben Sie Blockschrift (Grossbuchstaben)
- Verbinden Sie durch eine Linie das Leitmotiv mit den Schlüsselwörtern; die Verknüpfungen werden deutlicher
- Setzen Sie alle Wortarten, auch Farben, Zeichnungen, Symbole ein.

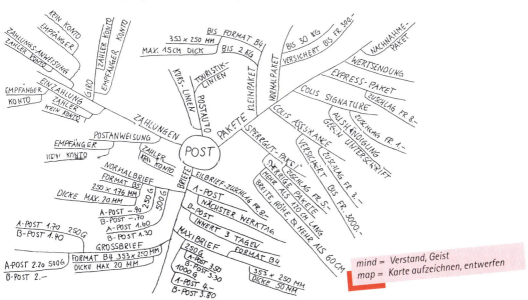

mind = Verstand, Geist
map = Karte aufzeichnen, entwerfen

Briefbotschaft und Formulierung

Wirkung · Botschaft · Formulierung

Was hat ein Reissverschluss mit der Korrespondenz zu tun?
Der Reissverschluss nützt uns nur, wenn beide Seitenteile intakt sind und sich nahtlos ineinander fügen lassen.

Beim Schreiben ist es ähnlich!
Sie können die beabsichtige Wirkung nur erzielen, wenn Botschaft und Formulierung übereinstimmen.

Verstehen wir einander immer?
In der Mundart brauchen wir Formulierungen, die – wörtlich genommen – keinesfalls der beabsichtigten Botschaft entsprechen.

Wenn der Lehrer krank ist, jubeln Schweizer Schulkinder:

«Juhui, üsä Lehrer isch chrank!»   «Juhu, unser Lehrer ist krank!»

Eigentlich ist nicht die Erkrankung der Grund des Jubels. Die Botschaft ist doch – so hoffen wir –, dass sich die Schüler freuen, weil die Schule ausfällt.

Wenn einer für einen kurzen Moment das Zimmer verlässt, hört man ihn in der Mundart oft zu den anderen sagen:

«Nur ä Momänt, ich chumme grad wider!»

«Einen kleinen Moment, ich komme gleich wieder!»

Anstelle der Formulierung «Hör mir rasch zu! Ich will dir was sagen!» bemerken wir bloss:

«Du! Los emol!»   «Du! Hör mir zu!»

Kommt Ihre Mitteilung an?

Im Gespräch merken wir oft rasch, ob unsere Botschaft angekommen ist. Der Angesprochene wird aber auch herausgefordert bereit zu sein, die Inhalte so aufzunehmen, wie sie tatsächlich sind. Das gelingt nicht immer. Hier zwei Beispiele:

- Ein Buchhalter fragt die Sekretärin, weshalb schon wieder fast kein Geld mehr in der Spesenkasse sei.

  Sie antwortet schnippisch: «Also, wenn Sie mir nicht trauen, dann nehmen Sie die Kasse doch zu Ihnen ins Büro.»

Vielleicht hatte die Sekretärin nicht den besten Tag, die Botschaft des Kollegen wurde völlig falsch aufgenommen, wollte er doch bloss wissen, warum das Geld schon wieder knapp geworden ist. Möglicherweise hätte er vorgeschlagen, die regelmässige Einlage für die Spesenkasse zu erhöhen ...

- In einem Lokal fragt die Kellnerin beim Essen: «Ist bei Ihnen alles in Ordnung?»

  Man könnte wegen der Erweiterung «bei Ihnen» doch annehmen, dass es Gäste im Haus hat, bei denen eben nicht alles wunschgemäss verlief ...

Gut gemeinte Botschaften schlecht formuliert sind Zunder für Konflikte! Im Gespräch suchen wir manchmal durch Kontrollfragen unbewusst nach der Quittung, um zu prüfen, ob unsere Botschaft angekommen ist. Ist es nicht der Fall, so wiederholen wir, was wir sagen wollen, oder wir formulieren in neuer, vielleicht verständlicherer Art.

> «Wahr ist nicht, was man mitteilt, wahr ist, was der andere versteht.»

Briefbotschaft und Formulierung

In der schriftlichen Kommunikation sind sofortige Wiederholungen, Korrekturen oder unmittelbares Nachfragen nicht möglich; Klarheit für gegenseitiges Verstehen steht im Vordergrund.

Beim Schreiben setzen wir die Wortstellung als Mittel zur Betonung ein. Wenn Sie den folgenden Beispielsatz in seinen fünf Varianten lesen, erfahren Sie, wie eine Wortgruppe je nach Stellung sehr bedeutungsvoll oder weniger bedeutungsvoll sein kann:

Die schriftliche Mitteilung erfüllt dann ihren Zweck, wenn sie richtig verstanden wird.

An die **fällige Zahlung** haben wir Sie **schon zweimal** erinnert.

'Fällige Zahlung' an der Satzfront und 'schon zweimal' am Satzende stehen in auffälliger, betonender Position.

Schon zweimal haben wir Sie an die fällige Zahlung erinnert.

'Schon zweimal' am Anfang wirkt auffälliger, ungehaltener, vorwurfsvoller.

Wir haben Sie schon zweimal an die fällige Zahlung erinnert.

Das 'Wir' als Botschaft in erster Position unterstützt das Ziel des Absenders, aus der Anonymität herauszutreten.

Sie haben wir schon zweimal an die fällige Zahlung erinnert.

'Sie' und sonst niemanden ...
Vorwurfsvolle Variante an den säumigen Zahler.

Erinnert an die fällige Zahlung haben wir Sie schon zweimal.

'Erinnert' haben wir Sie doch schon, warum zahlen Sie nicht? Etwas ungewohnte, stilistisch nicht zu empfehlende Wortfolge.

Im Satz sind die beiden auffälligsten Positionen für ein Wort der Anfang und der Schluss. Aus stilistischen Gründen lässt sich die beste Position für ein Wort oder eine Wortgruppe nicht immer bestimmen. Wenn es uns jedoch gelingt, eine Formulierung durch die so genannte Verschiebeprobe aussagekräftiger zu machen, tun wir es.

Kontakte schaffen ...

Anfrage

Vielleicht wollen Sie sich für ein Vorhaben Informationen beschaffen oder sich einfach erkundigen, ob der Adressat – beispielsweise nach einem Werbebrief – an einem Ihrer Angebote interessiert ist. In der Praxis erfolgen Anfragen sehr häufig telefonisch, per Fax oder per E-Mail. Der Grund liegt darin, dass sie für den Absender wie auch für den Empfänger unverbindlich sind.

Auf der Suche nach dem besten Angebot kann die Anfrage an mehrere Anbieter gerichtet sein. Sorgfältig abgefasste Anfragen verhindern Missverständnisse und die Angesprochenen haben die Möglichkeit, übersichtliche Angebote einzureichen.

Es gibt Unternehmen, die den Gegenstand einer bestimmten Anfrage mit leistungsfähiger EDV so ausführlich wie beim Angebot umschreiben. Die Anfrage übermitteln sie übers Internet weltweit direkt an einen mit ihrem System vernetzten ständigen Geschäftspartner. Dieser bringt auf der gleichen Seite bloss den Preis oder allfällige Änderungen an und sendet das *'Mail'*, allenfalls mit einer Abbildung, umgehend zurück. Anbieter und Anfrager können über die Verbindung am PC verhandeln und laufend Korrekturen am angebotenen Modell – auch Form und Farbe! – vornehmen. Entspricht das Angebot den Wünschen, so wird das neue Produkt unmittelbar mit Text und Bild im elektronischen Katalog angeboten und an die Verkaufsstellen übermittelt.

Submission

Eine spezielle Form der Anfrage ist die Submission. Bundes-, Kantons- und Gemeindeverwaltungen sind verpflichtet, grössere Aufträge (Grösse und Umfang sind je nach Arbeitsgattung unterschiedlich) zur freien Konkurrenz auszuschreiben, um die Gleichbehandlung aller an einer Offert-Eingabe interessierten Firmen zu sichern.

In der öffentlichen Ausschreibung ist der Umfang der Arbeiten oder der Lieferung klar umschrieben und die Eingabefrist zur Einreichung des Angebotes (Offerte) festgelegt. Das Datum der Offert-Öffnung wird publiziert, denn die Bewerber sind berechtigt, der offiziellen Öffnung der Angebote beizuwohnen.

Anfrage

Peter Jakober
pjakober@tic.ch
041 370 91 21

6006 Luzern, 20.08.JJ
Schädrütihalde 54

Verkehrsbüro Wangs-Pizol
Bergstrasse 34
7323 Wangs-Pizol

Ferienwohnung

Guten Tag

Ein Bekannter hat uns für die Winterferien vom 5.–18. Februar JJJJ das Skigebiet am Pizol empfohlen. Deshalb suchen wir, zwei Erwachsene mit elfjährigem Sohn, eine geräumige, sonnige Ferienwohnung in Wangs.

Das Haus kann auch ausserhalb des Dorfes liegen. Die familienfreundliche Wohnung soll mit Bad oder Dusche eingerichtet sein.

Wir bitten Sie, uns Adressen mit vorteilhaften Angeboten zu vermitteln.

Freundliche Grüsse

Besonderes
Beachten Sie in diesem *'halbprivaten'* Brief die vereinfachte Darstellung des Absenders mit der E-Mail-Adresse.

Anfrage

Bestimmte Anfrage	Büroprax AG Eyhof 2 8047 Zürich 18.02.JJ

Mit der bestimmten Anfrage wünschen Sie ein Angebot über eine klar umschriebene Ware oder Dienstleistung. Sie geben dem Anbieter die Möglichkeit, ein detailliertes Angebot zu schreiben.

Vielleicht wollen Sie beim Lieferanten bereits eine bestimmte Leistung (Qualität, Preis, Liefertermin, Lieferart) erwirken.

Besonderes
Der Offerent soll Ihnen Informationen liefern. Versetzen Sie sich in die Lage des Anbieters und überlegen Sie, welche Angaben er für die verbindliche Offerte unbedingt braucht.
Beachten Sie den zweiteiligen Betrifftvermerk.

Moosbrugger AG
Bodenbeläge
Gerliswilstrasse 45
6020 Emmenbrücke

Anfrage. Bodenteppiche

Guten Tag

Während der Betriebsferien, 15. Juni bis 3. Juli JJJJ, werden unsere Büros im ersten Stock renoviert. Bei dieser Gelegenheit möchten wir auch die Böden der Büroräume, 6 Zimmer, 180 m², mit einem neuen, rollstuhlgängigen Teppich belegen.

Wir bitten Sie, uns in den nächsten Tagen durch Ihren Kundenberater passende Muster der mittleren Preisklasse vorzulegen und eine verbindliche Offerte zu unterbreiten.

Ihr Anruf freut uns, damit wir einen Besuchstermin vereinbaren können.

Freundliche Grüsse

Büroprax AG, Zürich

SPRACHE

Was gilt …?	Variante
an Lager oder **am** Lager oder **auf** Lager?	**am/auf Lager** In der Kaufmannssprache ist für *'vorrätig'* die Bezeichnung **'am** *Lager'* wie auch **'auf** *Lager'* korrekt. Haben Sie das Ersatzteil **am** Lager? Haben Sie die Pneus **auf** Lager?

Kontakte knüpfen, Anfrage

Anfrage
Vertreterbesuch

18.03.JJ

Guten Tag

Durch unseren Aussendienstmitarbeiter Herrn Peter Landolt haben wir erfahren, dass Sie mit Ihrer Firma demnächst den modernen Geschäftsneubau beziehen werden. Wir übermitteln schon heute unsere Glückwünsche zum gelungenen Bauwerk und wünschen Ihrem Unternehmen weiterhin Erfolg.

Mit diesem architektonisch eindrucksvollen Gebäude werden die betrieblichen Kapazitäten bestimmt wesentlich erweitert. Haben Sie dabei auch an die Anpassung der Infrastruktur in den Büroräumen gedacht? Entspricht die Büro-Organisation den gewachsenen Anforderungen?

Als schweizerischer Generalvertreter der Weltmarke COPYSTAR sind wir in den Bereichen Arbeitsblatt- und Fernkopie seit über 40 Jahren führend.

Gerne möchten wir Ihnen die Leistungen der Arbeitsblattkopierer, Kopiersysteme und Übertragungsmedien anhand praktischer Beispiele in einem unverbindlichen Gespräch vorstellen.

Besonderes
Auf den Betrifftvermerk kann in diesem Brief auch verzichtet werden.
Namen der Verhandlungspartner wenn möglich namentlich erwähnen.

Herr P. Landolt wird sich deshalb erlauben, Sie in den nächsten Tagen anzurufen, um einen Termin zu vereinbaren.

Freundliche Grüsse

ORTHOGRAFIE

?   richtig

nu_me_rieren   **nu_mm_erieren, Nu_mm_erierung**
Gefallen Ihnen die **nu_mm_erierten** Bilder auch?
Der Buchhalter wird die Belege **nu_mm_erieren**.
Es fehlt selbst die **Nu_mm_erierung** der Kandidaten nicht.

Kontakte erhalten...

Angebot (Offerte, Antrag)

Das schriftliche Angebot ist als Antwort auf eine mündliche oder schriftliche Anfrage meistens verbindlich; denn so genannte unverbindliche Angebote mit einschränkenden Bestimmungen wie «Preisänderungen vorbehalten» oder «ohne Verbindlichkeit» taugen dem Empfänger nicht zu Konkurrenzvergleichen.

Mit Ihrem Angebot auf Papier wollen Sie erreichen, dass der Kunde zu Ihnen Vertrauen gewinnt und von Ihrem Produkt überzeugt ist. Es erklärt sich damit von selbst, dass Angebote übersichtlich dargestellt sein müssen. Sie sollen so stark wirken, dass dem Kunden das Gefühl vermittelt wird, Sie seien als zuverlässiger Geschäftspartner speziell auf sein Problem eingegangen.

Der Kaufinteressent erhält mit unserem Angebot eine Beschreibung des Produktes (Art, Qualität, Beschaffenheit), eine Übersicht über unsere Leistungen und die Preisangabe. Wichtig: Beim verbindlichen Angebot sind die offerierten Leistungen und Preise gegenüber dem Empfänger dann auch einzuhalten!

Das Angebot ist der wichtigste Schritt vor dem Abschluss eines Kaufvertrages; abgeschlossen wird dieser jedoch erst mit der Bestellung (Annahme des Angebotes).

Verbindliches Angebot

Das verbindliche Angebot verpflichtet den Absender, die offerierten Leistungen und Preise gegenüber dem Empfänger einzuhalten, wenn nicht einschränkende Bestimmungen darin enthalten sind.

Unverbindliches Angebot

Das Angebot kann durch einschränkende Bestimmungen unverbindlich gemacht werden. Mit jedem der folgenden Textzusätze wird eine Offerte unverbindlich:

- ohne Verbindlichkeit
- Zwischenverkauf vorbehalten
- Preise frei bleibend
- Preisänderungen vorbehalten
- solange Vorrat
- solange Lager
- nur kurze Zeit lieferbar

Es können auch Angebotsteile mit ausdrücklichen Einschränkungen versehen sein.

Tarife, Preislisten, Kataloge, Prospekte, Inserate und dergleichen gelten als unverbindliche Angebote.

Dagegen gilt die Auslage von Waren (im Geschäft oder im Schaufenster) mit Angabe des Preises in der Regel als **verbindliches Angebot,** *sofern es sich nicht um einen offensichtlichen Irrtum handelt.*

Bei der telefonischen Offerte bleibt der Antragsteller ohne Bestimmung einer Frist nicht weiter gebunden, wenn der Interessent das Angebot nicht sogleich annimmt.

Wer ein befristetes Angebot schreibt, bleibt bis zum Ablauf der Frist gebunden. Ist das schriftliche Angebot nicht ausdrücklich zeitlich befristet, dauert die Verbindlichkeit so lange, bis der Eingang der Antwort bei ihrer ordnungsgemässen Absendung erwartet werden darf. Die Bindung an ein Angebot erlischt bei einer Bestellung mit abgeänderten Bedingungen oder bei zu spät erfolgter Bestellung, allenfalls auch bei rechtzeitigem Widerruf des Anbieters.

Will der Offerent (Anbieter) nach einer zu spät erfolgten Bestellung nicht mehr liefern, so ist er verpflichtet, dies dem Besteller umgehend mitzuteilen.

Angebote sind nicht an eine äussere Form gebunden. In Firmen, bei denen eine Offerte mehrere Seiten umfassen kann, ist auf dem PC eine spezielle, branchenbezogene Software installiert, welche die detaillierte Zusammenstellung eines Angebotes nach einem inhaltlichen Konzept wesentlich erleichtert und später als übersichtliche Formulare ausdruckt. Beim Versand wird ein überzeugender, positiver Brief hinzugelegt.

Das Angebot kann den Empfänger nicht zu einer Leistung verpflichten. Erfolgt kein Vertragsabschluss, geht die Erstellung zu Lasten des Anbieters.

Geschäftsbriefe

Kontakte erhalten. Angebot

**Angebot
für Dienstleistung,
unverbindlich**

Verkehrsbüro Wangs-Pizol
Bergstrasse 34
7323 Wangs-Pizol

Familie
Peter Jakober
Schädrütihalde 54
6006 Luzern   27.08.JJ

Ferienwohnung. Ihre Anfrage, 20.08.JJ

Sehr geehrte Familie

Vielen Dank für Ihre Anfrage, und wir freuen uns, dass Sie die Winterferien bei uns in der Ostschweiz verbringen wollen. Sicher werden Sie im Februar ideale Schneeverhältnisse vorfinden.

Preisangaben in Inseraten, auf Prospekten und Preislisten sind nicht verbindlich.

Gerne erfüllen wir Ihren Wunsch und legen den Prospekt sowie eine Adressliste dazu mit Preisangaben für die in der Zeit vom 05.–18.02.JJ freien Ferienwohnungen. Die Preise aller von uns angebotenen, gepflegten Appartements sind inklusive Kurtaxe und Mehrwertsteuer.

Besonders empfehlen wir Ihnen die günstigen, sonnigen 2- und 3-Zimmer-Wohnungen in den Häusern «Rodeleck». Diese familienfreundlichen Appartements sind mit Bad oder Dusche eingerichtet. Sie liegen am Ausgang des Dorfes und, wie der Name verrät, direkt an der Rodelpiste, aber auch in der Nähe der Kabinenseilbahn, die ins international bekannte Winterparadies am Pizol führt.

Das schneesichere Skigebiet verfügt über eine grosse Zahl leistungsfähiger Ski- und Sessellifte, die zu Abfahrten durch eine verträumte Winterlandschaft auf leichten oder anspruchsvollen Pisten führen. Für den Langlaufsport ist eine abwechslungsreiche, gepflegte Loipe über 25 km angelegt.

Der Wangserberg ist im Sommer ein ideales Wandergebiet. Besonders beliebt ist die 5-Seen-Wanderung. Wir laden Sie ein, die Wohnung nach einem Wanderausflug zu besichtigen.

*Besonderes
Für die Anfrage, das Interesse, danken. Vertrauen schaffen. Die Antwort zur Anfrage ist nicht bloss das Zustellen der Unterlagen, sie ist mit einem werbewirksamen Brief verbunden.*

Es ist möglich, die Reservation bei uns oder an jeder Geschäftsstelle des TCS vorzunehmen. – Wünschen Sie weitere Auskünfte, so erhalten Sie diese bei unserer Hausverwalterin, Frau Inge Bischof, Tel. 081 723 42 50.

Wir heissen Sie herzlich willkommen und grüssen Sie freundlich

VERKEHRSBÜRO WANGS-PIZOL

Angebot für Ware verbindlich

CANORTEX
Rigistrasse 8
6300 Zug

PAPETERIE ZUEGER
Herr Bill Lischer
Waldstätterstr. 12a
6006 Luzern   26.02.JJ

Unterzeichnete Angebote sind ohne einschränkende Bestimmungen verbindlich.

Ihre Anfrage, 18.02.JJ

Das verbindliche Angebot bietet die Grundlage zum Abschluss des Kaufvertrages.

Sehr geehrter Herr Lischer

Vielen Dank für Ihre Anfrage. Gerne empfehlen wir Ihnen aus unserem Sonderangebot:

800 Taschenrechner SPINNOX, R3, Art. 23-5

Stückpreis	**CHF 38.00** netto, franko Haus
	Verkaufsrichtpreis: CHF 59.20
MwSt.	7,6 %
Liefertermin	28.03.JJJJ
Lieferart	per Camion
Konditionen	30 Tage 2 %, 60 Tage netto
Garantie	18 Monate

Besonderes
Beim Angebot führen Sie aus psychologischen Gründen den Stück- oder Einheitenpreis und nicht den Gesamtpreis der vorgesehenen Lieferung auf.

Der Rechner mit Speichertaste wird von zwei 1,5-Volt-Batterien gespeist. Diese sind im Preis inbegriffen.

Wegen der einfachen Bedienung und seiner robusten Bauweise ist der Taschenrechner SPINNOX für Berufsschüler besonders geeignet.

Die Bemerkung «franko Haus» («franko Domizil») gehört zum Preis (Versandkosten im Preis inbegriffen).
Bei Importen aus dem Ausland sind die Verzollungskosten beim Vermerk «franko Haus» nicht inbegriffen.
Soll der Zoll im Preis enthalten sein, so schreibt der Anbieter «franko Haus verzollt».

Diesen preisgünstigen Artikel werden Sie bestimmt gut verkaufen. Wir freuen uns auf Ihre Bestellung.

Freundliche Grüsse

CANORTEX ZUG

SPRACHE

à / zu / je

In der Kaufmannssprache steht zur Angabe des Stückpreises oder der Stückzahl die Präposition «à» anstelle von «zu».

Das Nomen, das von «à» abhängt, steht im Akkusativ:
3 Gruppen à 12 Teilnehmer (nicht: Teilnehmern)

Variante

à / zu / je

3 Rahmen **à** CHF 78.50
3 Rahmen **zu** CHF 78.50
3 Rahmen **je** CHF 30.00

10 Bände **à** 100 Seiten
10 Bände **zu** 100 Seiten
10 Bände **je** 100 Seiten

Angebot für Ware verbindlich, befristet

RAVIDEO GmbH, KRIENS
Kantonsstrasse 38
6048 Horw

Tennisclub Lido Luzern
Herr Hans-Peter Schoch
Lidostrasse 8
6006 Luzern   19.02.JJ

Offerte. Lautsprecheranlage

Sehr geehrter Herr Schoch

Befristetes, verbindliches Waren- und Dienstleistungsangebot.

Wir beziehen uns auf Ihre Besprechung mit unserem Kundenberater Herrn P. Bosshard. Es freut uns, Ihnen eine besonders günstige Offerte unterbreiten zu können:

1 Verstärkerzentrale GM 100/250 Kommandomikrofon, UKW-Empfangsteil, Kassettengerät für Dauerbetrieb, 8 Lautsprechergruppen, regulierbar	CHF 3 890.00
8 Druckkammerlautsprecher LS 3428 T wetterfest, Stückpreis CHF 184.00	" 1 472.00
brutto	CHF 5 362.00
- Spezialrabatt	" 315.00 CHF 5 047.00
Montage, Tonbereiche abstimmen	" 1 200.00
Anlagenpreis	CHF 6 247.00 inkl. MwSt.
	Preisgarantie bis 31.12.JJ

Besonderes
Die Gänsefüsschen (") für die Sorte CHF sind stets bei jenen Beträgen gesetzt, die entweder miteinander a d d i e r t oder voneinander s u b t r a h i e r t werden. Frankenbeträge, die nur horizontal gelesen werden oder für sich allein stehen, werden nicht mit Gänsefüsschen versehen, auch dann nicht, wenn sie untereinander stehen, beispielsweise bei Stückpreisen oder Totalbeträgen.

Montagezeit   max. 2 Tage
Ausführung   2 Wochen nach Bestellungseingang

Wir sichern Ihnen eine fachgerechte Installation zu. Für weitere Auskünfte stehen wir gerne zur Verfügung.

Es würde uns freuen, Sie bedienen zu dürfen, und grüssen Sie freundlich

RAVIDEO GmbH, KRIENS

ORTHOGRAFIE

?	richtig
in acht nehmen	**in <u>A</u>cht nehmen** Hier soll sich jeder vor zu reichlichem Genuss in *<u>Acht</u>* nehmen.
achtgeben	**<u>A</u>cht geben** Beim Kurvenfahren muss auch ein Rennfahrer *<u>Acht geben.</u>*
Ausserachtlassen	**Ausser-<u>A</u>cht-<u>L</u>assen** Das *<u>Ausser-Acht-Lassen</u>* der Vorschriften wird sich rächen.

Angebot

Angebot für Ware unverbindlich	BÜROPRAX AG, ZÜRICH Eyhof 2 8047 Zürich

SABOXTHERM AG
Herr Rudolf Hofstetter
Rilkestrasse 4
9008 St. Gallen   19.02.JJ

Offerte. Bürostühle SASSI

Guten Tag, Herr Hofstetter

Vielen Dank für Ihre Anfrage. Es freut uns, dass Sie zur Einrichtung Ihrer Büroräume eines unserer hochwertigen Produkte ausgewählt haben. Gerne offerieren wir:

20 Bürostühle SASSI

Warenangebot mit einschränkender Bestimmung und damit unverbindlich: Modell- und Preisänderungen vorbehalten

Schale und Fussgestell braun, mit Armlehne und Armauflage, 5-Stern-Fussgestell mit Teppichrollen, Rückenlehne und Sitzhöhe verstellbar, Sitzbreite normal, 48,5 cm, Kissen und Rückenpolster Polyacryl beige,   Stückpreis **CHF 3 890.00**
                                                                                                              inkl. MwSt.
Modell- und Preisänderungen vorbehalten.   netto, franko Haus

Die Gruppe mit den Liefer- und Zahlungskonditionen wirkt auch ohne Doppelpunkte nach den Marginaltiteln übersichtlich (Beispiel: 'Lieferung'). Die dazugehörigen Ergänzungen dürfen zu Gunsten der Lesbarkeit höchstens 8 mm vom breitesten Marginaltitel entfernt sein.

Lieferung	10 Tage nach Bestellungseingang
Lieferart	per Camion
Zahlung	30 Tage 2 %, 60 Tage netto
Garantie	3 Jahre

Dem Prospekt können Sie entnehmen, dass die Stühle auch in fünf anderen Farbkombinationen lieferbar sind. Die beiliegende Referenzliste bestätigt, dass unsere Bürosessel in vielen Fabrikations- und Verwaltungsbetrieben zur Standardeinrichtung gehören.

Ihre Mitarbeiterinnen und Mitarbeiter werden die vielseitig verstellbaren, bequemen Stühle schätzen. Auf Wunsch stellen wir gerne zwei dieser leichten SASSI-Stuhle zum Ausprobieren zur Verfügung.

Freundliche Grüsse

BÜROPRAX AG ZÜRICH   - Prospekt
                                                            - Referenzliste

Besonderes
Nicht nur die Ware, den Preis oder die Liefer- und Zahlungsbedingungen sachlich beschreiben, sondern zur Entscheidungshilfe auch die Vorteile des angebotenen Produktes hervorheben.

Wirkungsvolle Werbebriefe

Werbebotschaften begegnen wir zu Hause, wenn wir den Briefkasten leeren, in den Medien, im Kino, im Bus, am Bahnhof, auf Einkaufstaschen, an Sportveranstaltungen, einfach überall! Unser Glück ist, dass wir erfahrungsgemäss selektiv wahrnehmen und so die aufdringliche Werbeflut meistens positiv zu ertragen vermögen.

Eine Werbeaktion muss etwas in Bewegung bringen. Werbung ist nicht Zufall; mit Werbung informieren wir eine ausgewählte Zielgruppe durch kommunikative Massnahmen, um den Bekanntheitsgrad der Firma zu erhöhen sowie die Nachfrage und den Absatz der Dienstleistungen oder Produkte anzuregen. Werbung ist auf direkten Erfolg bei den Kunden ausgerichtet, wir wollen überzeugen und zum Kauf motivieren. Chancen hat nur jene Botschaft, die sich von der üblichen abheben kann.

Werbebotschaften – Text, Bild, Bewegung und Ton – müssen sich aufs Wesentliche beschränken, anschaulich sein und faszinieren. In modernen Werbebriefen stellt sich ein Anbieter vordergründig nicht als Hersteller oder als Lieferant vor, sondern als Partner und Berater. Der Angesprochene wird positiv zum Kaufentschluss oder zur Wahl einer Dienstleistung begleitet. Die erhoffte Werbewirkung können wir jedoch nur dann erzielen, wenn der Leser unsere Botschaft versteht und verarbeiten kann.

> Werbung löst positive Impulse aus und dient der Steigerung von Umsatz und Gewinn.

so wars...

Ludwig & Krause

Cassel, den 4. Juli 1900

Herren Dr. Hans Bernsdorf und Co.
Leipzig.

Mit Gegenwärtigem gestatten wir uns, Ihnen unsere Dienste zur Lieferung von Kartonnagen bestens zu empfehlen und bemerken gleichzeitig, dass wir in der Hauptsache zur Anfertigung billigster Kartonnagen, besonders auch für Massenfabrikate, vorzüglich eingerichtet sind und Ihnen deshalb mit günstiger Offerte dienen können.

Es soll uns angenehm sein, wenn Sie bei Gelegenheit Veranlassung nehmen möchten, uns bei der Vergebung Ihrer Aufträge mit in den Wettbewerb treten zu lassen.

Ihren gefälligen Nachrichten entgegensehend zeichnen wir
hochachtungsvoll
Ludwig & Krause

Quelle: Prof. E. Walder «Moderner Muster Briefsteller», um 1900

Fühlen Sie sich angesprochen?

Es mag sein, dass Sie sich wundern, wie vor hundert Jahren geschrieben worden ist. Ein typischer Informationsbrief mit sehr langen Sätzen in gepflegtem Nomenstil, der den heutigen Ansprüchen wohl kaum mehr genügen wird. Die Sie-Bezogenheit fehlt und durch die 'Wir-Form' wird dem Kunden nicht vermittelt, dass «Ludwig&Krause» speziell auf seine Bedürfnisse eingehen will.
Erfolgreiche Werbung erfordert viele Fähigkeiten, beispielsweise Einfühlungsvermögen, Kreativität und Überzeugungskraft.

Wirkungsvolle Werbebriefe

Werbung soll auffallen, sie muss verstanden werden und etwas auslösen. Wirkungsvolle Werbung ist kreativ. Beim Verfassen von Werbebriefen stellen sich zentrale Fragen, die beantwortet werden müssen.

Werbung vermittelt Informationen und fördert die Bekanntheit eines Angebotes.

Was?	Was wollen wir vermitteln?	• Produkt oder Dienstleistung neu ankündigen oder in Erinnerung rufen • besonderes Ereignis ankündigen oder Basisinformationen über das Unternehmen vertiefen
Wer?	Wer ist die Zielgruppe?	• Zielgruppe bestimmen • Was hat das Zielpublikum für Vorlieben? • Sind die Zielvorgaben für die gewählte Gruppe realistisch? • Wo ist das Werbegebiet?
Was?	Was für Informationen sollen vermittelt werden?	• Nutzen für die Zielgruppe auflisten: Angebotsvorteile wie Preis, Qualität, Kundenservice, Sicherheit, Prestige, Vorsorge usw. • Vorzüge gegenüber der Konkurrenz aufführen • besondere Serviceleistungen für die Kunden erwähnen
Womit?	Womit werben wir?	• persönlicher Werbebrief • allgemeiner Werbebrief • Flugblatt in die Haushalte
Wie?	Wie mache ich das Publikum auf uns aufmerksam?	• Problem des Kunden erfassen: Kaufmotivation ergründen • Wie gehen wir vor? • Welche Stilmittel setzen wir ein, ist der Text auf die Zielgruppe ausgerichtet? • Was wird der 'Aufhänger'? • Stehen Bilder, Grafiken zur Verfügung? • Wie formulieren wir die Werbebotschaft, die schnell erlernbar ist und Wünsche wecken soll? • Werbebrief als Beilage zu einer Drucksache/Tageszeitung?
Was?	Was soll beim Leser bleiben?	• Erinnerungswerte: Firma, Markenzeichen, Angebot, praktischer Nutzen unserer Produkte, Qualitäts- oder Preisvorteil, Kundendienste • Vertrauen zur Firma
Was?	Was legen wir bei?	• Referenzmuster • Prospekte • Empfehlungsschreiben von Kunden (vorteilhaft bei Dienstleistungen)
Wie?	Wie soll der Rücklauf sein?	• Antwortkarte zustellen • Besuch im Geschäft • telefonische Bestellung

PS – Am Briefschluss noch ein Detail? – Warum eigentlich nicht? Es muss jedoch im «PS» etwas stehen, das von den Lesern tatsächlich als persönlicher Nutzen empfunden werden kann. Mit einem «PS» (Postskriptum) animieren wir den Adressaten zum Lesen. Wer hätte das gedacht? Beispiel:

PS: Wer sich rasch entschliesst, erhält eine Eintrittskarte gratis.

Synchronisieren!

Vertrautes und Bekanntes setzen wir in eine neue Beziehung.

Hier finden Sie zwei Brieftexte mit der gleichen Botschaft, doch Sprache, Aufbau und Stil sind völlig verschieden. Welcher Text hat die grössere Wirkung?

A

vorher

Sehr geehrte Damen und Herren

Wir haben uns auf die Produktion von Büchern spezialisiert, das heisst, wir haben die Möglichkeit, dank einer guten Zusammenarbeit mit Druckereien und Setzereien Ihnen ein kompaktes Angebot zu machen, das den Satz und die Lithos und den Druck bereits beinhaltet. Es würde uns freuen, wenn Sie von unserem Angebot Gebrauch machen und wir für Sie eine Offerte erstellen dürften.

Freundliche Grüsse

* Im Wortlaut unveränderter Originaltext eines Werbebriefes

Der vorliegende Werbebrief wirkt nüchtern, zu distanziert. Der Grund liegt darin, dass sich der Verfasser beim Einstieg nicht ins Umfeld des Adressaten begibt; er wirbt nicht für die Idee, sondern für sein «kompaktes Angebot». Was ist ein «kompaktes Angebot»? – Sind es bloss «Satz, Druck, Lithos»? In diesem Brief hat die «gute Zusammenarbeit mit Druckereien und Setzereien» ein Übergewicht. In der ersten Phase zum Aufbau einer neuen Geschäftsbeziehung wird das ganz bestimmt nicht das wichtigste Werbeargument sein ...

«Wir haben uns (...) spezialisiert» steht gleich als Einleitung. – Wo sind beim Einstieg die für den Adressaten besonders interessanten Angaben, die ihn zum aufmerksamen Lesen des Briefes verleiten?

B

nachher

Sehr geehrter Herr Moser

Ihr neues Informatiklehrbuch gefällt uns. Aus Erfahrung wissen wir, dass es viele Buchautoren schätzen, vom technischen Teil der zeitaufwändigen Buchherstellung, der Lagerung und dem Vertrieb der Bücher befreit zu sein.

Wollen auch Sie Ihre Manuskripte und Bildvorlagen dem Spezialisten anvertrauen? Wir sind ein leistungsfähiges Unternehmen, das für Sie die Realisation Ihrer Ideen übernehmen kann.

Gerne würden wir Ihnen eine günstige Offerte unterbreiten. Dürfen wir Ihren Anruf bald erwarten?

Freundliche Grüsse

Dieser Brief mit gleicher Botschaft wie bei Text A ist persönlicher und dank seines geschickten Aufbaus wirkungsvoller. Es wird die Idee der «Befreiung von ...» angeboten. Der Verfasser geht zum Einstieg auf das Umfeld des Angesprochenen ein. Der Briefempfänger wird damit zum Weiterlesen angeregt. Mit Fragen können wir das aktive Wahrnehmen einer Botschaft fördern.

Erst später werden die eigentliche Dienstleistung angeboten und das «leistungsfähige Unternehmen» erwähnt, verbunden mit der freundlichen Bitte um eine Antwort.

Im Gegensatz zu Brief A ist dieser Brief auf den Adressaten abgestimmt und deshalb wirkungsvoller.

Hinweis:
Brief B ist bewusst sehr stark Sie-bezogen, um die Gegensätze zu verstärken.

Geschäftsbriefe

Synchronisieren

Anfang der Fünfzigerjahre hatten die Autos noch keine vollsynchronisierten Schaltgetriebe. Wenn der Chauffeur beim Schalten in einen kleineren Gang das Zwischengas zu geben vergass, war die Geschwindigkeit der Zahnräder nicht aufeinander abgestimmt, und es knackste fürchterlich im Getriebe. Erst mit der Synchronisation des Getriebes wurde die Abstimmung, die Geschwindigkeitsanpassung der Zahnräder, automatisiert.

Wir machen einen Hausbesitzer auf seine anstrengende Arbeit beim Rasenmähen mit dem noch üblichen Motormäher, verbunden mit unverhältnismässigen Lärmimmissionen, aufmerksam ...

Jetzt überzeugen wir ihn, dass die Arbeit mit dem neuen, umweltfreundlichen Elektromäher COIFFE leichter, schneller und erst noch leiser geht ...

Wir «synchronisieren» auch beim Schreiben von Briefen!

Stellen Sie sich vor, Sie fänden nach der Arbeit zu Hause im Briefkasten ein Kuvert mit unbekanntem Absender vor. Sie öffnen es, und jetzt liegt es in Ihrer Gunst, ob Sie der Brief auch wirklich interessiert, ob Sie ihn bis zum Schluss lesen wollen. Fühlen Sie sich nämlich nicht angesprochen, so werfen Sie ihn, nicht einmal vollständig gelesen, in den Papierkorb ...

Wenn wir wirkungsvoll schreiben, sprechen wir den Adressaten an. In Werbebriefen wählen wir ein bestimmtes Zielpublikum, schälen eines der echten Bedürfnisse heraus und stellen es in den Vordergrund.

Wir holen damit den Angesprochenen in seinem Erlebnisbereich ab. Später können wir ihn dahin geleiten, wo es möglich wird, auch unsere Anliegen darzulegen.

Die Synchronisationstechnik wenden wir im Werbebrief und auch in jedem Antwortbrief an. Es ist immer das gleiche Prinzip: eingehen auf den Briefinhalt, erst später zur Sachlage überleiten und einen Lösungsvorschlag anbieten. Bei einer Antwort auf eine Mängelrüge geben wir beispielsweise die Beanstandung des Kunden möglichst wörtlich wieder.

Der gleiche Grundsatz gilt auch bei allgemeinen Werbebriefen. Dort greift man einen Bereich auf, der allgemein bekannt ist und mit dem die meisten Leser emotional angesprochen werden: Wetter, Umwelt-, Tier- und Pflanzenschutz, Gesundheit, Sicherheit usw. (→ allgemeiner Werbebrief, S. 85).

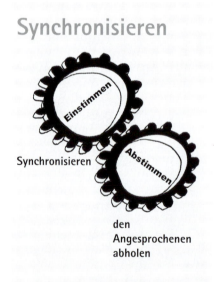

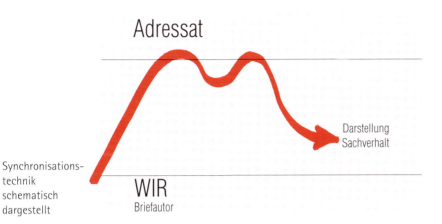

Synchronisationstechnik schematisch dargestellt

Zum wirkungsvollen, adressatenbezogenen Aufbau der Werbebotschaft führt die vom Amerikaner Lewis stammende AIDA-Regel:

attention	A	aufmerksam werden Beim Briefeinstieg müssen Sie den Leser zum Mitmachen gewinnen! Die ersten Zeilen entscheiden, ob der Briefempfänger den Brief aufmerksam lesen will, ob er ihn kurz überfliegt oder ungelesen zur Seite legt.	Ausgangslage Vorgeschichte Synchronisieren!
interest	I	interessiert sein Es muss Ihnen in dieser Phase gelingen, dem Leser gezielte Informationen in überzeugendem, positivem Stil weiterzugeben. Sie lassen den Leser mitdenken und miterleben. Die gewonnene Aufmerksamkeit soll zu echtem Interesse an Ihrer Botschaft überleiten.	Bedürfnisse beim Leser ansprechen, Wünsche erfüllen, sparen, Zeit gewinnen, Problem darstellen, Gefühle anregen
desire	D	wünschen Wir sprechen die sachliche und emotionale Ebene an. Sind die Argumente gut angekommen, braucht es allenfalls noch kommerzielle, rechtfertigende Argumente, damit der Leser seinen Wunsch auch rechtfertigen kann.	zum Handeln anregen Mitwirkung anbieten Vorteile hervorheben
action	A	handeln, entscheiden Den Schritt zum Kaufentscheid unterstützen wir mit der sanften Aufforderung zur Tat. Hier können wir mit bereits frankierten Antwortkarten, mit Faxnummern, E-Mail-Adressen oder mit angekündigten Vertreterbesuchen unser Bestreben unterstützen.	Aktionen, Entschlüsse bewirken Leser motivieren Erwartungen darlegen Aufforderung zur Tat

Direkte oder indirekte Werbeziele

Zur Umsetzung direkter Werbeziele beschreiben Sie, was Sie vom Zielpublikum erwarten, beispielsweise den Kauf des Produkts, die Teilnahme an einem Wettbewerb, das Einsenden eines Coupons, den Besuch einer Ausstellung, das Bestellen eines Katalogs usw.

Indirekte Werbeziele führen den Angesprochenen nicht unmittelbar zu einer bestimmten Aktion. Sie wecken beim Umworbenen das Interesse und bringen den Zielkunden zu einer höheren Kaufbereitschaft.

Persönlicher Werbebrief

Jeder gute Geschäftsbrief ist indirekt Werbung! Mit dem persönlichen Werbebrief gelangen Sie mit einem ansprechenden Angebot unaufgefordert und gezielt an den Adressaten.

Die Sprache ist dem Empfänger angepasst. Für einen Jugendlichen wählen Sie beispielsweise eine andere Sprache als für einen Erwachsenen.

Die Möglichkeiten, den Leser zum Kauf eines Produktes anzuregen, sind vielfältig. Versuchen Sie zu ergründen, was den Zielkunden ansprechen kann. Es können verstandes- oder gefühlsmässig betonte Argumente sein oder die Bestätigung seines Ichs.

Bei der Werbung für Konsumgüter überwiegt der emotionale Teil.

Sie erreichen den Briefpartner am richtigen Ort, wenn es Ihnen gelingt, die Briefbotschaft entsprechend seiner Lebensumstände, seiner Bedürfnisse und Möglichkeiten glaubhaft zu gestalten. Sie stellen mit rationalen Argumenten die Vorteile Ihres Angebotes so geschickt in den Vordergrund, dass der Angesprochene selbst einen emotionalen Kaufentscheid rational rechtfertigen kann.

Schon beim Planen des Werbebriefes legen Sie das Werbeziel fest. Sie können rationale Argumente beim Produkt (Eignung, Qualität), beim Preis (günstiger als die Konkurrenz, bessere Konditionen) oder beispielsweise bei der Lieferfrist (überdurchschnittlich schnell) setzen. Äusserlich unterscheidet sich der Werbebrief kaum von einem gewöhnlichen Brief, doch am inhaltlichen Aufbau erkennen wir ihn.

Werbebrief an einen Stammkunden

Sehr geehrter Herr Bosshard

Wenn wir beobachten dürfen, wie Passanten vor den beiden grossen Pflanzenbeeten Ihres Bürohauses stehen bleiben und die Blumenpracht bestaunen, freut es uns.

Seit der Eröffnung des Gebäudes schenken Sie uns das Vertrauen und beauftragen uns im Frühling mit der Bepflanzung und Pflege Ihrer Blumenanlagen. Herzlichen Dank!

Vor zwei Jahren haben wir das Dienstleistungsangebot mit der Abteilung «Hecken und Bäume» erweitert. Gerne empfehlen wir Ihnen unser leistungsfähiges Team mit ausgewiesenen Fachleuten für die saisonalen Unterhaltsarbeiten in der Parkanlage.

Unsere Mitarbeiter unterstützen Sie im Bestreben zur Einrichtung natürlicher Lebensräume und zu umweltgerechter Hege der Pflanzen. Das beim Schneiden anfallende Grüngut wird beispielsweise an Ort zum Kompostieren mit einer geräuscharmen Häckselmaschine aufbereitet.

Wünschen Sie eine Beratung, oder wollen Sie noch mehr über das neue Dienstleistungsangebot erfahren? Unser Fachmann für Landschaftsbau, Herr Hans Probst, 041 370 91 21, erteilt Ihnen gerne weitere Auskünfte.

Freundliche Grüsse

> PS: *Voranzeige!*
> *Unsere Firma wird 50 Jahre alt! – Am Samstag, 30. September, feiert der Seniorchef mit dem Personal und den Stammkunden einen runden Geburtstag. Eine persönliche Einladung werden Sie bald erhalten.*

→ Hier ist ein «PS» passend, weil sich die Voranzeige inhaltlich von der Zielbotschaft abhebt.

Werbebrief an Adressen, die bekannt sind

Arbeitsgruppe zum Schutz der Meeressäuger
Postfach 30
8820 Wädenswil

01 780 66 88
01 780 68 08

Wädenswil, Januar JJJJ

Persönliche Adresse bringt mehr Erfolg als anonyme Streusendungen.

Herr
Peter Schmid
Gattikonerstrasse 108
8136 Gattikon

Guten Tag Herr Schmid

Ungewohnter Einstieg. Wir holen den Leser zu Hause ab.

Können Sie sich auch kaum vorstellen, wie viel Platz ein Wal in ihrer Wohnung bräuchte? Ein Zimmer würde bestimmt nicht genügen. Sie brauchen sich keine weiteren Platzierungssorgen zu machen, wir berichten ja bloss über Wale.

Schilderung der Ausgangslage

In den Weltmeeren werden immer noch Wale gejagt und Delfine gefangen. Das ist zu bedauern, doch der Walfang ist längst nicht mehr die grösste Gefahr, die den Tieren droht. Die zunehmenden Aktivitäten am und auf dem Meer, der damit verbundene Lärm und die Meeresverschmutzung machen ihnen schwer zu schaffen. Darüber hinaus erschwert die Überfischung der Meere ihre Nahrungssuche.

Vorstellen, falls Institution nicht bekannt sein könnte.
Beziehungsnetz zu Universität oder zu Persönlichkeiten aus Gesellschaft, Politik und Wirtschaft kann Spendenbereitschaft des Lesers verstärken.

Um im unserem nahen Mittelmeer griffigere Schutzmassnahmen zu schaffen, betreibt die ASMS in Zusammenarbeit mit der Universität Montpellier seit bald zehn Jahren Walforschung. Dabei geht es vorwiegend um die Erforschung der zeitlichen und örtlichen Verbreitung der im Mittelmeer am häufigsten vorkommenden Wal- und Delfinarten: Finn-, Pott- und Grindwale, Rundkopfdelfine, Grosse Tümmler, Gemeine Delfine und Blau-Weisse Delfine.

Unter kundiger Leitung werden Freiwillige mit der so genannten Transektmethode (Rasterlinienmethode), die bei der Walforschung sehr oft angewandt wird, die Population der Meeressäuger beobachten und deren Dichte erfassen.

Massnahmen, die vorgesehen sind, umschreiben

Um die Meeressäuger wirkungsvoll zu schützen, wird die Universität Montpellier die Ergebnisse der Forschungsarbeiten mit entsprechenden Empfehlungen an die Anrainerstaaten Frankreich, Italien und Monaco weiterleiten.

Emotionen wecken. Möglichkeiten des Briefpartners verdeutlichen, Ziel konkreter festhalten.

Eine gute Sache! – finden Sie nicht auch? Sie haben mit einem Beitrag die Gelegenheit, unser Forschungsprojekt aktiv zu unterstützen und den Lebensraum der Wale und Delfine im Mittelmeer zu verbessern und zu sichern.

Persönliche Bitte um Unterstützung, Spende, allenfalls Mitarbeit.

Auf Wunsch stellen wir Ihnen gerne eine ausführliche Broschüre über unser Forschungsprojekt zu. Wir freuen uns auf Ihren Beitrag, und wer weiss, vielleicht wollen Sie selber mal bei der Erforschung und Zählung der Meeressäuger an Bord eines unserer Forschungsschiffe mithelfen.

Wir freuen uns auf Ihre Unterstützung und grüssen Sie freundlich

ASMS

Sigrid E. Lüber
Präsidentin

Noëlle Delaquis
Fachstelle Delfine

Einzahlungsschein kann beigelegt werden, müsste aber im Brief nicht speziell vermerkt sein.

Einzahlungsschein

Werbebrief an Zielgruppe	Modern Print Seefeldstr. 224c 8008 Zürich

NK-VERLAGS AG Zürich, den 20.07.JJ
Herrn Bosshard
Schädrütihalde 54
Postfach
6006 Luzern

Sehr geehrter Herr Bosshard

Als Leiter des Verlages sind Sie sicher an einer Optimierung bei der Zeitschriften-Produktion interessiert. Unsere Dienstleistung kann Ihnen die Möglichkeit bieten, schnell und ohne grossen Aufwand einen erheblichen Teil Ihrer Produktionskosten einzusparen. Es ist uns möglich, Ihre Zeitschrift bis zu 48 Stunden rascher zu produzieren. Bei uns rücken Sie Ihren Redaktionsschluss bis zu drei Tage an den Produktionsbeginn.

Zusätzlich zu unserer professionellen Zeitschriftenproduktion übernehmen wir für Sie die komplette Abonnentenverwaltung einschliesslich Adresspflege und Rechnungserstellung.

Und last but not least akquirieren wir Ihre Anzeigenkunden mit unserem kompetenten Anzeigenservice. Haben wir Sie neugierig gemacht. Dann senden Sie sofort beiliegendes Fax-Antwortblatt mit den entsprechenden Anfragedaten an uns.

Wir antworten Ihnen sofort, kostenlos und unverbindlich oder rufen Sie uns einfach an. Tel. 01 923 19 73.

Werbebrief, zwar persönlich adressiert, doch ein Standardbrief für Zielgruppe «Verlagsleiter».

	Pluspunkte +	Minuspunkte −
Adresse	«Postfach» richtig als letzte Zeile vor Ortschaft platziert	«Herrn», statt «Herr» Vorname fehlt.
Einstieg	Der Leser wird angesprochen.	… sind Sie «sicher» interessiert … … dem noch unbekannten Leser wird ohne Rückfrage zugemutet, dass er «sicher» interessiert ist.
Inhalt Stil	Inhalt ist verständlich. Man merkt rasch, was der Absender eigentlich will.	Nomenstil überwiegt, die «Wir-Sätze» lassen die in Ansätzen vorhandene «Sie-Botschaft» nicht wirken. «last but not least» … unpassende Formulierung, zudem unnötig fremdsprachig
Schluss	Schluss wird mit einer ansprechenden Frage eingeleitet. Telefonnummer für Auskünfte wird erwähnt.	Was ist mit «unserem kompetenten Service» gemeint? … es sind doch die Menschen, die kompetent sein können. Fragezeichen fehlt bei der Frage zur Neugier. «Dann senden Sie uns sofort» (!) … zu direkte Aufforderung, zu befehlender Ton «Wir antworten sofort, kostenlos und unverbindlich…» Floskel: 'kostenlos' und 'unverbindlich' ist selbstverständlich! Gruss zum Briefschluss fehlt.

Modern Print
Seefeldstr. 224c
8008 Zürich

Tel. 01 923 19 73
Fax 01 923 19 73

nachher

NK-VERLAGS AG
Herr Pascal Bosshard
Schädrütihalde 54
Postfach
6000 Luzern 6

Zürich, 20.07.JJ

Guten Tag Herr Bosshard

Es ist uns doch klar, dass Sie als Verlagsleiter die Zeitschriften möglichst rationell produzieren wollen. Suchen Sie zurzeit nach einer weiteren Optimierung? – Mit unserem neuen Dienstleistungsangebot wird es vielleicht möglich, in Ihrem Betrieb die Produktionskosten ohne weitere grosse Investitionen zu senken.

Moderne Einrichtungen gestatten uns, Fachzeitschriften in sehr kurzer Zeit herzustellen und zu drucken. Mit unseren neusten technischen Einrichtungen kann der von den Redaktoren weniger geschätzte pünktliche Redaktionsschluss auf sehr kurze Zeit vor Produktionsbeginn verschoben werden.

Legen Sie – wie wir übrigens auch – Wert auf einen professionellen, guten Kundenservice? Unsere geschulten, erfahrenen Angestellten können für Sie die Abonnentenverwaltung einschliesslich Adresspflege und Rechnungserstellung übernehmen und auf Wunsch neue Anzeigenkunden akquirieren.

Haben wir Sie neugierig gemacht? – Wir freuen uns auf Ihre Nachricht, damit wir einen Besuchstermin vereinbaren können.

Freundliche Grüsse

ORTHOGRAFIE

?	richtig
dab**eisein**	dabei_sein
dab**ei**gewesen	dabei_gewesen
da**g**ewesen	da_gewesen
da**g**ewesene	da_gewesene
Dagewesenes	da_Gewesenes
ach**t**millionen**m**al	ach**t** Millionen **M**al
8teilig, achtteilig	**8-t**eilig, achtteilig

Werbebrief

Adressierter Werbebrief mit Anrede an ausgewähltes Zielpublikum.	Sehr geehrter Herr Kistler
	Sie achten auf Ihre Gesundheit, halten sich fit und sammeln in der Freizeit neue Kräfte, Ihr Auto bringen Sie regelmässig zum Service und Ihre Kleider in die Reinigung.
	Und Ihre Liegenschaft? – Sie trotzt Regen, Kälte, Hitze, den zunehmend aggressiven Umwelteinflüssen und wird intensiv genutzt. Unbeschadet wird sie dabei nicht davonkommen. – Je länger Sie eine zwingende Substanzerhaltung hinauszögern, desto mehr verliert das Haus an Ansehen und Wert.
→ Gefällt Ihnen der überraschende, angepasste Briefeinstieg (→ «Synchronisieren») auch?	Wehren Sie den Anfängen, ehe es teuer wird ... Es lohnt sich, jetzt einen Gebäude-Check-up ausführen zu lassen. Für wenig Geld und unverbindlich nehmen wir Ihre Liegenschaft «unter die Lupe», decken Mängel auf und beraten Sie gemäss unserer Gebäudeerneuerungs-Philosophie: Gutes erhalten – Werte vermehren.
Die Werbebotschaft könnte auch als Rundschreiben – ohne Adresse und angepasste Anrede an die Hausbesitzer – versandt werden.	Nutzen Sie unsere Professionalität im Baumanagement und unser Know-how zu Ihrem Vorteil; wir laden Sie ein, mit beiliegender Karte von unserem Grobdiagnose-Angebot zu profitieren, oder rufen Sie uns für weitere unverbindliche Auskünfte an.
	Wir freuen uns auf Ihre Nachricht und grüssen Sie

SPRACHE

während, wegen ...	Variante
während <u>des</u>	Das Büro ist **während <u>des</u>** Umbaus geschlossen.
während <u>der</u>	Auch **während <u>der</u>** Ferien ist geöffnet.
wegen <u>des</u>	**Wegen <u>des</u>** Versuches darf nicht geraucht werden.
innerhalb	**Innerhalb <u>dreier</u>** Monate gewann er zweimal.
	Innerhalb <u>fünf</u> Monate**n*** gewann er zweimal.
längs	**Längs <u>des</u>** Weges (*selten:* längs d e m Doppelzaun)
laut	**Laut** Briefe**n*** lebt er in Amerika.
wegen	**Wegen** Geschäfte**n*** im Ausland ist er so erfolgreich.
	<u>Wegen</u> <u>der</u> Geschäfte im Ausland ist er so erfolgreich.
trotz	Sie hielten sich <u>trotz</u> <u>des</u> Regens im Freien auf. (*selten:* trotz d e m Regen)

* Kann der Genitiv bei *Nomen im Plural* nicht erkannt werden, so setzt man dieses in den *Dativ (Wemfall)*.

Im Allgemeinen sind wie *'während'* auch andere Präpositionen mit dem Genitiv (Wesfall) verbunden.	° Wenn das **Genitivattribut** (Beifügung) zwischen der Präposition (Partikel) und dem von der Präposition abhängenden Nomen (Substantiv) steht, wird das Nomen in der Regel im Dativ stehen:
	laut Meyers <u>grundlegendem</u> Werk (statt: laut Meyers <u>grundlegenden</u> Werk<u>es</u>)
	wegen meines Onkels <u>plötzlichem</u> Tod (statt: wegen meines Onkels <u>plötzlichen</u> Tod<u>es</u>)
Bei einem stark gebeugten Nomen im Plural (Mehrzahl) wird *'während'* mit dem Dativ (Wemfall) verbunden, sofern der Genitiv nicht mehr zu erkennen ist.	° Die Präposition (Partikel) *'während'* bezeichnet die **Gleichzeitigkeit** zweier Ereignisse oder den Zeitraum, in dem etwas geschieht oder nicht geschieht: während des Ausbaus, während des ganzen Konzerts.
	Hingegen kann *'während'* keine Zeitdauer ausdrücken, also nicht: <u>Während dreier Stunden</u> dauerte das Konzert, sondern: <u>Drei Stunden</u> dauerte das Konzert.

Allgemeiner Werbebrief

Allgemeine Werbebriefe sind «Breitbandbriefe». Zwar sind sie auf die Lebensweise und die Möglichkeiten der Angesprochenen ausgerichtet, doch sie können nicht auf individuelle Kundenwünsche eingehen. Mit der Werbebotschaft müssen allgemeine Bedürfnisse abgedeckt und damit viele Kunden angesprochen werden.

Wollen Sie mit Ihrem allgemeinen Werbebrief erfolgreich sein, machen Sie sich ein Bild über die Zielgruppe und deren Kaufkraftklasse. So wird es Ihnen leichter fallen, das Angebot mit einleuchtenden, passenden Argumenten interessant zu machen. Ihre Botschaft soll bei den Angesprochenen d e r Tipp zu einer «Wunscherfüllungsmöglichkeit» werden. Legen Sie bei gezielten Angeboten Prospekte bei, so weisen Sie im Begleitbrief darauf hin.

Allgemeine Werbebriefe sind meistens Serienbriefe, die man für so genannte «Streusendungen» einsetzt. Die Werbewirkung verstärken Sie jedoch um ein Vielfaches, wenn Sie das Kuvert, besser noch den Brief, persönlich adressieren. Die Briefe sind selten original unterschrieben, die Unterschrift wird meistens digital erfasst und farbig gedruckt.

> Sind Werbebrief, Produkt oder angebotene Dienstleistung noch so gut – ein Erfolg kann sich nur dann abzeichnen, wenn die Werbung zum richtigen Zeitpunkt an den richtigen Adressaten gelangt.

Allgemeiner Werbebrief

Geschätzte Natur- und Tierfreunde

Im letzten Jahrhundert sind in unseren Alpen Luchspaare aus den Karpaten ausgesetzt worden. Dieses Experiment der Wiederansiedlung des ausgerotteten Grossraubtiers ist in der internationalen Fachpresse als Erfolg gewürdigt worden. Der Schweizer Tierschutz (STS) will seinen Beitrag dazu leisten, dass aus der Wiederansiedlung auch eine Wiedereinbürgerung wird. Noch ist diese nämlich keineswegs gewährleistet, sie wird durch unverantwortliches, irrationales menschliches Verhalten bedauerlicherweise gefährdet.

Einstieg mit einer Sachlage

«Die illegalen, aber in weiten Kreisen tolerierten oder sogar geförderten Luchsabschüsse sind der kritische Faktor für die Zukunft der Population», schreibt Luchsforscher Heinrich Haller. – Aufklärung tut dringend Not. Wir möchten dazu beitragen, dass auch die Bevölkerung in jenen Landesteilen, wo die Vorurteile noch gross sind, sich hinter den im Allgemeinen gefahrlosen Luchs stellt. Dazu gehört auch die Solidarität mit geschädigten Schafbesitzern, die nicht das Gefühl haben sollen, man lasse sie im Stich. Deshalb setzt sich der Schweizer Tierschutz für eine grosszügige Regelung der Schadensfälle ein.

Die Vielfalt der einheimischen Fauna und die ökologisch weit reichenden positiven Auswirkungen des Luchses auf die Stabilität unserer Waldsysteme sind für uns überaus wichtige Werte.

Wollen Sie uns mit Ihrem Sympathie-Beitrag beim Einsatz für die Tiere unterstützen?

Freundliche Grüsse

Werbebrief

Wie steigen wir ein?

Beim allgemeinen Werbebrief ist der Einstieg besonders wichtig, weil der unbekannte Leser bei den ersten Zeilen entscheidet, ob er den Brief weiterlesen oder in den Papierkorb werfen soll.

Wir holen das Interesse des Adressaten mit einem *«Allgemeinplatz»*. Mit 'Allgemeinplatz' meine ich

... eine Sachlage, von der jeder weiss
... eine Tatsache, die jedem bekannt ist
... eine Einsicht, die jeder haben kann
... eine Erfahrung, die jedermann machen kann
... ein Ereignis, das jedem bekannt ist.

Haben wir die gemeinsame Ebene gefunden, so hat unsere Botschaft gute Chancen, durchzukommen.

Mit dem gelungenen Einstieg gewinnen wir den Leser.

ORTHOGRAFIE

?	richtig
aneinander<u>s</u>fügen	**aneinander fügen** Er wird die Rahmen **aneinander fügen**.
abwärt<u>s</u>gegangen	**abwärts gegangen** Mit dem Betrieb ist es leider **abwärts gegangen**.

Ist der erste Bestandteil ein mit *«-einander»* oder *«-wärts»* gebildetes Adverb, so schreibt man immer getrennt.

° aber als **Substantive**:
das Aneinanderfügen, das Aneinanderprallen, das Abwärtsgehen, das Rückwärtsfahren

aufeinander prallen, auseinander setzen, immer vorwärts fahren, miteinander singen, abwärts gelaufen usw.

Nachfassbriefe

Briefpartner erinnern

Ein Sachbearbeiter in der Offertabteilung weiss, dass nicht nach jedem Angebot eine Bestellung oder ein Auftrag erfolgen wird. Mancher Offerent könnte davon ein Liedchen singen ...

Obwohl sich der Fachmann bemüht hatte, mit einem attraktiven Angebot auf die Anfrage des möglichen Vertragspartners einzugehen, konnte er selbst nach seinem vermeintlich «fairen» Angebot keine Früchte ernten ... Das Kaufinteresse war doch schliesslich vorhanden. Lag es etwa am Preis, an den Zahlungskonditionen, an der Lieferfrist, an der Beschaffenheit der Ware, an den Liefer- und Zustellungsbedingungen oder ...?

Ob es was bringt, einem erfolglosen Angebot noch nachzugehen, kann sicher diskutiert werden. Es kann doch auch möglich sein, dass das Angebot übersehen wurde oder die geplante Anschaffung aus irgendeinem Grund zurückgestellt werden musste. Vielleicht gelingt es uns noch, eine Entscheidung zu beeinflussen.

Über einen Anruf an die zuständige Person (nach der Anfrage) können wir vielleicht den Grund der Absage erfahren oder wir erinnern in einem freundlichen, positiven Nachfassbrief mit geschickt gewählten, neuen Argumenten – keinesfalls aufdringlich! – an unser vorteilhaftes Angebot.

...vor 100 Jahren

Alfred Stengel
Kaffee-Grosshandlung und -Rösterei
Berlin SW
Hedemannstrasse 94
Fernsprecher: Amt 9, No. 1684

Berlin SW., den 31. Januar 1902

Herrn Georg Kraft in Frankfurt a. O.

Unter Bezugnahme auf unsere frühere angenehme Geschäftsverbindung und unter Bestätigung meiner Preisliste vom 15. ds. Mts., erlaube ich mir, Ihnen meine Firma in empfehlende Erinnerung zu bringen.
Mit gleicher Post bemustere ich Ihnen, zu den bekannten Bedingungen, die früher von Ihnen bezogenen:
Mischung No. 1 dunkelbitter   à M 1.05 per ½ Kg
       "   " 3 dunkelklar   " " 1.20 " ½ "
Ich bemerke, daß diese Sorten sehr gut ausfallen und besonders gern gekauft werden.
Ich sehe deshalb einem Probeauftrag gern entgegen und bin überzeugt, dass er Ihnen zu weiteren regelmässigen Bestellungen Veranlassung geben wird.
Hochachtungsvoll
p. pa. *Alfred Stengel*
W. Otto

AG

Der Plural (Mehrzahl) von AG (Aktiengesellschaft) lautet **AGs**.

Zahl und Geschlecht der Firmenbezeichnung richten sich meistens nicht nach dem Namensbestandteil.

Variante

AGs (Aktiengesellschaften)

... an das Fernmelde-Institut AG der Stadt Luzern

... an die Vereinigten Stahlwerke AG, Bern

... an das Treuhandbüro des Ski- und Sessellifts AG, Wangs

Nachfassbrief

Moosbrugger AG
Bodenbeläge
Gerliswilstrasse 45
6020 Emmenbrücke   28.03.JJ

Büroprax AG
Herr Thomas Ineichen
Eyhof 2
8047 Zürich

Bodenteppiche. Unser Angebot, 14.02.JJ

Guten Tag Herr Ineichen

Während der Betriebsferien beabsichtigen Sie, die Büros im ersten Stock zu renovieren. – Unser Fachberater M. Strebel durfte Ihnen Mitte Februar eine passende Kollektion vorlegen und für das Verlegen eines strapazierfähigen, rollstuhlgängigen Teppichs ein Angebot unterbreiten.

Vielleicht haben Sie unsere vorteilhafte Offerte übersehen, oder Sie konnten sich noch nicht für einen Teppich aus unserer neuesten Kollektion entschliessen.

Vermeiden Sie jeden Vorwurf, üben Sie keinesfalls Druck aus.

Wir möchten Sie gerne pünktlich bedienen. Damit wir den versprochenen Liefertermin einhalten können, müssten wir diesen speziellen Bodenteppich in den nächsten Tagen bei unserem Fabrikanten bestellen. Können Sie uns deshalb mitteilen, ob Ihnen unser Angebot zusagt?

Besonderes
Erinnern Sie frühestens vier Wochen nach Ihrem Angebot.

Wünschen Sie eine weitere Fachberatung, so freuen wir uns auf Ihre Nachricht.

Freundliche Grüsse

?	richtig	
gefange**n**nehmen	gefangen_nehmen	
verlore**n**gehen	verloren_gehen	
kenne**n**lernen	kennen_lernen	
kenne**nzu**lernen	kennen_zu_lernen	
liege**n**bleiben	liegen_bleiben	

Ist der erste Bestandteil ein Partizip (Mittelwort) oder ein Verb (Zeitwort), wird immer getrennt geschrieben.

kur**z**gebraten	kurz_gebraten	kürzer gebraten
kur**z**halten	kurz_halten	sehr kurz gehalten
kürze**r**treten	kürzer_treten	viel kürzer treten
leicht**v**erderblich	leicht_verderblich	leichter verderblich
lie**b**haben	lieb_haben	sehr lieb haben
zufriede**n**stellen	zufrieden_stellen	ganz zufrieden stellen

Ist der erste Bestandteil ein Adjektiv (Eigenschaftswort), das gesteigert oder erweitert werden kann, schreibt man getrennt.

' In Zweifelsfällen, die nicht eindeutig zu klären sind, ist Getrennt- oder Zusammenschreibung zulässig.

Beanstandung

Unmut kundtun

Hat Ihr Reisebüro während der letzten Ferien die zugesicherten Dienstleistungen erbracht, war die Hin- und Rückreise gut vorbereitet, konnten Sie im Hotel die im Prospekt versprochenen Annehmlichkeiten geniessen?

Sie schreiben eine gut begründete Beanstandung, wenn Sie mit der Ausführung eines Auftrages nicht zufrieden sein können.

Im Dienstleistungssektor wird eine Fehlleistung, beispielsweise die 'unglückliche' Wahl eines inkompetenten Fachreferenten, zur berechtigten Beanstandung führen.

Mit sachlichem Briefinhalt sprechen Sie den Adressaten positiv an und beschreiben anschaulich den Anlass Ihrer Beanstandung. Bieten Sie Möglichkeit an, den Fehler auszumerzen. Vielleicht gelingt es Ihnen auch, mit einem eigenen Lösungsvorschlag den Konflikt rasch zu beseitigen, beispielsweise mit dem Vorschlag für einen Preisnachlass oder für ein neues, besonders vorteilhaftes Angebot.

Im Betrieb kann es vorkommen, dass das Verhalten eines Mitarbeiters Anlass zu einer Beanstandung (Verweis) gibt: Unpünktlichkeit, Unzuverlässigkeit, unqualifizierte Ausführung eines Auftrages. Ein klärendes Gespräch intern ist jedoch einem Brief vorzuziehen.

?	richtig
Ballettänzer	Balletttänzer / Ballett-Tänzer
Ballettheater	Balletttheater / Ballett-Theater
Balletttruppe	Balletttruppe / Ballett-Truppe
Kennummer	Kennnummer / Kenn-Nummer
Schiffahrt	Schifffahrt
Stilleben	Stillleben

→ Bei der Zusammenschreibung ohne Bindestrich darf keiner der Buchstaben entfallen:
Brennnessel, Betttuch, Schifffahrt, schneeerhellt, grifffest, schnelllebig, schadstofffrei
Ausnahmen:
Mittag, Drittel, dennoch, Hoheit

→ Treffen bei Zusammensetzungen drei gleiche Buchstaben aufeinander, kann zur besseren Lesbarkeit – sofern die Inhaltsbedeutung nicht verändert wird – ein Bindestrich gesetzt werden:
Kaffee-Ersatz, Trenn-Naht, Kongress-Stadt, Schnee-Ersatz, See-Elefant
jedoch:
Schifffahrt, nicht Schiff-Fahrt; Autobahn, nicht Auto-Bahn; Eisenbahn, nicht Eisen-Bahn; Stillleben, nicht Still-Leben

Beanstandung

BOUTIQUE ZUM TOR
Reussgasse 76
6003 Luzern   18.11.JJ

GROSAG IMPORTE
Herr Christian Steck
Zürichstrasse 23a
6300 Zug

                                    Fax 041 386 43 51
                                    Wichtige Mitteilung

Sehr geehrter Herr Steck

Sachverhalt — Seit längerer Zeit beziehen wir regelmässig eine grosse Anzahl der bunten ausländischen Reisetaschen und exklusive Leder-Aktenkoffer.

Mit der Qualität Ihrer Produkte sind wir sehr zufrieden, und wir sind in der Stadt als Spezialgeschäft für Reiseartikel mit den aussergewöhnlichen Modellen führend.

Wir legen grossen Wert darauf, dass weder die Kundschaft noch die Konkurrenz unsere Bezugsquellen erfahren können.

Konkrete Beanstandung — Bedauerlicherweise mussten wir feststellen, dass Sie die Ware bei den letzten zwei Lieferungen entgegen unserer Vereinbarung nicht mehr in neutralen Gebinden zustellen liessen.

Bereinigungsvorschlag — Können Sie dafür sorgen, dass uns die Produkte künftig wieder in unbeschrifteter Verpackung zugestellt werden?

Wir hoffen auf Ihr Verständnis und grüssen Sie freundlich

abgesehen davon(,) dass ...

In neuer Rechtschreibung kann das Komma selbst vor 'dass' weggelassen werden, wenn die gesamte Fügung als Einheit verstanden wird.

Sonst gelten für 'abgesehen' die allgemeinen Kommaregeln für die Partizipialgruppe:

Abgesehen vom Lieferverzug(,) war sie mit dem Service zufrieden.

Variante

abgesehen davon(,) dass ...

Abgesehen davon(,) dass die Wasserzufuhr unterbrochen worden ist, hat es keine weiteren Störungen gegeben.

Davon abgesehen(,) dass die Wasserzufuhr unterbrochen worden ist, hat es keine weiteren Störungen gegeben.

Es hat keine weiteren Störungen gegeben, abgesehen davon(,) dass die Wasserzufuhr unterbrochen worden ist.

Unmut kundtun. Beanstandung

Beanstandung ungenügende Dienstleistung

Sonndach Storen AG
Brunnweg 5
3203 Mühleberg

05.03.JJ

Briefaushändigung gegen Unterschrift, ohne Versicherung

Lettre signature

BISFO
Bildungszentrum
Weinbergweg 69
8006 Zürich

«Rationeller Arbeitsplatz». Kursauswertung

Sehr geehrte Damen und Herren

Sachverhalt

Am letzten Donnerstag, 03.03.JJ, führte Ihr Referent Herr Albert Nüssli nach Ihrem Angebot einen Ganztageskurs «Rationeller Arbeitsplatz» durch. Vorgängig hatten wir mit Ihrem Mitarbeiter die Inhaltserwartungen schriftlich festgehalten. Es gelang dem Referenten offenbar nicht, unseren Fachkräften sein Fachwissen anschaulich anhand von praxisnahen Beispielen aus dem Betrieb weiterzugeben.

Dienstleistung möglichst detailliert beanstanden

Die Mitarbeiterinnen und Mitarbeiter der kaufmännischen Abteilung, die am Kurs teilgenommen haben, waren enttäuscht. Folgende Kritikpunkte stachen hervor:

1. Wünsche und Anregungen berücksichtigte der Referent nicht. Beispiel: Das wichtige Sachgebiet «Zeiteinteilung» hat er übergangen und stattdessen Modelle über Fliessbandarbeit in der Industrie vorgestellt, die in unserem Betrieb nicht umsetzbar sind.

2. Die im Tagesprogramm festgelegten Zeiten hat der Referent nicht eingehalten. Daher konnte das für uns wichtige Segment «Konsequenzen für die Praxis» nicht mehr behandelt werden.

3. Der Referent hielt sich stur an die Kursunterlagen und die vereinbarten Themenbereiche wurden ohne jeglichen Praxisbezug als langatmige Vorträge behandelt.

Schon oft konnten Sie uns für Kurse ausgezeichnete Referenten stellen. Den beiliegenden Kursbeurteilungen können Sie nun aber entnehmen, dass diesmal die erhofften Zielsetzungen nicht erreicht wurden.

Vorschlag zur Schadensbegrenzung und Bereinigung

Sie werden sicher verstehen, dass wir für diesen mangelhaften Seminartag nicht das vertraglich vereinbarte Honorar, CHF 1800.00, bezahlen können. Wir sind bereit, CHF 900.00 zu vergüten.

Ohne Ihren Gegenbericht bis zum 16.03.JJ nehmen wir an, dass Sie damit einverstanden sind.

Freundliche Grüsse

Mängelrüge

Nachbesserung fordern

Wird eine vertragliche Vereinbarung nicht erfüllt oder eine zugesicherte Dienstleistung nur unsorgfältig erbracht, erhalten Sie falsche oder mangelhafte Ware, so haben Sie das Recht auf Beanstandung. Der Mangel kann mündlich mitgeteilt werden, doch ist die schriftliche Form wegen der Beweiskraft eher angezeigt.

Wird Ihnen die Ware zugestellt, so ist diese bei Empfang zu prüfen und sichtliche Transportbeschädigungen lassen Sie vom Überbringer umgehend bestätigen. Versäumen Sie nämlich, den Mangel innert kürzester Frist zu melden, so gilt die gekaufte Sache als akzeptiert, soweit es sich nicht um versteckte Mängel handelt oder Sie der Verkäufer nicht absichtlich getäuscht hat.

Nicht einwandfreie, verderbliche Ware (Beispiel: Lebensmittel) muss sofort kontrolliert und beanstandet werden. Es empfiehlt sich, ein Schadenprotokoll zu erstellen und von einem Zeugen (in besonders heiklen Fällen von einer Amtsperson) bestätigen zu lassen. Der Lieferant ist zudem umgehend zu benachrichtigen (Telefon, Fax, E-Mail).

Der Käufer ist verpflichtet, die Interessen des Verkäufers zu wahren. Er ist mit seinem Einverständnis oder nach der Bewilligung einer zuständigen Amtsstelle berechtigt, die Ware zu einem realistischen Preis abzusetzen.

Bei der Mängelrüge beschreiben Sie den Mangel sehr genau. Nach schlecht erfolgter Dienstleistung bringen Sie den Lieferanten dazu, Preisnachlass zu gewähren oder gar Schadenersatz zu leisten; bei fehlerhafter Ware fordern Sie den Lieferanten auf, die Ware zu ersetzen oder die Mängel zu beheben. Vielleicht müssen Sie auf Kosten des Lieferanten eine Ausbesserung (Reparatur) selber veranlassen.

Ist der Lieferant in der Lage, sofort Ersatz zu leisten, so kann die Aufhebung des Vertrages nicht durchgesetzt werden.

Offensichtliche Mängel

Es sind Mängel, die der Käufer bei der Warenübernahme selbst feststellen kann.

Für offenkundige Mängel haftet der Verkäufer später in der Regel nicht; denn der Käufer ist verpflichtet, die Ware bei der Übernahme zu prüfen und sichtbare Mängel dem Verkäufer sofort zu melden.

WICHTIG

Der Verkäufer haftet auch für die Güte und Qualität einer Dienstleistung oder Ware, wenn er deren Mängel zum Zeitpunkt des Vertragsabschlusses (Warenübergabe) nicht gekannt hat.

Mängelrüge

Umtausch oder Ersatz?

Die Begriffe «Umtausch» und «Ersatz» müssen unterschieden werden. Bei Gattungswaren ist dem Lieferanten der Ersatz jederzeit möglich. Ohne weitere vertragliche Abmachung ist der Verkäufer nach einer begründeten Mängelrüge dazu verpflichtet, gleichwertige, einwandfreie Ware mit gleicher Beschaffenheit zur Verfügung zu stellen. Bei Einzelstücken (Speziesware) hingegen wird es zur Vertragsauflösung kommen, wenn nicht vertragliche Bestimmungen die Nachbesserung ausdrücklich erlauben (Beispiel: Garantie).

Bei einer Beanstandung darf der Kunde die mangelhafte Ware nicht zurücksenden, bevor der Lieferant dazu die Erlaubnis gibt. Die Praxis bestätigt aber, dass vor allem im Einzelhandel bei Distanzkäufen mangelhafte Ware als «Reklamation» dem Lieferanten zurückgesandt wird; denn die Geschäftspartner haben im Laufe der Jahre ein so starkes Vertrauensverhältnis aufgebaut, dass beide Parteien bestrebt sind, die guten Geschäftsbeziehungen sorgfältig zu pflegen.

Es ist vorteilhaft, wenn wir bei einer Mängelrüge dem Lieferanten einen Vorschlag zur Erledigung unterbreiten.

Versteckte Mängel

Es sind Mängel am Kaufgegenstand, die der Käufer zur Zeit des Kaufes nicht feststellen konnte.
' Nach Ablauf eines Jahres verjähren alle Forderungen, wenn nicht ausdrücklich eine längere Garantiezeit vereinbart wurde (Beispiel Bauten: 5 Jahre).

Möglichkeiten:

Preisnachlass Minderung	**Gutschrift** anstelle Ersatz	**Wandelung** Rücktritt vom Vertrag
Ersatz bei Gattungsware möglich	**Reparatur** Nachbesserung	→ Sind weder Preisnachlass, Ersatz oder einwandfreie Reparatur (Instandsetzung) möglich, so kann der Kunde die so genannte «Wandelung» durchsetzen und das Geld zurückfordern.

ein / eines / einer?

eines
einer

ein
ist im Nominativ (Werfall), Maskulinum (männlich) oder Neutrum (sächlich) das unbestimmte Pronomen.

eines
ist das Pronomen 'ein' im Genitiv (Wesfall)

Anwendungen

Der Besuch **eines** (→ nicht: einer) unserer Berater.

Die Empfehlung **eines** (→ nicht: einer) der bedeutendsten Hersteller.

Wir bedauern den Ausfall des sehr erfahrenen Gruppenleiters sowie **eines** (→ nicht Dativ [Wemfall]: einem) von drei Sachbearbeitern.

Die Rückkehr **einer** (→ Genitiv Femininum*) meiner Mitarbeiterinnen.

* Femininum: *weibliches Geschlecht des Nomens*

Mängelrüge

Mängelrüge	E. Kesseli AG, Kriens Wichlernhofstrasse 112 6010 Kriens
Faxadresse: Nummer aufführen	Held & Angstmann AG Metallbau Herr Gustav Mathis Knubelmoos 6162 Entlebuch

FAX 041 410 30 45

18. Dezember JJJJ

Behandlungsvermerk «Eilt» kann auf der Betreffzeile stehen.   Ihre Lieferung, 17.12.JJ   Eilt!

Sehr geehrter Herr Mathis

Hinweis auf Lieferung   Gestern Nachmittag haben Sie uns per Bahnfracht fristgemäss zugestellt:

20 Abdeckbleche für Kochherde, 645 x 65 cm, P5

Beanstandung Sachlage   Ihre Lieferung müssen wir bedauerlicherweise beanstanden: 6 Bleche sind schlecht verarbeitet, sie sind offensichtlich ungenügend gespritzt, und die Kanten weisen unsaubere Abschnitte auf.

Nachbesserung fordern Lösung vorschlagen   Liefern Sie sofortigen Ersatz, oder sollen wir die Bleche von unserem Maler nachbessern lassen?

Bitte um Antwort   Wir erwarten Ihren Bericht in den nächsten Tagen.

Freundliche Grüsse

KESSELI AG, KRIENS

Besonderes
Um Zeit zu gewinnen wird diese Mängelrüge per Fax (möglich auch E-Mail) übermittelt.

Elsbeth Kesseli

> Paketempfänger muss bei der Annahme dem Briefträger unterschreiben.

Franz Hübscher
Waldstrasse 31
6015 Reussbühl

Colis signature

FOTO REBER AG
Schachenstrasse 7a
6010 Kriens   16.08.JJ

Kamera CANON AF 35

Vor wenigen Wochen erstand ich bei Ihnen die

CANON COMPACT AF 35 ML, Preis CHF 429.00

Die einfache Bedienung und die hervorragende Bildqualität bereiten mir Freude. Doch leider sind bei den letzten Aufnahmen die Bilder manchmal ungewollt mehrfach belichtet, weil möglicherweise der Motor den Film nicht einwandfrei transportiert.

Ich bitte Sie, die fehlerhafte Kamera zu reparieren oder zu ersetzen.

Freundliche Grüsse

　　　　　　　　　　　　　– Kamera AF 35 ML
　　　　　　　　　　　　　– Garantieschein (Kopie)

> Briefempfänger muss bei der Annahme unterschreiben.

BOUTIQUE FLIEGENPILZ
Dahlienweg 34
3604 Thun

Lettre signature

PORZELLA AG
Weggistor 8
6003 Luzern   15.10.JJ

Mängelrüge. Teegedeck, Art. 23-6

Heute hat Ihr Chauffeur per Camion geliefert:

Teegedeck «top», 6-teilig, mit Karo-Muster

Das Gedeck wurde für den Transport offenbar ungenügend verpackt. Die sechs Teetassen waren beispielsweise lediglich in dünnes Zeitungspapier gewickelt und ungeschützt, in Dreiergruppen gestapelt, in der Holzkiste versorgt.

Auf dem beiliegenden Polaroid-Foto können Sie bei zwei Tassen die Haarrisse an den feinen Rändern deutlich erkennen. Das Porzellangedeck ist damit unverkäuflich geworden.

Wir halten die schadhafte Ware zu Ihrer Verfügung und bitten Sie um einwandfreien Ersatz.

Freundliche Grüsse

Besonderes
«Lettre signature» kann bei ständigen Geschäftsbeziehungen weggelassen werden.

Mängelrüge

> Briefempfänger muss bei der Annahme unterschreiben.

Veronika Christen
Gütschhöhe
6003 Luzern

02.10.JJ

→ Lettre signature
BLITZ-BLANK
Bahnhofstrasse 24
6003 Luzern

Fax
Voranzeige. Originalbrief folgt.

Wohnungsreinigung Haldenplatz 1

Nach Ihrem schriftlichen Angebot erhielten Sie den Auftrag, am 1. Oktober meine ehemalige 5-Zimmer-Mietwohnung am Haldenplatz 1, Luzern, zum Pauschalpreis von CHF 950.00 zu reinigen und die Teppiche zu shampoonieren.

Meine Enttäuschung war gross, als ich heute am Übergabetag feststellen musste, dass Sie den enteisten Kühlschrank nicht gereinigt hatten. Das habe ich noch nachholen müssen ... Zudem waren weder die Teppiche shampooniert noch die Fenster – wie im Angebot aufgeführt – gereinigt.

Bei der Wohnungsabnahme hat der Hausmeister prompt die verunreinigten Teppiche und die verschmutzten Scheiben beanstandet und zur Nachbesserung eine Frist von fünf Tagen eingeräumt.

Ich bitte Sie, die versäumten Reinigungsarbeiten innerhalb der nächsten drei Tage nachzuholen. Sollten Sie diese Nachbesserung nicht vornehmen, sähe ich mich gezwungen, dafür zu Ihren Lasten eine andere Reinigungsfirma zu bestellen.

Sicher verstehen Sie, dass ich nicht bereit bin, den vollen Preis zu bezahlen. Ich bitte Sie, als angemessene Entschädigung für meine Umtriebe den Rechnungsbetrag um 10 % auf CHF 855.00 zu reduzieren.

Ich erwarte Ihre umgehende Nachricht und grüsse Sie

?	richtig	
allein_stehend	allein_stehend	allein_stehen
verloren_gegangen	verloren_gegangen	verloren_gehen
eisen_verarbeitend	Eisen_verarbeitend	Eisen_verarbeiten
erdöl_fördernd	Erdöl_fördernd	Erdöl_fördern
laub_tragend	Laub_tragend	Laub_tragen

Das Partizip (Mittelwort) richtet sich nach der zugrunde liegenden Verbindung mit einem Verb oder Nomen.

teilnehmend | teilnehmen
fehlgeleitet | fehlleiten

Antwort auf Mängelrüge

Kunden zufrieden stellen

Hat die Ware sichtbare oder versteckte Mängel oder eine Dienstleistung nicht die zugesicherte Eigenschaft, so ist ein Kunde berechtigt, die Sendung oder die Ausführung einer Arbeit zu beanstanden. Die Beschwerdefrist richtet sich nach der Art der Ware.

Ob eine Mängelrüge gerechtfertigt ist oder nicht: Wir antworten grundsätzlich auf jede Beanstandung eines Kunden. Unzufriedene Kunden sind nämlich die schlechtesten Werbeträger für ein Unternehmen, und ... in Kundenreklamationen stecken auch Chancen!

Wir haben Gelegenheit, dem Kunden zu demonstrieren, dass wir uns partnerschaftlich verhalten und bestrebt sind, ihn zu seiner Zufriedenheit zu bedienen.

Der Grund zur Beanstandung muss nicht immer an der Lieferung oder Dienstleistung liegen, doch dem Kunden tut es gut, wenn er merkt, dass wir auf seine Ausführungen eingehen und reagieren. Nach diesem «Synchronisieren» wird es einfacher, zur sachlichen Stellungnahme überzuleiten.

Ist uns ein Fehler unterlaufen, so geben wir ihn zu und bitten um Entschuldigung. Dabei achten wir darauf, dass wir nicht Beschuldigungen an Personen richten. Liegt der Fehler nicht auf unserer Seite, so teilen wir dies dem Kunden mit stichhaltiger Begründung mit und erteilen ihm allenfalls Ratschläge.

BOUTIQUE ZUM TOR
Reussgasse 76
6003 Luzern   15.03.JJ

Frau
Regula Buser
Bahnhofstrasse 11
6300 Zug

Betrifftvermerk neutral, nicht negativ formulieren: *'Ihre Reklamation'*	**Sendung, 11.03.JJ. Kaffeekanne**
	Sehr geehrte Frau Buser
Sachverhalt «synchronisieren»	In Ihrem Anruf haben Sie gestern mitgeteilt, dass Sie die per Post zugestellte Kaffeekanne wegen unsorgfältiger Verpackung beschädigt erhalten haben. Nach Ihrem Beschrieb bestand das Paket bloss aus der Originalschachtel, die zusätzlich schonende Umverpackung fehlte.
Entschuldigung Bereinigung	Wir bedauern diesen Umstand sehr und bitten Sie um Entschuldigung. Sie erhalten nun beiliegenden einwandfreien Ersatz und für Ihre Umtriebe einen Einkaufsgutschein über CHF 20.00, den Sie in jeder unserer Filialen einlösen können.
Massnahme	Dürfen wir Sie bitten, die beschädigte Kanne gelegentlich per Post zu unseren Lasten zurückzusenden?
positiver Schluss	Wir hoffen, Sie weiterhin zu unseren zufriedenen Kundinnen zählen zu dürfen.
	Freundliche Grüsse
Beilagevermerk (nicht zwingend)	Kanne «Splendid»

Antwort auf Mängelrüge

Um Zeit zu gewinnen, kann eine Antwort, die eilt, auf dem Original der Mängelrüge als Kurzantwort (Notiz) per Fax (oder E-Mail) übermittelt werden:

Fax-Antwort auf Mängelrüge

E. Kesseli AG, Kriens
Wichlernhofstrasse 112
6010 Kriens

Held & Angstmann AG
Metallbau
Herr Gustav Mathis
Knubelmoos
6162 Entlebuch

FAX   041 410 30 45

18. Dezember JJJJ

Ihre Lieferung, 17.12.JJ   Eilt!

Sehr geehrter Herr Mathis

Gestern Nachmittag haben Sie uns per Bahnfracht fristgemäss zugestellt:

20 Abdeckbleche für Kochherde, 645 x 65 cm, P5

Ihre Lieferung müssen wir bedauerlicherweise beanstanden: 6 Bleche sind schlecht verarbeitet, sie sind offensichtlich ungenügend gespritzt, und die Kanten weisen unsaubere Abschnitte auf.

Liefern Sie sofortigen Ersatz, oder sollen wir die Bleche von unserem Maler nachbessern lassen?

Wir erwarten Ihren Bericht in den nächsten Tagen.

Freundliche Grüsse

KESSELI AG, KRIENS

Elsbeth Kesseli

FAX 09.00 Uhr/heute

Sehr geehrte Frau Kesseli

Es tut uns leid, dass bei der letzten Lieferung 6 Abdeckbleche schlecht verarbeitet waren.

Unser Chauffeur wird gegen 16.00 einwandfreien Ersatz liefern und die schadhaften Bleche mitnehmen.

Freundlicher Gruss
Franz Muggli

Antwort auf Mängelrüge

Auch wenn es sich zeigt, dass ein Fehler offensichtlich wegen falscher Handhabung entstanden ist, antworten Sie dem Kunden ohne «Beschuldigungen» mit sachlichen Argumenten:

20.11.JJ

Sehr geehrte Frau Frey

Sachverhalt «synchronisieren»

Kürzlich sandten Sie eine bei uns gekaufte Angoramütze zurück, weil sie sich bereits nach der ersten leichten Wäsche verfilzt hat.

getroffene Massnahmen, Tatsachen, keine «Beschuldigung» wegen Handhabung

Wir legten diese Mütze in lauwarmes Wasser und es löste sich eine erhebliche Menge Waschmittel. Diese Überdosis dürfte für die Verfilzung verantwortlich sein. Aus Erfahrung wissen wir, dass heisses Wasser, Reibung und konzentrierte Lauge die Verfilzung auslösen können.

kompetente Bezugsperson allenfalls erwähnen

Unsere Spezialistin P. Stamm hat nun versucht, der Mütze wieder den flauschigen Griff zu geben. Bedauerlicherweise ist dies aber wegen der bereits eingetretenen Schädigung nur beschränkt möglich.

Kaufgegenstand positiv aufwerten

Dennoch hoffen wir, dass Ihnen die Mütze auch weiterhin gute Dienste leisten wird, denn der Wärme-Effekt von Angora ist unübertrefflich.

Freundliche Grüsse

einen Scheck / Betrag 'von' oder 'über'...?

**von
über**

ein Betrag von CHF 100.00

ein Check über CHF 100.00

Mit Rechnung oder Check (Scheck) verfügt man über den Betrag.

Anwendungen

Er bezahlte einen Betrag **von** 100.00 CHF.

Er verfügte über die Summe **von** CHF 100 000.00

Er erhielt eine Rechnung **über** 500.00 CHF.

Er unterzeichnet den Check (Scheck) **über** CHF 300.00

Mahnbriefe

Liefermahnung

Ist ein Kaufvertrag ohne einschränkende Bestimmungen abgeschlossen, so verpflichtet sich ein Verkäufer beispielsweise, die bestellte Ware in der richtigen Menge zum vereinbarten Zeitpunkt an den vorbestimmten Ort zu bringen.

Hält sich der Lieferant nicht an die verbindlichen Abmachungen, so muss er gemahnt werden. Entsteht dem Kunden durch den Lieferungsverzug ein beweisbarer Schaden, so kann der Betroffene Schadenersatz fordern. Falls bei der Bestellung der Liefertermin nicht festgelegt worden ist, setzen wir den säumigen Lieferanten mit einem Mahnbrief in Verzug und halten ein verbindliches Lieferdatum fest.

DROGERIE ZUM STEIN
Friedhofgasse 3
4800 Zofingen   19.11.JJ

Briefempfänger muss bei der Annahme unterschreiben.

(Lettre signature)

HOLDENER AG
Bruchstrasse 14
6003 Luzern

Liefermahnung. Bestellung Nr. 386-4351

Nach der Bestellung sicherten Sie uns am 23.07.JJ mit der Auftragsbestätigung folgende Lieferung zu:

18 Hometrainer «RECKI» mit Pulsmesser, Art. 076, beige

Einstandspreis	CHF 299.00
Liefertermin	09.11.JJ

Die Lieferung ist noch nicht eingetroffen. In wenigen Tagen beginnt die Skisaison. Erfahrungsgemäss wird dann die Nachfrage nach Hometrainern gross sein. An unserer Aktionswoche «Fit durch Training» haben mehrere Kunden mit verbindlichem Liefertermin bestellt. Wir benötigen die Geräte dringend.

Auf den 3. Dezember erwarten wir die Teillieferung von mindestens 10 Hometrainern, sonst sind wir gezwungen, darauf zu verzichten und für die möglichen Verluste Schadenersatz zu fordern.

Wir hoffen, dass unsere langjährigen guten Geschäftsbeziehungen weiterhin aufrechterhalten bleiben und bitten Sie, den Liefertermin über Telefax zu bestätigen (062 320 92 17).

Freundliche Grüsse

Mahnung nach unbegründeten Abzügen

In der Praxis kommt es bedauerlicherweise immer wieder vor, dass sich Kunden bei der Bezahlung ihrer Schuld nicht an die Geschäftsbedingungen halten und ungerechtfertigte Abzüge vornehmen.

Unbegründete Abzüge auf ordnungsgemäss erstellten Rechnungen sind vielfach Skontoabzüge bei Nettopreisen oder Abzüge vom Fakturabetrag auch dann, wenn die Zahlungsfrist mit der auf der Rechnung festgehaltenen Skontovergünstigung längst abgelaufen ist ...

Manchmal runden die Kunden die Fakturabeträge auf ganze Franken oder sie streichen die Verrechnung der Versandkosten.

Um dieser Unsitte entgegenzutreten, wäre es eigentlich angebracht, auch kleine, so genannt unbedeutende Beträge nachzufordern. Lohnt sich aber dieser Aufwand? Aus Kostengründen wohl nicht, doch darf das eigenmächtige Vorgehen auf Dauer auch nicht hingenommen werden.

Handelt es sich um einen Stammkunden, so haben wir die Möglichkeit, auf der nächsten Rechnung die zu Unrecht erfolgten Abzüge wieder aufzuführen. Bei grösseren Abzügen aber fragen wir nach dem Grund und fordern mit höflichem Ton, jedoch bestimmt, unser Guthaben nach.

Formularbrief

Ein geeigneter Briefvordruck (Modul), auf dem nur Adresse, Rechnungsdatum und -betrag, Zahlungsdatum, Zahlungsbetrag und die entstandene Differenzforderung eingetragen werden müssen, dient dazu, diese unangenehme Arbeit zu rationalisieren und damit die Kosten in Grenzen zu halten.

ORTHOGRAFIE

?	richtig
im nachhinein	im Nachhinein
im voraus	im Voraus
des langen und breiten erklären	des Langen und Breiten erklären
auf dem laufenden sein	auf dem Laufenden sein
aufs neue versuchen	aufs Neue versuchen
des näheren erläutern	des Näheren erläutern
aus schwarz weiss machen	aus Schwarz Weiss machen
besteht im wesentlichen aus	besteht im Wesentlichen aus
aus dem vollen schöpfen	aus dem Vollen schöpfen
das vorige gilt	das Vorige gilt
eine Zeitlang	eine Zeit lang
jeder dritte kommt mit	jeder Dritte kommt mit

Mahnung nach Abzügen

SITZAG
Zeughausgasse
8887 Mels   19.10.JJ

Autofix AG
Beatusstrasse 12a
9008 St. Gallen

Buchhaltung. Unsere Rechnung, Nr. 180258

Guten Tag

Vielen Dank für die fristgerechte Einzahlung. – Wir stellen jedoch fest, dass Sie bei Ihrer Überweisung nach abgelaufener Skontofrist nicht wie vertraglich vereinbart den Rechnungsbetrag von CHF 5689.00 beglichen haben.

Wir nehmen an, dass Sie auf der Rechnung den Vermerk «10 Tage 2 %, 60 Tage netto» übersehen haben.

Die knapp kalkulierten Preise erlauben uns nur bei einer Zahlung innert 10 Tagen Skontoabzüge zu gestatten. Wir bitten Sie deshalb, in den nächsten Tagen den Differenzbetrag, CHF 113.80, zu überweisen.

Für Ihr Verständnis danken wir und grüssen Sie freundlich
SITZAG MELS

Einzahlungsschein

SPRACHE

Was gilt?	Anwendungsvarianten
der Unterzeichnete	der **rechts Unterzeichnete** / die **rechts Unterzeichnete**
der Unterzeichner	der **Rechtsunterzeichnete** / die **Rechtsunterzeichnete**
der Unterzeichnende	der **Unterzeichner*** / die **Unterzeichnerin***
	* nicht erlaubt: der rechts Unterzeichner / die links Unterzeichnerin
Nicht richtig: *der Unterzeichnende* oder *die Unterzeichnende*	Wer einen Geschäftsbrief unterzeichnet, ist *der Unterzeichnete* oder *die Unterzeichnete*. → Variante: *der Unterzeichner / die Unterzeichnerin*

Mahnung bei Zahlungsverzug

Ohne anders lautende Abmachung muss die Ware bei der Übergabe bezahlt werden. Bei der Bezahlung gegen Rechnungstellung wird dem Käufer zur Zahlung Zeit eingeräumt. Regel: 30 bis 60 Tage.

Eine Rechnung ist die erste Zahlungsaufforderung. Zahlt ein Kunde innerhalb der vereinbarten Frist nicht, so können Sie nicht immer davon ausgehen, dass er das absichtlich nicht tut. Vielleicht liegt ein Irrtum vor; es gibt aber auch jene «Spezialisten», die durch das Hinausschieben der Zahlung einen Zinsgewinn herausholen wollen. Mahnungen sind bei diesen chronischen Zahlungsaufschiebern oft ein Erziehungsmittel. Bei den meisten Kunden sind es aber unvorhergesehene wirtschaftliche Gründe, die sie in die unangenehme Situation bringen, nicht termingemäss zahlen zu können. Wir weisen bei der Zahlungsaufforderung rechtzeitig auf die Rechnung und deren Fälligkeit hin.

> Bleibt die Zahlung trotz «Rechnungs- oder Kontoauszug» aus, so schreiben viele Firmen aus rationellen Gründen den nächsten Brief als «zweite Mahnung» mit Aushändigung gegen Unterschrift und setzen darin verbindlich ein fixes Zahlungsdatum fest.

Wie soll man das Geld holen? – Es gibt keine verbindlichen Vorschriften, die Mahnstufen (Rechnungsauszug/Kontoauszug; Mahnung; letzte Mahnung) in einer bestimmten Reihenfolge einzuhalten. Der Inhalt der letzten Mahnung in Briefform ist meistens wieder ausführlicher. Sie hat den Zweck, den Schuldner persönlich anzusprechen und ihn zum Zahlen zu bewegen. Diese Art eines «Dialoges unter Erwachsenen» verfehlt die Wirkung kaum.

Schreiben Sie nicht schon beim ersten Brief «MAHNUNG». Zur Erinnerung an die Fälligkeit senden Sie dem säumigen Zahler vorerst einen Rechnungs- oder Kontoauszug. Der Kunde wird damit sachlich auf unser Guthaben aufmerksam gemacht.

Der Konto- oder Rechnungsauszug ist zwar eine dringende Aufforderung zum Zahlen, doch er soll die Wirkung eines üblichen einfachen Formulars haben, das halt jedermann so als Zahlungserinnerung erhalten wird ...

Zahlungsmahnungen gehören zur Formularkorrespondenz oder zu den programmierten Standardbriefen. Schreiben Sie kurze Mahnbriefe. In vielen Betrieben wird das Mahnwesen mit dem PC gesteuert, überwacht und mit Textbausteinen oder Textmodulen (vorprogrammierte Sätze, ganze Briefteile) standardisiert. Es gibt aber Gläubiger, die eine Kopie der Rechnung mit dem Hinweis auf die fällige Zahlung zustellen.

Die «*zweite* Mahnung» – jetzt darf im Brieftitel «MAHNUNG» stehen! – senden Sie nur dann nicht «lettre signature» (Briefaushändigung gegen Unterschrift), wenn Sie sicher sind, dass Sie beim allfälligen weiteren Zahlungsverzug noch eine dritte Mahnung, deren Empfang mit der Unterschrift bestätigt wird, zustellen.

Obwohl die Briefe von Stufe zu Stufe energischer werden, dürfen sie nie gegen die Regeln der Höflichkeit verstossen.

Mahnung bei Zahlungsverzug

Mahnsysteme in der Übersicht

Es gibt keine verbindlichen Vorschriften, die Mahnstufen in der Reihenfolge einzuhalten.

Varianten	A	B	C	D	E	F	G	H	
Stufen									
I Rechnungs-/Kontoauszug	◊¹	◊¹			◊¹			◊¹	◊¹ Rechnungs-/Kontoauszug als 1. Mahnung
1. Mahnung (Zahlungserinnerung)			Δ	Δ			Δ	Δ	Δ Mahnbrief
II 2. Mahnung	Δ	Δ*	Δ	Δ*				Δ	Δ* Lettre signature, Mahnbrief Briefabgabe nur gegen Unterschrift
III letzte Mahnung (3. Mahnung)	Δ*	Δ*	Δ*	Δ*	Δ*	Δ*	Δ*	Δ*	

Legende zu den Varianten

A+B Bevorzugte Versionen:
Es geht ein «Rechnungsauszug» oder «Kontoauszug» voraus. Dieser gilt als erste Mahnung.

C+D Hier wird auf den «Rechnungsauszug» oder «Kontoauszug» verzichtet und der Zahlungsverzug gleich mit «MAHNUNG» angezeigt.
→ nicht zu empfehlen

E+F+G Nicht zu empfehlen.
Es ist kaufmännische Usanz, mehrmals zu mahnen.

H Nur zur Übersicht. Schulbeispiel

SPRACHE

als letzter/letzten Gruss …?	Anwendungsvarianten	
als letzter Gruss	Der Kranz ist als letzter Gruss gedacht.	→ Nominativ/Werfall
als letzten Gruss	Wir bringen den Kranz als letzten Gruss.	→ Akkusativ/Wenfall
als technischer Leiter	Ich suche eine Stelle als technischer Leiter.	→ Nominativ/Werfall
als Verantwortlicher	**ich** als Verantwortlicher	→ Nominativ/Werfall
als Verantwortlichen	mir als (wen..?) Verantwortlichen	→ Akkusativ/Wenfall
als Verantwortlichem	**mir** (wem..?) als Verantwortlichem	→ Dativ/Wemfall
als treuer Kunde	Er betrachtet sich als treuer Kunde.	Wer?
	Der Mann gilt als treuer Kunde.	Wer?
als treuen Kunden	Er betrachtet sich als treuen Kunden.	Wen?
als langjähriger Kunde	Sie als langjähriger Kunde haben die Gelegenheit.	Wer?
als langjährigen Kunden	Sie als langjährigen Kunden laden wir ein.	Wen?

Das mit «als» zum Substantiv oder Pronomen passende, angeschlossene Nomen steht auch im gleichen Fall.

Häufig wird fälschlicherweise auf den Dativ (Wemfall) ausgewichen, obwohl das Bezugswort in einem anderen Fall steht:

Die Bedeutung des Vierwaldstättersees als sicheren (nicht: sicherem) Handelsweg war schon früh bekannt.

Mahnung bei Zahlungsverzug

Mahnstufe 1
Kontoauszug anstelle des Rechnungsauszuges

Kontoauszug		24.11.JJ	
Datum	Forderung	Fälligkeit	Betrag
10.09.JJ	Rechnung Nr. 132 A	12.11.JJ	500.00
20.09.JJ	Rechnung Nr. 236 C	16.11.JJ	200.00
25.09.JJ	Rechnung Nr. 256 B	17.11.JJ	1000.00

Wir erlauben uns, Sie an die fällige Zahlung der aufgeführten Rechnungen zu erinnern und bitten Sie, das Guthaben

CHF 1700.00

in den nächsten Tagen auf unser Konto zu überweisen.

Freundlicher Gruss

BOUTIQUE STAMMAG

Einzahlungsschein

Mahnstufe 1
Rechnungsauszug anstelle des Kontoauszuges

Rechnungsauszug   24.11.JJ

Vielen Dank für Ihren Auftrag vom 12.09.JJ. Unser Buchhalter hat bei der Durchsicht der Kundenkonti festgestellt, dass folgende Rechnung für unsere Lieferung noch nicht beglichen worden ist:

Lieferschein B-123	Rechnung	Gegenstand	Einheitenpreis CHF		Total CHF
R3 25-4	15.09.JJ	15 Rechner «Aktion»	194.40	2 916.00	
SK 34-9		5 Rechner «Profil-komfort»	388.80	1 944.00	4 860.00

Wir bitten Sie, den Betrag in den nächsten Tagen auf unser PC-Konto 60-6005-7 zu überweisen.

Freundlicher Gruss

BOUTIQUE STAMMAG

Einzahlungsschein

Mahnung bei Zahlungsverzug

Mahnstufe 1
Mahnbrief
anstelle
Konto- oder
Rechnungsauszug

01.03.JJ

Guten Tag

Am 10.01.JJ erhielten Sie termingemäss unsere Lieferung. – In der Hitze des Gefechtes kann manchmal etwas übersehen werden. Deshalb gestatten wir uns, Sie an unser Guthaben zu erinnern:

Faktur Nr. 1802, 16.01.JJ, CHF 3 688.00

Wir bitten Sie, den ausstehenden Betrag in den nächsten Tagen auf unser Konto zu überweisen.

Freundlicher Gruss

BLECHAG LUZERN

Einzahlungsschein

ORTHOGRAFIE

?	richtig	Variante
2jährig	**2-jährig**	zweijährig
ein 3jähriger	**ein 3-Jähriger**	ein Dreijähriger
Zehnpfünder	**10-Pfünder**	Zehnpfünder
8mal	**8-mal**	achtmal
6malig	**6-malig**	sechsmalig
90prozentig	**90-prozentig**	neunzigprozentig

Mahnung bei Zahlungsverzug

Standardbrief (Serverbrief)
* = Variablen zum Einfügen

Mahnstufe 2
Mahnbrief

26.03.JJ*

(LETTRE SIGNATURE)

Briefempfänger muss bei der Annahme unterschreiben.

Sehr geehrte Kundin
Sehr geehrter Kunde

Kürzlich erlaubten wir uns, Sie mit einem Kontoauszug an unser Guthaben zu erinnern. Sicher haben Sie inzwischen unsere Abrechnung geprüft.

Wir nehmen an, dass Sie die Zahlung von

Faktur Nr. 1802, 16.01.JJ, CHF 3 688.00*

nicht absichtlich verzögern. – Bitte überweisen Sie uns den fälligen Betrag bis zum 9. April JJJJ.

Falls Sie den Zahlungstermin weiter aufschieben müssen, erwarten wir Ihre umgehende Nachricht.

BLECHAG LUZERN

Einzahlungsschein

- Die zweite Mahnung gleicht zwar einem Serienbrief, doch der Schuldner wird ausdrücklich auf die Fälligkeit der Zahlung hingewiesen. Beachten Sie, dass jetzt eine kürzere Nachfrist gewährt wird. Der Briefton ist trocken, jedoch nicht unhöflich.

Wollen Sie den Eindruck verstärken, dass Sie auch bereit sind, das Guthaben auf rechtlichem Weg einzufordern, so senden Sie die Mahnung «lettre signature» (Briefaushändigung gegen Unterschrift).

Mahnung bei Zahlungsverzug

> Antwortbrief auf die Bitte des Kunden, den Zahlungstermin aufzuschieben

Mahnstufe 2
Mahnbrief

22.03.JJ

Sehr geehrter Herr Weishaupt

Nach unserem Rechnungsauszug teilen Sie in Ihrem Brief mit, dass Sie zurzeit nicht in der Lage sind, die Schuld von

CHF 4200.00

termingemäss zu begleichen.

Die schwierige Wirtschaftslage führt offenbar auch in der Baubranche zu finanziellen Engpässen. Um Ihnen das Überweisen unseres Guthabens zu vereinfachen, schlagen wir zur Begleichung drei Raten vor:

1. Anzahlung	31.03.JJ	CHF 1 000.00	
2. Zahlung	24.04.JJ	1 600.00	
3. Zahlung	25.05.JJ	1 600.00	4 200.00

Wir hoffen, Ihnen damit entgegenzukommen, und grüssen Sie freundlich.

BLECHAG LUZERN

3 Einzahlungsscheine

Besonderes
Beachten Sie, dass die Zahlungstermine für die Raten fix bestimmt werden.

das oder was ...?   **Anwendungen**

**Das Auto,
das du fährst.**

«*das*» bezieht sich auf ein *sächliches Nomen*.
Das *Theater*, **das** du besucht hast, ist täglich offen.

**Das Schönste,
was du erleben
kannst.**

«*das*» bezieht sich auf ein *nominalisiertes Adjektiv*.
Das *Echte*, **das** sich vom Unechten unterscheidet, hat seinen Preis.

«*was*» folgt nach *Superlativen**, sofern sie sich *nicht auf eine Person oder Sache* beziehen. * nominalisierte Adjektive in der höchsten Steigerungsstufe
Das *Schlimmste*, **was** ihm widerfahren könnte, ist nicht eingetroffen.

«*was*» folgt nach *Ordnungszahlen*, sofern sie sich *nicht auf eine Person oder Sache* beziehen.
Das *Dritte*, **was** ich noch erwähne, ist allen bereits bekannt.

«*was*» folgt nach sämtlichen Pronomen.
Das, **was** ich erzähle, ist schon lange her.
Manches, **was** uns missfällt, gefällt anderen.

«*was*» ist auch richtig, wenn es sich als *Relativpronomen auf den Inhalt* eines ganzen vorangehenden Satzes bezieht.
Er führte den Verein nicht mehr richtig, **was** den Mitgliedern missfiel.

Mahnung bei Zahlungsverzug

Letzte Mahnung

Mahnstufe 3
Mahnbrief

20.04.JJ

Lettre signature

Briefempfänger muss bei der Annahme unterschreiben.

ZUGI AG
Herr Albert Nüssli
Tivolistr. 12
6006 Luzern

Unsere Forderung. Rechnung 16.01.JJJJ

Sehr geehrter Herr Nüssli

In mehreren Briefen haben wir Sie auf die Forderung, CHF 3 688.00, für die Lieferung unserer Taschenrechner aufmerksam gemacht.

Wir verstehen, dass es zu kleineren Zahlungsverzögerungen kommen kann. Unsere Rechnung ist jedoch schon längst fällig, und wir sind gezwungen, das Guthaben in den nächsten Tagen mittels Post-Nachnahme einziehen zu lassen.

Bestimmt werden Sie unserer Forderung umgehend nachkommen, damit wir von der amtlichen Betreibung absehen können.

CANOR-TEX AG, ZUG

Markus Schmidle

Einzahlungsschein

- Die dritte oder letzte Mahnung wird *lettre signature* (Briefaushändigung gegen Unterschrift) zugestellt.

Der Brief wird, sofern möglich, persönlich adressiert. Wir wollen trotz der zurzeit schlechten Zahlungsmoral die Geschäftsbeziehungen und das Wohlwollen des Kunden behalten.

Zeigen Sie aber dem Kunden, dass Sie das Geld per Post oder durch ein beauftragtes Inkassobüro einholen wollen. Der Briefinhalt soll klar machen, dass wir auch bereit sind, das Geld über den Weg der Betreibung einzuholen.

Mahnung bei Zahlungsverzug

Letzte Mahnung

Mahnstufe 3
Mahnbrief

05.06.JJ

LETTRE SIGNATURE

Briefempfänger muss bei der Annahme unterschreiben.

Herr
Albert Nüssli
Riffigstrasse 10
6020 Emmenbrücke

Letzte Mahnung

Sehr geehrter Herr Nüssli

Unser Ziel ist es, jeden Kunden sorgfältig zu bedienen. Am 12. März JJJJ konnten Sie Ihr Fahrzeug, AUDI A8, LU 62 926, nach einer Motoren- und Getrieberevision in einwandfreiem Zustand übernehmen.

Die Reparatur-Rechnung vom 15.03.JJ über CHF 2 261.00 bezahlten Sie indes auch nach unserem Kontoauszug und unserer Mahnung (18.04./17.05.JJ) nicht.

Begleichen Sie unsere Forderung bis zum 16. Juni JJJJ nicht, steht uns leider nur noch der Rechtsweg offen.

In Ihrem Interesse bitten wir Sie, den vorgeschlagenen Zahlungstermin einzuhalten. Sie können sich damit die Kosten einer Betreibung ersparen.

AUTODREAM AG SARGANS

ppa.

Robert Bütler

Einzahlungsschein

Wir schreiben höflich, jedoch bestimmt.

Antworten zu Mahnbriefen

... nach Liefermahnung

Zu den wichtigen Zielen des Lieferanten gehören einwandfreie Qualität und pünktliche Lieferung. Mit chronischen Lieferversäumnissen macht sich der Lieferant einen schlechten Namen.

Eigentlich sollte es nicht vorkommen, dass es nötig ist, auf eine Liefermahnung schreiben zu müssen ... Es kann aber auch nach grössten Anstrengungen vorkommen, dass eine Lieferung nicht auf den vereinbarten Termin erfolgt. Ursachen können sein: Personalmangel, technische Störungen in der Produktion, grosses Schadenereignis im Betrieb oder Lager (Wasser, Feuer, Einbruch), vielleicht auch unvorhersehbare Schwierigkeiten bei der Produktebeschaffung.

Der Kunde muss spüren, das dem Anbieter ein Lieferverzug nicht gleichgültig ist. Ein erfahrener Unternehmer wird einen möglichen Verzug rechtzeitig ankündigen und den Kunden um Verlängerung der Lieferfrist bitten. Nach einer glaubwürdigen Begründung wird er sich beim Vertragspartner entschuldigen und ihm eine Lösung anbieten (Expresslieferung, Teillieferung, neuer passender Liefertermin).

> Können wir auch das vom Kunden vorgeschlagene Lieferungsdatum nicht einhalten, so müssen wir ihn wirklich überzeugen, dass der Verzug ohne jedes eigene Verschulden infolge «höherer Gewalt» eingetreten ist. Damit wird es vielleicht möglich, uns von einer allfälligen Schadenersatzforderung zu befreien.

Antwort nach Liefermahnung

Ihre Bestellung, 12.05.JJ. Fahrräder

Guten Tag Herr Rominger

Vielen Dank für Ihren Brief. Wir bedauern, dass Ihnen der Lieferungsverzug für die beiden Damenfahrräder nicht umgehend mitgeteilt worden ist. Unser Importeur kann zurzeit keine Fahrräder liefern, denn er hat vor zwei Wochen die Hauptlagerhalle samt Inventar durch einen Grossbrand verloren.

Wir waren deshalb gezwungen, die Velos beim Fabrikanten im Ausland zu beziehen, was zu ärgerlichen Lieferungsverzögerungen führte. Nach Rücksprache hat uns heute der Verkaufschef zugesichert, dass Sie die Fahrräder ab Fabrik spätestens am 05.06.JJ per Camion erhalten werden.

Gerne hoffen wir, dass Ihnen der unvorhergesehene Lieferungsverzug nicht weitere Umtriebe gebracht hat.

Freundliche Grüsse

Besonderes
Im Briefeinstieg
Sachlage erörtern

Antworten zu Mahnbriefen

Antwort nach Liefermahnung

BOUTIQUE STAMMAG
LUZERN

29.11.JJ

Lederkoffer, Sonderanfertigung. Ihr Brief

Sehr geehrter Herr Hübscher

Vielen Dank für Ihren Brief. Wir verstehen, dass Sie sich ärgern, weil Sie nicht rechtzeitig über die unvorhergesehene Lieferverzögerung benachrichtigt worden sind. Wir bitten Sie um Entschuldigung.

Beim Hersteller standen die Zuschneide-Automaten wegen einer technischen Störung vier Tage still, was zu erheblichen Lieferverzögerungen führte. Der Fabrikant hat uns jedoch heute versichert, dass der 5-teilige Lederkoffer noch diese Woche hergestellt werde.

Wir sorgen dafür, dass Sie die Lieferung spätestens am 4. Dezember direkt ab Fabrik erhalten werden.

Für Ihr Verständnis danken wir, und wir werden uns bemühen, Sie künftig wieder pünktlich zu bedienen.

Freundliche Grüsse

Besonderes
Beim Briefeinstieg
«synchronisieren»

du, euch, aber Sie!

du / deiner
dir / dich
euch / ihr

Die Anredepronomen «du», «dir», «eure», «euch» werden in Briefen in jeder Form kleingeschrieben.

Anwendungsvarianten

Sali Hans, ich danke dir für deine Karte aus Italien! Sicher hast du von deiner Freundin Inge erfahren, dass wir diesmal die Winterferien im Engadin, also ganz in eurer Nähe, verbringen wollen.
Wir suchen für die Zeit vom 06.–18.02.JJ eine schöne 2-Zimmer-Wohnung. Vielleicht wisst ihr jemanden in eurem Dorf, der etwas Passendes zu vermieten hat. Schön wäre es natürlich, in der Nähe von euch zu wohnen.

→ Grossschreibung
das vertraute Du, jemandem das Du anbieten, jemanden mit Du anreden, mit jemandem per Du sein, auf Du und Du stehen

Sie / Ihnen / Ihrer

Die Anrede-Pronomen (Fürwörter) «Sie», «Ihnen», «Ihrer» werden in Briefen in jeder Form grossgeschrieben.

Vielen Dank für Ihre Anfrage. Es freut uns, dass Sie sich für unsere Produkte interessieren. Gerne unterbreiten wir Ihnen ein besonders günstiges Angebot.

Bitte lassen Sie Ihre Mitarbeiter grüssen. Wir hoffen, dass sie (Sie) sich in der neuen Halle wohl fühlen.

Antworten zu Mahnbriefen

... nach Zahlungsmahnung

Nach der Mahnung ist die sofortige Zahlung des fälligen Betrages wohl die beste Reaktion. Kommt ein Betrieb in Zahlungsschwierigkeiten, so hat er die Gläubiger vor der Fälligkeit der Forderung zu benachrichtigen, statt zu warten, bis Mahnungen zugestellt werden.

Es gibt bestimmt Ursachen, die einen Betrieb unverschuldet in Zahlungsschwierigkeiten bringen können.

In der Regel wird dem Wunsch um Zahlungsaufschub eher entsprochen, wenn stichhaltige Gründe den Kunden dazu zwingen, beispielsweise unvorhersehbare Umsatzeinbussen oder «höhere Gewalt».

Ein Stammkunde, dessen frühere Zahlungen stets pünktlich eingetroffen sind, wir es auch bei selbst verschuldeten Zahlungsschwierigkeiten einfacher haben, den Gläubiger zur Ratenzahlung umzustimmen. Bei einer echten Notlage geht der Gläubiger in der Regel auf die Bitte um Stundung ein. – Kein Gläubiger wird aber bei chronischen Schuldenmachern Verständnis zeigen oder auf fadenscheinige Ausreden eingehen. Er wird auf Begleichung zur festgesetzten Nachfrist – trotz aller nachteiligen Konsequenzen für den Schuldner – beharren.

Im Brief bittet man den Gläubiger um Entschuldigung und begründet wahrheitsgetreu den Zahlungsverzug. Der Gläubiger wird höflich um Verständnis und die Bereitschaft gebeten, Zahlungsaufschub zu gewähren.

Vielleicht wollen wir um Ratenzahlung ersuchen. Wir bestätigen den Zahlungswillen, wenn wir bereits in unserem Antwortbrief einen neues, annehmbares Zahlungsdatum oder Teilzahlungen mit neu festgelegten Terminen vorschlagen. Selbstverständlich ist es oberstes Gebot, diese Termine dann auch einzuhalten ...

?	richtig	Variante
selbständig	selbstständig	selbständig
Zäheit	Zähheit	
Roheit	Rohheit	
Jäheit	Jähheit	
Zierat	Zierrat	
rau	Rauheit	
lau	Lauheit	

→ jedoch:
Mittag, Drittel, Achtel,
Hoheit, dennoch,

Antwort auf Zahlungsmahnung

Antwort mit Bitte um Ratenzahlung

SCHREINEREI AG
Luzernerstrasse 687
6014 LITTAU   08.10.JJ

A-Post

PILATUS AG
Herr Bill Lischer
Frankenstrasse 4
6003 Luzern

Rechnung Nr. 34-C. Ihre Mahnung, 06.10.JJ

Sehr geehrter Herr Lischer

Seit Jahren führen wir angenehme Geschäftsbeziehungen und wir bedauern sehr, dass Sie uns an Ihr Guthaben von **CHF 56 000.00** erinnern mussten. Dafür möchten wir uns entschuldigen.

Kurzfristig mussten in der Kundenschreinerei die elektrischen Installationen den neuen Vorschriften angepasst werden. Bei dieser Gelegenheit liessen wir von einer Spezialfirma die Lüftungskanäle erneuern. Vor Arbeitsaufnahme hatten wir dem Lieferanten eine grössere Anzahlung zu leisten.

Der Produktionsausfall und diese nicht voraussehbare Aufwendung haben uns in einen vorübergehenden Liquidationsengpass geführt.

Dürfen wir Ihre Rechnung über CHF 56 000.00 in Teilbeträgen begleichen? Unser Vorschlag:

1. Anzahlung	25.10.JJ	CHF 20 000.00	
2. Zahlung	15.11.JJ	15 000.00	
3. Zahlung	27.12.JJ	21 000.00	**CHF 56 000.00**

Gerne hoffen wir auf Ihren zustimmenden Bescheid. Sicher werden wir künftig Ihre Rechnungen wieder fristgemäss begleichen können.

Freundliche Grüsse

Geschäftsbriefe, die es manchmal braucht ...

Danken

Ein Dankeschön bereitet immer Freude! Im Geschäftsbereich wählt man vielleicht ein besonderes Briefpapier, das bedruckt wird. Auch dort macht es sich gut, wenn der Chef mit einem Brief oder auf einer Karte persönlich dankt. In Einzelfällen sogar mit der eigenen Hand geschrieben!

Nach einem besonderen gesellschaftlichen Anlass (Jubiläum, Ausstellungen, Messen) kann man indes auch mit Brief- oder Kartenvordrucken danken.

Eine gedruckte Danksagung kann jedoch sehr formell und damit unpersönlich wirken. Als Variante findet man deshalb auch Briefe, bei denen Anrede und Unterschrift mit der Hand eingesetzt worden sind. Noch wirkungsvoller wird der gedruckte Dankesbrief, wenn einige persönliche Worte beigefügt werden wie: «Besonders herzlichen Dank für das schöne Blumenbouquet; es steht immer noch in der Empfangshalle und wird von unseren Besuchern beachtet.»

Dank an die Nachbarn

19.08.JJ

Geschätzte Nachbarn

Am letzten Samstag feierten wir auf dem Firmengelände unser Betriebsjubiläum «50 Jahre Textil Stoffel» mit einem «Tag der offenen Tür» und weiteren unterhaltenden Veranstaltungen.

Wir waren zwar für viele Besucherinnen und Besucher eingerichtet, jedoch die grosse Anzahl Interessierter hatte uns alle überrascht.

Dank Ihrer Unterstützung war es möglich, den Besucheransturm in geordnete Bahnen zu lenken. Herzlichen Dank für Ihr Verständnis und das spontane Zur-Verfügung-Stellen von Parkraum auf den Strassen vor Ihren Liegenschaften.

Damit auch Sie mitfeiern können, laden wir Sie auf Freitag, 27.08.JJ, 19.00 Uhr, zu einem ungezwungenen, freundnachbarlichen Treffen mit Imbiss ins Restaurant Schäfli ein.

Wir freuen uns!

TEXTIL STOFFEL AG

Ingmar Bütler

Dank
an alle Gönner
und Besucher

Geschätzte Gönner und Besucher   19.08.JJ

Schön, dass Sie am letzten Sonntag an unserem Jubiläumsfest «75 Jahre Textil Stoffel» dabei waren. Ihr Besuch hat uns sehr gefreut. Sie haben damit die positive Unterstützung unseres Unternehmens bekundet.

Allen Freunden und Bekannten danken wir herzlich für die Glückwünsche, die Aufmerksamkeiten und grosszügigen Geschenke.

Wir hoffen, dass auch Ihnen unser Jubiläumsanlass noch lange in angenehmer Erinnerung bleiben wird.

Walter Buser

Glückwunsch und Dank

runder Geburtstag
eines Mitarbeiters

Geschätzter Herr Winter   21.11.JJ

Zu Ihrem fünfzigsten Geburtstag wünschen wir Ihnen viel Glück und gute Gesundheit!

Fast die Hälfte Ihres Lebens – es sind nämlich 24 Jahre! – arbeiten Sie bei uns. Wir erfahren Sie als ruhigen, zuverlässigen Mitarbeiter. Für die Unterstützung unserer Firma und den grossen Einsatz danken wir Ihnen, und wir hoffen, noch viele Jahre mit Ihnen zusammenarbeiten zu dürfen.

Die exklusive runde Geburtstagszahl 50 muss auch speziell gefeiert werden! – Gerne laden wir Sie und Ihre Lebensgefährtin zu einem gemütlichen Nachtessen im Hotel Schweizerhof in Luzern ein.

Geben Sie uns bald Bescheid, welcher Abend für Sie frei ist? Wir freuen uns!

Oskar Häfliger

Geschäftsbriefe, die es manchmal braucht

Gratulation zum Betriebsjubiläum
Dank nach einer Einladung

Sehr geehrter Herr Direktor Kälin

30 Jahre KROSTAG! Zu diesem Betriebsjubiläum überreichen wir Ihnen unseren besonderen Glückwunsch. – Seit über zwanzig Jahren beziehen Sie zur Herstellung marktführender Produkte unsere hochwertigen Halbfabrikate. In dieser Zeit haben auch Sie mit Ihren wertvollen Anregungen zur Entwicklung unserer Qualitätsprodukte wesentlich beigetragen. Dafür danken wir Ihnen.

Besonderes
Glückwunschbriefe sind nicht an die Vorgaben für Normbriefe gebunden. Heben Sie in einem persönlichen Brief (oder auf einer grosszügigen Künstlerkarte...) an die Geschäftsleitung die erfolgreiche Zusammenarbeit oder die besonders guten Geschäftsbeziehungen hervor.

Am letzten Samstag, am «Tag der offenen Tür», folgten Mitarbeiterinnen und Mitarbeiter unseres Betriebes Ihrer Einladung und besuchten den neuen Produktionsbetrieb. Gerne erinnern sie sich an den festlichen Anlass, die perfekte Vorstellung Ihres Unternehmens, die interessanten Führungen und an Ihre grosszügige Gastfreundschaft.

Auch weiterhin möchten wir mit unseren Angeboten zu Ihrem Firmenerfolg beitragen und freuen uns auf die weitere erfolgreiche Zusammenarbeit.

Freundlicher Gruss

ORTHOGRAFIE

?	richtig	Oberbegriffe als Variante
LehrerInnen	Lehrerinnen und Lehrer	Lehrkräfte
StudentInnen	Student(inn)en	Studentenschaft
SportlerInnen	Sportler/-innen	Sportfreunde
BürgerInnen	Bürgerinnen und Bürger	Stimmvolk
BesucherInnen	Besucherinnen und Besucher	Gäste / Interessierte / Geladene

Bei Nomen sind in der Schreibung der deutschen Sprache die Buchstaben nur am Wortanfang gross.

Im Wortinnern ist ohne Verbindungsstrich keine Kombination mit Grossbuchstaben vorgesehen.

→ Manchmal wird zur besonderen Gestaltung in Namenszügen (Logos) oder in der Werbung bewusst die orthografisch unzulässige Schreibung gewählt:
Euro_C_ard / Pan_G_as / Kaufmännisches_B_ildungs_Z_entrum

→ Erlaubt sind Kuppelwörter mit Verbindungsstrich:
See-_E_lefant / Seekarten-_D_ruckerei / Berg-und-_T_al-Bahn / 10-_P_fünder / Links-rechts-_K_ombination

Geschäftsbriefe, die es manchmal braucht

Erkundigung, Auskunft

vertraulich   18.03.JJ

GROSAG IMPORTE
Herr René Steck
Zürichstrasse 23a
6300 Zug

Erkundigung. Regula Strebel

Sehr geehrter Herr Steck

Wir suchen eine selbstständige, zuverlässige Direktionsassistentin. – Ihre ehemalige kaufmännische Angestellte, **Frau Regula Strebel, geb. JJJJ**, hat sich um die Stelle beworben und Sie als Referenz aufgeführt.

Die Angaben auf ihren Bewerbungsunterlagen entsprechen den Anforderungen, die wir gestellt haben. Nun erlauben wir uns, ein paar Fragen an Sie zu stellen:

– *War Frau Strebel kontaktfreudig, konnte sie sich rasch in ein Team einfügen?*
– *War die Bewerberin zuverlässig und verschwiegen?*
– *Konnte sie auch anspruchsvolle Arbeiten selbstständig erledigen, hatte sie Organisationstalent?*
– *War Frau Strebel belastbar, zeigte sie Einsatzbereitschaft und Ausdauer?*
– *Hatte sie angenehme Umgangsformen und eine gepflegte Erscheinung?*

Für Ihre offene Auskunft, die wir selbstverständlich vertraulich behandeln, sind wir sehr dankbar.

Freundliche Grüsse

Besonderes
Für das Einholen und Erteilen von Referenzen bedarf es einer Einwilligung der Bewerberinnen und Bewerber. Die Fragen (und die Antworten des Befragten) dürfen sich nur auf die Leistung und das Verhalten während des Arbeitsverhältnisses beziehen. Deshalb sind selbst Fragen zu Fähigkeiten, die eine Persönlichkeit hat oder eben nicht hat, im Präteritum gestellt.

---

1 kg dieser Orangen kostet / kosten ...

Anwendungsvarianten

wurde / wurden

kostet / kosten

stimmte / stimmten

lag

Ein Pfund Erbsen **wurde** gekocht.

1 kg dieser Orangen **kostet** (selten: **kosten**) CHF 3.80

Ein Drittel der Besucher **stimmte** (**stimmten**) zu.

Auf dem Boden **lag** eine Menge faule Äpfel / **fauler** Äpfel / **von faulen** Äpfeln.

Bei Stoffbezeichnungen (Erbsen) im Plural (Mehrzahl) oder nach singularischen Bruchzahlen (ein Drittel) steht das Verb im Singular (Einzahl).

Datenschutz am Arbeitsplatz

Wer sich um eine neue Stelle bewirbt, muss alle Informationen liefern, die für den künftigen Arbeitsplatz wesentlich sind. Der Arbeitgeber muss die Bewerbung prüfen können, um sich ein Bild über den Stellenbewerber und über dessen Leistungen und Fähigkeiten machen zu können.

- Die Bewerbungsunterlagen dürfen betriebsintern nur von den zuständigen Personen (Personalabteilung oder zuständige Vorgesetzte) eingesehen werden. Sie dürfen also nicht mit der übrigen Korrespondenz vom Sekretariat geöffnet werden.
- Bei der Bewerbung darf der künftige Arbeitgeber nur Fragen stellen und Bewerbungsunterlagen verlangen, welche sich auf die Eignung für das Arbeitsverhältnis beziehen.
- Fragen nach der Zugehörigkeit zu Vereinen, zu einer Gewerkschaft oder nach der politischen Einstellung sind grundsätzlich nicht erlaubt, doch wer sich um einen Arbeitsplatz bei der katholischen Kirche bewirbt, muss die Frage nach der Konfessionszugehörigkeit akzeptieren ... Auch nach Vorstrafen darf nur gefragt werden, soweit dies für die zu besetzende Stelle von Bedeutung ist: Es darf beispielsweise ein angehender Buchhalter nach Vorstrafen im Zusammenhang mit Vermögensdelikten oder ein angehender Chauffeur nach einer Verurteilung wegen Alkohol am Steuer gefragt werden.
- Fragen nach bestehenden Krankheiten oder nach einer Schwangerschaft sind nur dann zulässig, wenn Krankheit oder Schwangerschaft eine Ausübung des Berufs verunmöglichen; das ist etwa bei Mannequins oder Tänzerinnen der Fall.
- «Verbotene» Fragen muss der Stellenbewerber nicht beantworten. Es steht ihm sogar frei, Fragen, die nicht mit dem Arbeitsplatz zusammenhängen, unrichtig zu beantworten. Auch eine spätere fristlose Entlassung wegen solcher «Unwahrheiten» ist verboten.
- Grafologische Gutachten und Eignungstests dürfen nur von Fachleuten gemacht werden. – Falls ein Arbeitgeber ein grafologisches Gutachten anfertigen lassen will, muss er schon bei der Stellenausschreibung ausdrücklich darauf hinweisen; so haben die Bewerberinnen und Bewerber die Möglichkeit, ihre Einwilligung dazu zu verweigern.
- Für das Einholen und Erteilen von Referenzen bedarf es einer Einwilligung der Bewerberinnen und Bewerber; die Fragen (und Antworten des Befragten) dürfen sich nur auf die Leistung und das Verhalten während des Arbeitsverhältnisses beziehen.
- Der Arbeitgeber darf die Bewerberinnen und Bewerber nicht selber nach dem Gesundheitszustand befragen.
Findet eine ärztliche Untersuchung statt, hat sich der Arzt an die ärztliche Schweigepflicht zu halten: Er darf den Arbeitgeber nur über die Tauglichkeit des Bewerbers für die vorgesehene Stelle orientieren, die ganze Diagnose darf er ihm hingegen nicht bekannt geben.
- Zu den Fragebogen der Pensionskasse oder der Taggeldversicherung darf der Arbeitgeber keinen Zugang haben.
- Arbeitnehmerinnen und -nehmer haben grundsätzlich ein Recht auf Auskunft über den gesamten Inhalt des Personaldossiers. Dieses Recht besteht auch nach Beendigung des Arbeitsverhältnisses.

- Bei Angaben, deren Richtigkeit oder Unrichtigkeit nicht sofort nachweisbar ist, kann der Arbeitnehmer verlangen, dass ein Bestreitungsvermerk ins Dossier aufgenommen wird.

- Überwachungs- und Kontrollsysteme sind zwar zur Erfassung der Arbeitsleistung und aus Sicherheitsgründen zulässig. Solche Einrichtungen dürfen aber nicht zu dem Zweck eingesetzt werden, das Verhalten der Mitarbeiterinnen und Mitarbeiter zu kontrollieren. Die Arbeitnehmer sind vorgängig über die Installation solcher Systeme zu informieren.

- Telefongespräche dürfen nicht abgehört oder überwacht werden; ein allfälliges Verbot, am Arbeitsplatz Privatgespräche zu führen, ist mit andern Mitteln durchzusetzen.

Quelle:
«Leitfaden für die Bearbeitung von Personendaten im Arbeitsbereich».
Eidg. Datenschutzbeauftragter, Monbijoustr. 5, 3003 Bern

**Datenschutz!
Vorsicht
mit E-Mails und Fax**

E-Mail- oder Fax-Übermittlung sind zum Verschicken heikler Daten nicht geeignet. Auch wenn die Mitteilung beim Empfangsgerät des Adressaten eintrifft, ist nicht auszuschliessen, dass eine unbefugte Person Zugriff haben kann.

Nach Art. 7 des Datenschutzgesetzes müssen «Personendaten durch angemessene technische und organisatorische Massnahmen gegenüber unbefugtem Bearbeiten eingehalten werden». – Gelangt ein Mail oder eine Faxmitteilung zum falschen Adressaten, so gilt dies bereits als «unbefugtes Bearbeiten».

Angestellte, die beispielsweise in Verwaltungen dem Amtsgeheimnis unterstehen, dürfen keine sensiblen Informationen oder Personaldaten per E-Mail übermitteln.

Kunden, die das Zustellen von geschützten Daten per Mail ausdrücklich wünschen, müssen zuvor schriftlich das Einverständnis zur unverschlüsselten Datenübertragung geben.

Es gibt programmierbare Faxgeräte, welche die Übermittlung nur mit Codeeingabe möglich machen. Der Empfänger muss sich, bevor er die Meldung dem Fax entnehmen kann, identifizieren.

Bei gewöhnlichen Faxgeräten gilt wie bei den E-Mails: Vertrauliche Informationen ausnahmslos per Post versenden!

In Grossbetrieben und Verwaltungen bestimmen Richtlinien, wie die E-Mails von den Angestellten zu nutzen sind.

Beileid

Es gibt nur persönliche, keine «geschäftlichen» Beileidsbriefe! Eher allgemeine – jedoch trotzdem teilnahmsvolle! – Beileidsbriefe verfassen Sie im Betrieb in würdiger, Ehrfurcht gebietender Form fürs schwarze Brett oder als Mitteilung an jene Unternehmen, mit denen der verstorbene Mensch in der Firma zu tun gehabt hat.

Beileidsbriefe oder Todesanzeigen erfordern besonderes Feingefühl und Ehrlichkeit. Ein unpersönliches, floskelhaftes Schreiben könnte verletzend wirken.

Persönliche Beileidsbriefe sind das Richtige, wenn Sie echt Anteil nehmen können. Diese Brieftexte eröffnen Sie mit einer persönlichen Anrede. Wir lassen die Betroffenheit spürbar werden, ehren den Verstorbenen und geben den Angehörigen die Gewissheit, dass sie in ihrem Leid nicht allein gelassen werden. Wir sprechen ihnen Trost, Kraft und Mut zur Überwindung dieser schweren Zeit zu.

Schreiben Sie wenig, nichts Gesuchtes. Sind Sie nicht in der Lage, einen persönlichen Beileidsbrief zu schreiben, weil sie den Verstorbenen und seine Angehörigen zu wenig kennen, so senden Sie eine schlichte Beileidskarte mit Unterschrift.

Todesanzeige für die Zeitung

Luzern, 2. August JJJJ

Traurig nehmen wir Abschied von unserer langjährigen Mitarbeiterin, Arbeitskollegin und Vorgesetzten

Regula Reinhard

Nach kurzer Krankheit ist sie am 1. August im Alter von 51 Jahren gestorben. Wir verlieren mit Frau Reinhard eine äusserst geschätzte Mitarbeiterin und einen liebevollen Menschen. Ihre Herzlichkeit und ihren Optimismus werden wir vermissen.

Wir bewahren sie in liebevollem Andenken und sprechen den Angehörigen unser tief empfundenes Beileid aus.

Klinik St. Anna
Luzern

Bestattung und Abdankung:
Dienstag, 7. August JJJJ, um 09.30 Uhr
im «Friedental» in Luzern

Beileidsbezeugung an Mitarbeiter

28.09.JJ

Sehr geehrter Herr Müller

Heute mussten wir die traurige Botschaft vom Hinschied Ihrer Freundin Rita Kistler vernehmen.

Wir wünschen Ihnen viel Kraft in dieser schweren Zeit und Sie können sich unserer herzlichen Anteilnahme gewiss sein.

In stillem Gruss

Oskar Häfliger

→ Beileidskarte an einen Mitarbeiter, der vom Tod seiner Freundin betroffen ist.

Todesanzeige Anschlagbrett

28.09.JJ

Geschätzte Mitarbeiterinnen und Mitarbeiter

Heute haben wir unsere liebenswürdige Arbeitskollegin

Frau Judith Zellweger

verloren. Sie ist den Verletzungen erlegen, die sie bei einem Autounfall auf dem Weg zur Arbeit erlitten hat.

Frau Zellweger arbeitete über acht Jahre in unserer Dekorationsabteilung.

Ihre wertvollen Dienste und ihre guten Gestaltungsideen werden wir sehr vermissen, und die Verstorbene wird uns als zuverlässige, fröhliche Mitarbeiterin in Erinnerung bleiben.

NK-VERLAGS AG

Geschäftsleitung   Abteilung Dekoration

Oskar Häfliger   *Ralph Sterk*

→ Hinweis auf Trauerfeier, Einladung zur Teilnahme.

Trauerfeier:
Dienstag, 02.10.JJ, um 14.00 Uhr
in der Abdankungshalle Lindenberg,
6030 Ebikon

Arbeitskolleginnen und Arbeitskollegen der Verstorbenen laden wir ein, an der Trauerfeier teilzunehmen.

Rundschreiben als Todesanzeige an Geschäftspartner

28.09.JJ

Sehr geehrte Kundschaft

Bei Ihren Anrufen hat Sie die freundliche Stimme unserer Disponentin

Frau Rita Tobler-Hotz

empfangen.

Wir bedauern, Ihnen mitteilen zu müssen, dass unsere langjährige Mitarbeiterin nach kurzer, schwerer Krankheit gestorben ist. Wir verlieren mit ihr eine tüchtige, zuverlässige Bürokraft, und wir werden sie sehr vermissen.

Ihre telefonischen Bestellungen wird künftig Frau Anna Kunz, ebenfalls eine erfahrene Angestellte, entgegennehmen.

Wir danken für Ihre Kundentreue und grüssen Sie freundlich

NK-VERLAGS AG
Geschäftsleitung

Oskar Häfliger

Die ständigen Geschäftspartner werden über den Tod der Mitarbeiterin orientiert.

→ Bei dieser Gelegenheit kann die neue Bezugsperson vorgestellt werden.

Absage

Bewerbungsabsage 18.03.JJ

Verkaufsberatung. Ihre Bewerbung

Guten Tag Frau Hofer

Vielen Dank für Ihr Interesse an der ausgeschriebenen Verkaufsberaterinnen-Stelle und dass Sie sich Zeit genommen haben, sich persönlich bei uns vorzustellen.

Trotz Ihrer ansprechenden Bewerbung und langjährigen beruflichen Erfahrung bedauern wir, für Sie in unserem Team keine Einsatzmöglichkeit gefunden zu haben. – Bestimmt werden Sie mit Ihrer Bewerbung in einem grösseren Unternehmen erfolgreich sein.

Wir wünschen Ihnen weiterhin viel Erfolg.

Freundliche Grüsse

Bewerbungsunterlagen

→ Obwohl Absagen auf dem Server als Serienbriefe gespeichert werden können, soll der Adressat das Gefühl haben, einen persönlichen Brief zu erhalten.

Zahlen

Ordnungszahlen

88	achtundachtzig	
2 008	zweitausendundacht	
2 000 000	zwei Millionen	zweimillionste Teil
17 600 000	siebzehn Millionen sechshunderttausend	
13 000 000 000	dreizehn Milliarden	dreizehnmilliardste Teil
6½, 6,5	sechseinhalb / sechs Komma fünf	

→ In Buchstaben geschriebene Zahlen schreibt man zusammen, wenn sie kleiner als eine Million sind, und getrennt, wenn sie grösser als eine Million sind. – Ordnungszahlen werden generell zusammengeschrieben.

Kündigung

**Arbeitsverhältnis
Kündigung
nach Gespräch**

26.03.JJ

Lettre signature

Kündigung

Sehr geehrter Herr Hofer

Im gegenseitigen Einverständnis und unter Einhaltung der vertraglichen Bestimmungen kündigen wir den Arbeitsvertrag vom 10.01.JJ zum 31.05.JJ.

Vielen Dank für Ihren Einsatz in unserem Team.

Freundliche Grüsse

Besonderes
Für Arbeitnehmer und Arbeitgeber dürfen nicht verschiedene Kündigungsfristen festgesetzt werden.

**Arbeitsverhältnis
Kündigung
zum
Stellenabbau**

26.03.JJ

Lettre signature

Kündigung

Sehr geehrter Herr Hofer

Änderungen in der Produktelinie und wirtschaftliche Gründe zwingen uns, die Aussendienststellen abzubauen. Wir bedauern sehr, den Arbeitsvertrag zum 31.05.JJ kündigen zu müssen.

Für das geschenkte Vertrauen und den vorzüglichen Einsatz danken wir Ihnen und hoffen, dass Sie die ruhige Arbeitsweise und Ihre Fähigkeiten an einer neuen Stelle einsetzen können.

Freundliche Grüsse

Besonderes
Für Arbeitnehmer und Arbeitgeber dürfen nicht verschiedene Kündigungsfristen festgesetzt werden.

Arbeitszeugnis

Das Zeugnis soll nicht nur wohlwollend sein, es muss auch der Wahrheit entsprechen. In jedem Betrieb wird eine individuelle Wertung der Arbeitsqualität und der Mitarbeiter vorgenommen, und die Form der Arbeitszeugnisse ist verschieden. Sie sprechen eine eigene Sprache.

Für die Betriebe gelten weder einheitliche Qualifikationsgrundlagen noch vorgegebene Wertmassstäbe zur objektiven Beurteilung eines Mitarbeiters.

Auch wenn die Praxis bestätigt, dass die meisten Arbeitgeber bemüht sind, ein aussagekräftiges, objektives Zeugnis auszustellen, bleibt der Inhalt eine persönliche Wertung. Arbeitszeugnisse werden deshalb oft auch als «Briefe mit sieben Siegeln» bezeichnet.

Es gibt schreibgewandte Arbeitgeber, die sich beim Ausstellen eines Zeugnisses bewusst der so genannten «Geheimsprache» bedienen, um vielleicht möglichen Schwierigkeiten auszuweichen. Doch nicht jeder, der ein Zeugnis ausstellt oder liest, kennt diese verschlüsselte Zeugnissprache. Es kann demnach zur Folge haben, dass ein Arbeitszeugnis, das nach dem Willen des letzten Arbeitgebers als sehr gut zu werten sein soll, nach «Schlüsselsprache» schlecht ausfällt oder umgekehrt ... Verzichten Sie deshalb auf Verschlüsselungen. Um Missverständnisse abzuwenden, können Sie auf dem Zeugnisdokument mit einem Fussnotentext darauf hinweisen, beispielsweise:

«Dieses Zeugnis enthält keine verschlüsselten Formulierungen.»

Praxisbeispiele mit nicht zu empfehlendem Wortschatz aus der «Schlüsselsprache»:

Zeugnistext	mögliche Deutung
«Sie war stets freundlich und aufmerksam.»	angenehme Mitarbeiterin
«Er arbeitete stets zur vollen Zufriedenheit.»	sehr gute Leistungen
«Er bemühte sich, die ihm übertragenen Arbeiten bestens zu erledigen.»	Leistungen mangelhaft
«Er war stets Vorbild in seinem Verhalten.»	fachlich zeigte er nichts
«Er arbeitete mit grossem Eifer.»	beruflich nicht tüchtig
«Sie verlässt uns auf eigenen Wunsch.»	nichts dagegen, dass sie geht
«Sie kündigt im gegenseitigen Einverständnis.»	beide sind froh darüber
«Sie verlässt uns auf eigenen Wunsch, was wir sehr bedauern.»	hätten sie gerne behalten
«Sie wusste sich gut zu verkaufen.»	Leistungen schwach
«Sie hat alle ihre Fähigkeiten eingesetzt.»	Leistungen ungenügend
«Er hat aufgetragene Arbeiten ordnungsgemäss erledigt.»	keine Eigeninitiative
«Wir waren im Grossen und Ganzen zufrieden.»	mehr Leistung erwartet

Geschäftsbriefe, die es manchmal braucht. Zeugnis

Vollzeugnis

Der Arbeitnehmer kann jederzeit vom Arbeitgeber ein Zeugnis verlangen, das sich über Art und Dauer des Arbeitsverhältnisses sowie über seine Leistungen und sein Verhalten ausspricht. (OR 330a)

Der Arbeitgeber geniesst zwar bei seinen Werturteilen einen eigenen Ermessensspielraum, doch die Arbeitszeugnisse müssen inhaltlich wahr, richtig und vollständig sein. Sie sollten zudem das wirtschaftliche Fortkommen des Arbeitnehmers nicht zusätzlich erschweren. Deshalb sollen sie grundsätzlich wohlwollend formuliert werden. Das Wohlwollen jedoch findet dort seine Grenzen, wo ungünstige Beurteilungen unterdrückt werden müssten. Der Arbeitgeber kann aber beispielsweise positive Aspekte hervorheben und negativ erscheinende weniger bewerten. Der Zeugnisaussteller haftet bei «unwahren Angaben» auch rückwirkend.

Objektive Unrichtigkeit eines Werturteils liegt dann vor, wenn ihm falsche Tatsachen zugrunde gelegt oder wenn andere als die üblichen Beurteilungsmassstäbe herangezogen werden.

Ist der Arbeitnehmer mit seinem Zeugnis nicht zufrieden, so kann er beim zuständigen Gericht Berichtigungsklage einreichen. Es wird empfohlen, seiner Klage den gewünschten, neu formulierten Text beizulegen; denn es genügt vor Gericht nicht, bloss ein verbessertes Zeugnis zu verlangen.

Arbeitsbestätigung

Hat der Arbeitnehmer das Gefühl, sein Arbeitszeugnis entspreche nicht seinen Leistungen, so muss er dies umgehend beanstanden.

Kann man sich nicht einigen, so verlangt er eine neutrale Arbeitsbestätigung, worin Dauer und Art der Tätigkeit aufgeführt sind, und zwar ohne jegliche Wertung.

?	richtig
aufwendig	aufw<u>ä</u>ndig/aufw<u>e</u>ndig
Beh<u>e</u>ndigkeit	Beh<u>ä</u>ndigkeit
beh<u>e</u>nde	beh<u>ä</u>nde
G<u>e</u>mse	G<u>ä</u>mse
Gr<u>eu</u>el	Gr<u>äu</u>el
schn<u>eu</u>zen	schn<u>äu</u>zen
St<u>e</u>ngel	St<u>ä</u>ngel
überschw<u>e</u>nglich	überschw<u>ä</u>nglich
verbl<u>eu</u>en	verbl<u>äu</u>en

Lehrzeugnis 07.08.JJJJ

Lehrzeugnis

Sehr geehrte Frau Mathis

Vom 8. August JJJJ bis zum 7. August JJJJ machten Sie auf unserer Direktion als kaufmännische Angestellte die Lehre, die Sie erfolgreich mit dem Diplom abschlossen. An der Abschlussprüfung liessen Sie sich im Fach «Praktische Arbeiten» in den Bereichen Haftpflicht-, Motorfahrzeug- und Wasserfahrzeugversicherung prüfen.

Während der Lehrzeit hatten Sie die Möglichkeit, in den Abteilungen Vertrieb, Unternehmungen, Technik und Logistik im Dreimonatsturnus praktische Kenntnisse zu erwerben und sich ein breites Grundwissen in der Versicherungsbranche anzueignen. – Den praktischen Büroalltag erfuhren Sie mit Arbeiten in der Administration, und der mehrmonatige Einsatz auf einer Generalagentur ermöglichte Ihnen den Kunden-Direktkontakt am Telefon oder am Schalter. In verschiedenen Abteilungen konnten Sie bei uns die Kenntnisse, die Sie an der Berufsschule und an unserer internen Fachschulung erworben haben, praktisch anwenden, und Sie wurden auch vertraut mit den von uns angewandten EDV-Systemen, beispielsweise mit dem Teleprocessing und mit der Textverarbeitung am Personalcomputer.

Wir durften Sie als initiative, wissbegierige und einsatzfreudige Lehrtochter kennen lernen. Ihre Teamfähigkeit, Ausdauer und Zuverlässigkeit zeichnen Sie besonders aus. Dank der sehr guten Auffassungsgabe war es Ihnen möglich, sich in den verschiedenen Arbeitsbereichen rasch zurechtzufinden. Bei Ihrer Tätigkeit im Büro sind Sie stets überlegt und folgerichtig vorgegangen, und die aufgetragenen Arbeiten erledigten Sie selbstständig und einwandfrei. Ihre kooperative Art und Ihr angeeignetes Fachwissen haben uns beeindruckt.

Im Anschluss an die Lehre wollen Sie bei uns bleiben und als Sachbearbeiterin im Versicherungszweig Risiko/Allgemeine Haftpflicht arbeiten. Wir freuen uns auf eine weiterhin gute Zusammenarbeit und wünschen Ihnen den verdienten Berufserfolg.

Freundliche Grüsse

Winterthur-Versicherungen
Direktion Aarau

Martin Honegger
Personalchef

> *Zeugnis in Briefform*
Die ehemalige Lehrtochter wird mit diesem Zeugnis in Briefform direkt angesprochen. Die Beurteilung wirkt deshalb weniger distanziert.

Besonderes
Es ist zu empfehlen, dass der Personalchef oder der verantwortliche Lehrlingsbetreuer in diesem Dokument nicht nur die Art und die Dauer der Lehre festhält, sondern auch Arbeitsqualifikationen erteilt und sich über gewonnene persönliche Erfahrungen mit der Person am Arbeitsplatz ausspricht.

Lehrzeugnis

11.08.JJJJ

Lehrzeugnis

Wir bestätigen, dass

Frau Inge Deiss

geboren am 18. Februar JJJJ, von Langnau, vom 12.08.JJJJ bis 11.08. JJJJ die 2-jährige Bürolehre auf unserer Hauptbank erfolgreich absolviert hat.

Frau Deiss hat sich in den folgenden Abteilungen praktische Kenntnisse angeeignet:

- Devisenabteilung   - Kontokorrent-Kasse
- Kundenbuchhaltung   - Portefeuille

Wir haben Frau Deiss als interessierte, angenehme, fröhliche und aufgeschlossene Lehrtochter kennen gelernt. Sie hat sich für ihre Arbeit eingesetzt und erledigte ihre Aufgaben zuverlässig und speditiv.

Der Umgang mit Vorgesetzten und Mitarbeitern war stets einwandfrei. Unsere Kunden an der Kontokorrent-Kasse bediente sie freundlich und zuvorkommend.

Wir freuen uns, dass Frau Deiss auch nach Lehrende weiterhin bei uns arbeitet. Auf ihrem beruflichen und privaten Lebensweg wünschen wir ihr alles Gute und viel Erfolg.

BANK TIGER AG BASEL

Hans-Peter Blaser   Rita Ochsner

Nach Abschluss der Lehre hat laut den Bestimmungen des Lehrvertrages der Arbeitgeber ein «Lehrzeugnis» auszustellen.

* Es gibt Zeugnisse, die mit einem solchen Vermerk eine «Schlüsselsprache» ausschliessen.

* Dieses Zeugnis enthält keine verschlüsselten Formulierungen.

Zwischenzeugnis

04.08.JJJJ

Zwischenzeugnis

Sehr geehrter Herr Birchmeier

Seit Anfang Mai JJJJ, nach Ihrer kaufmännischen Lehre, die Sie bei uns erfolgreich beendet hatten, arbeiteten Sie vorerst im Sachversicherungsbereich. Nach der Rekrutenschule wechselten Sie am 1. Juni JJJJ in die Abteilung Logistik, um Ihre Kenntnisse im Rechnungswesen anzuwenden und zu vertiefen.

Im Frühjahr JJJJ bestanden Sie die Höhere Fachprüfung als «Buchhalter mit eidgenössischem Fachausweis». Ihre guten Leistungen veranlassten die Direktion, Sie auf den 01.01.JJJJ zum Mitglied des Kaders zu ernennen.

Mit der Ernennung zum Teamleiter übernahmen Sie bei uns Leitungs- und Führungsaufgaben, und Sie sind für folgende Bereiche verantwortlich:

° Rechnungswesen
° Kontieren, Verbuchen
° Mahn- und Betreibungswesen
° Inkasso- und Cash-Management
° Provisionszahlungen
° Mehrwertsteuerabrechnungen

° Abrechnungen mit Agenten
° Post-/Bank-Zahlungsverkehr
° Generalagenturen: Revision der Kassaführung
° Korrespondenz mit Kunden
° Organisation von Archiv und Spedition
° Lehrlingsausbildung

Wir kennen Sie als ruhigen, handlungsfreudigen und verantwortungsbewussten Teamleiter. Sie verstehen es, Prioritäten richtig zu setzen und Ihre Arbeitsbereiche gut zu organisieren. Sie erledigen die anfallenden Arbeiten sorgfältig, rasch und mit grosser Selbstständigkeit.

Sie verdienen das Prädikat eines kompetenten Teamleiters, der als Vorgesetzter die Mitarbeiterinnen und Mitarbeiter zu motivieren weiss. Sie führen kollegial, doch Sie fordern auch vollen Arbeitseinsatz und hohe Arbeitsqualität. Sie zeigen eine positive Arbeitshaltung und treten gegenüber Vorgesetzten, Angestellten und Kundschaft stets korrekt auf.

Die Ausstellung dieses Zwischenzeugnisses erfolgt auf Ihren ausdrücklichen Wunsch; das geltende Anstellungsverhältnis dauert in ungekündigter Form weiter. Wir danken Ihnen für den geleisteten wertvollen Einsatz und hoffen auf weitere gute Zusammenarbeit

Freundlicher Gruss

Winterthur-Versicherungen
Direktion Aarau

Martin Honegger
Personalchef

→ Der Arbeitnehmer kann vom Arbeitgeber jederzeit ein Zeugnis verlangen, das sich über die Art und Dauer des Arbeitverhältnisses sowie über seine Leistungen und sein Verhalten ausspricht.

→ Zeugnis als persönlicher Brief
In dieser Zeugnisform wird nicht einer Drittperson, beispielsweise einem künftigen Arbeitgeber, berichtet, wie der Eindruck und der Arbeitseinsatz im Betrieb waren und beurteilt werden. Das Zeugnis als Brief an den Angestellten wirkt bestimmt persönlicher.

Arbeitszeugnis Abschluss

Luzern, 31.07.JJJJ

Arbeitszeugnis

Name	Christian Walker
Geburtsdatum	10.05.JJ
Heimatort	Luzern
Anstellungsdauer	1. September JJJJ bis 31. Juli JJJJ
Funktion	Elektromaschinenbauer

Herr Walker trat nach Abschluss der Lehre, die er in unserem Betrieb erfolgreich abschloss, als Elektromaschinenbauer für die Bereiche Reparaturen und Service ein. Sein Aufgabengebiet umfasste:

- Wickeln und Spulen reparaturbedürftiger Statoren nach Berechnungsgrundlagen oder aufgrund vorgelegter Daten
- Reparatur- und Modernisierungsarbeiten an Personenaufzügen bei Kunden
- Schlusskontrolle, Probeläufe neu hergestellter Elektromaschinen

Alle diese Aufgaben erledigte er sehr sorgfältig und gewissenhaft. Speziell erwähnen möchten wir seine selbstständige und effiziente Arbeitsweise sowie seine guten Auftrags- und Werkstattkenntnisse, die es ihm ermöglichten, auch anspruchsvolle Sonderaufgaben zu erledigen.

Sein Fleiss und seine Leistungen entsprachen vollumfänglich unseren Erwartungen. Das korrekte Verhalten und seine angenehmen Umgangsformen schätzten seine Vorgesetzten, Mitarbeiter und Kunden.

Herr Walker verlässt unsere Firma heute, um sich am Zentralschweizer Technikum weiterzubilden. Wir bedauern seinen Austritt und danken ihm für seine wertvolle Mitarbeit. Für die Zukunft wünschen wir ihm alles Gute.

MOOSMÜLLER & PARTNER LUZERN

ppa.

Marcel Jost

→ Übersichtliches Arbeitszeugnis für einen Angestellten der Maschinen- und Metallindustrie.

* Zeugnisse können mit diesem Vermerk die Vermutung einer «Schlüsselsprache» ausschliessen.

* Dieses Zeugnis enthält keine verschlüsselten Formulierungen.

**Arbeitszeugnis
Abschluss**

Arbeitszeugnis

für

Frau Regula Buser, geb. 12.08.JJ, von Manzell D, Feldstrasse 5, 6010 Kriens

Frau Buser war vom 1. Mai JJJJ bis zum 31. März JJJJ in unserem Betrieb beschäftigt. In diesen elf Jahren haben wir sie als in jeder Beziehung überdurchschnittliche Persönlichkeit kennen und schätzen gelernt.

Während fünf Jahren trug sie als Chefsekretärin die Verantwortung für den administrativen Bereich unseres Betriebes und betreute drei direkt unterstellte Sekretärinnen und zwei Lehrtöchter.

Schon bald erhielt Frau Buser die Prokura und schliesslich wurde sie Ende September JJJJ mit der gesamten Geschäftsleitung betraut.

Neben der eigentlichen Führung des Betriebes mit neun Angestellten oblag Frau Buser die Rekrutierung und Qualifizierung des von uns vermittelten temporär und fest angestellten Personals. Sie führte die Lohnbuchhaltung, rechnete die Spesen- und Provisionsanteile ab und leitete das gesamte Werbewesen. Alle ihr übertragenen Aufgaben erledigte sie mit grossem Engagement und Erfolg.

Frau Buser verlässt unseren Betrieb auf eigenen Wunsch, um im Ausland eine neue Führungsaufgabe in der Werbebranche zu übernehmen. Wir verlieren mit Frau Buser eine hervorragende Mitarbeiterin.

Gerne benützen wir die Gelegenheit, ihr an dieser Stelle für ihre Arbeit und ihren Einsatz zu danken. Unsere besten Wünsche begleiten sie bei ihrer weiteren beruflichen Tätigkeit.

TEMPOR TEAM AG
Präsident des Verwaltungsrates

Hans Warmuth   05.04.JJ

› Übersichtliches Arbeitszeugnis für eine Angestellte des höheren Kaders.

Besonderes
Beachten Sie, dass der Präsident des Verwaltungsrates unterschrieben hat.

Geschäftsbriefe, die es manchmal braucht

Arbeitsbestätigung   Bestätigung   23.11.JJJJ

Frau Schranz Monika, geb. 04.08.JJ, hat vom 6. August bis 23. November JJJJ bei uns als Praktikantin zur Vorbereitung auf die anschliessende Lehre für den Krankenpflegerberuf gearbeitet.

Hat der Arbeitnehmer das Gefühl, sein Arbeitszeugnis entspreche nicht seinen Leistungen, so muss er dies umgehend beanstanden.

Zu den Aufgaben von Frau Schranz gehörten die Mithilfe bei der Grundpflege, die Betreuung unserer Patienten sowie die Aufrechterhaltung der allgemeinen Ordnung auf der Station.

Chur, 23. November JJJJ

Können sich Arbeitnehmer und Arbeitgeber nicht einigen, so wird eine neutrale Arbeitsbestätigung geschrieben, worin Dauer und Art der Tätigkeit aufgeführt sind, und zwar ohne jegliche Wertung.

PFLEGE- UND ALTERSHEIM GRÜNAU

SPRACHE

Vertrauen in, auf, zu ...   Anwendungsvarianten

Vertrauen in   Sie hat Vertrauen **in** seine Fähigkeiten.
Er <u>setzt</u> sein blindes Vertrauen **in** die Aussage des Arztes.

Vertrauen auf   Sein Vertrauen **auf** ihre musikalische Begabung ist unerschüttert.
Sie <u>setzen</u> grosses Vertrauen **auf** die Leiterin.

Vertrauen zu   Ich habe Vertrauen **zu** ihm. Das Vertrauen **zu** seinen Fähigkeiten war ungebrochen.

An das Nomen «Vertrauen» kann mit den Partikeln (Präpositionen) «auf», «in» oder «zu» angeschlossen werden.

→ Bei «auf» wird der Begriff auf eine bestimmte Grundlage gestellt. Bei «in» wird der Begriff in einen Bereich hineinverlegt.

Wird «Vertrauen» in der verbalen Verbindung «Vertrauen setzen» gebraucht, dann wird in der Regel mit **«auf»** oder **«in»** angeschlossen.

Vertrauen **gegen** eher selten:
Ihr Vertrauen **gegen** mich ist beschämend.

132

Briefverkehr mit Amtsstellen

Nur wenn uns die besonderen Grundregeln im Briefverkehr mit Amtsstellen bekannt sind, können wir wirkungsvolle Briefe an die Behörden schreiben. Sicher ist es ein Vorteil, wenn sich der Briefautor im Verwaltungsrecht auskennt; denn der amtliche Schriftverkehr stützt sich inhaltlich vor allem auf das Gesetz.

Im Briefverkehr mit Amtsstellen müssen wir vieles schriftlich festhalten, was wir mündlich erledigen möchten. – Leider werden manche Verwaltungsbeamte damit zu reinen Administratoren; sie «tauchen» in der grossen Formular- und Aktenflut unter und bleiben so anonym.

Man schreibt mit der Adresse zwar an eine «Behörde», doch vergessen wir nicht, dass jeder «objektive» Brief für den Mitarbeiter in der Verwaltung eine subjektive Prägung hat! Wir schreiben sachlich, doch in ansprechendem, anständigem Ton. Übrigens spricht man nicht mehr vom typischen «Amtsdeutsch». Das ist Vergangenheit! Die Briefe verfassen wir, wie in der allgemeinen Korrespondenz üblich, in genormter Darstellung, möglichst einfach und kurz.

Die Gründe, die zur Korrespondenz mit Behörden führen können, sind verschieden, doch die folgenden Grundsätze gelten für sämtliche Briefformen:
- gesetzlich festgelegte Fristen beachten
- Sachverhalt klar darstellen: begehren, begründen, beweisen, überzeugen
- informiert, dokumentiert sein
- Grundsatz der Gleichbehandlung beachten, darauf hinweisen
- klare Formulierungen: denken, erfassen, kombinieren
- mit «Antrag» (Begehren) beginnen oder enden
- korrekt bleiben
- keinen Zwang ausüben wollen, keine übertriebenen Emotionen
- distanziert schreiben («Sie-Einstellung»)
- keine Unterwürfigkeit, aber auch keine überspitzte Höflichkeit

Bei Briefen an Behörden gelten als Rechtsmittel:
- Einsprache
- Beschwerde

Besondere Briefe

«Besondere» Briefe sind jene, die nicht im Ordner der allgemeinen Handelskorrespondenz zu finden sind. Sie passen inhaltlich nicht in das Kaufvertragsschema, und standardisierte Sätze (Korrespondenzbausteine) sind selten anwendbar.

Das Schreiben dieser Briefe kann meistens nicht im Voraus geübt werden, weil der Inhalt stets von unterschiedlichen Sachverhalten bestimmt wird. Auch vom erfahrenen Briefautor verlangen diese Briefe besondere Einfühlungsgabe und Kreativität.

Einsprache

Die «Einsprache» richtet sich gegen eine amtliche Verfügung oder gegen ein amtliches Vorhaben.

Beachten Sie die gesetzlich vorgelegten verbindlichen Einsprachefristen! Sie sind in der Regel als «Rechtsmittelbelehrung» am Schluss der «Verfügung» angeführt. Die Verfügung gilt als angenommen, wenn der Adressat nicht innerhalb der aufgeführten Frist schriftlich vom Rechtsmittel Gebrauch gemacht hat.

Einsprache

GOLDMEN AG
Gutenbergstrasse 22

6004 Luzern, 9. Oktober JJJJ

Lettre signature

Baudirektion der Stadt Luzern
Stadthaus
Postfach 234
6000 Luzern 2

Konkreter Betrifftvermerk

Einsprache. Baugesuch Nr. 12, Gutenbergstrasse
Publikation «Amtsblatt» Nr. 16

Sachlage

Nach Einsicht der Pläne stellen wir fest, dass Sie aufgrund des neuen Konzeptes zur allgemeinen Verkehrsberuhigung in der Altstadt Luzern beabsichtigen, die Gutenbergstrasse neu zu gestalten, zweispurig zu führen und auch für den Gegenverkehr freizugeben.

Begründung der Einsprache mit Antrag

Nach Art. 9 Baugesetz erheben wir fristgerecht öffentlich-rechtliche Einsprache gegen dieses Projekt, und zwar aus folgenden Gründen:

- Die Gutenbergstrasse präsentiert sich mit den traditionsreichen Geschäften als Einkaufsstrasse ersten Ranges. – Durch das zu erwartende grosse Verkehrsaufkommen werden die Fussgänger beim Einkaufen gefährdet und auch die Lärm- und Geruchsimmissionen unkontrollierbar steigen.

- Das Aufheben der Parkzonen vor den Geschäftshäusern verunmöglicht der Kundschaft das Parkieren. – Als Folge hätten die Geschäfte an der Gutenbergstrasse mit grossen Umsatzeinbussen zu rechnen.

- Durch den zweispurigen Verkehr wird die Einkaufsstrasse zu einer bevorzugten Durchfahrtsstrasse, und die Anwohner wären auch nachts vom grösseren Strassenlärm betroffen.

Wir bitten Sie, die Verkehrsplanung so zu ändern, dass die Gutenbergstrasse als einspurige, ruhige Einkaufsstrasse erhalten bleibt.

Freundliche Grüsse

GOLDMEN AG, LUZERN

ppa.

Markus Schmidle

Besonderes
Die Argumente werden nach dem Prinzip der Steigerung aufgebaut: Das kräftigste steht am Schluss.

Briefverkehr mit Amtsstellen

Beschwerde

Mit dem Beschwerdebrief wenden wir uns gegen einen Entscheid der Behörde oder gegen einen für uns unerträglichen Sachverhalt an die übergeordnete Stelle.

Beschwerde

Hans Kocher
041 210 20 44

6017 Ruswil, 28. November JJJJ
Südhaldenstrasse 7a

[Briefabgabe gegen Unterschrift] → Lettre signature

Verwaltungsgericht
Abteilung Sozialversicherungsrecht
Ausgleichskasse des Kantons Luzern
Postfach
6006 Luzern 15

Verfügung IV 00.000.97.290.144. Präsidialbeschluss 08.11.JJ
Begehren vom 26.06.JJ. Versicherter: Robert Kocher

Meinem Begehren vom 26.06.JJ um Verlängerung der medizinischen Eingliederungsmassnahmen für unseren Sohn

Robert Kocher, geb. 28. Juni JJJJ,

Sachverhalt

haben Sie nicht entsprochen. Ebenfalls sollen die Kostenvergütung bei allfälliger Hospitalisation und Leistungen der IV für Therapiezubehör ab 1. Januar JJJJ nicht mehr ausgerichtet werden.

Begründung der Beschwerde

Nach Rücksprache mit den Kinderärzten

– Herrn Dr. med. Lothar Moosmüller, Südmättli 4, 6017 Wolhusen
– Herrn Dr. med. Fred Klingbein, Oberarzt, Kinderspital, 6004 Luzern

komme ich zum Schluss, dass weitere medizinische Massnahmen und therapeutische Behandlungen im Zusammenhang mit dem Geburtsgebrechen Nr. 390 vorderhand noch dringend angezeigt sind.

Deshalb erhebe ich gegen Ihre Verfügung fristgemäss Beschwerde.

Antrag zur Wiedererwägung stellen

Ich bitte Sie, auf den Entscheid zurückzukommen und die medizinischen Massnahmen bis auf weiteres unter IVG Art. 13 zu bewilligen. Ausführliche Gutachten der Ärzte liegen bei.

         Freundliche Grüsse

         Hans Kocher

2 Ärztegutachten (Kopien)

Gesuch

Mit dem Gesuch bitten wir die Behörde um etwas, setzen uns für persönliche oder geschäftliche Vorteile ein. Wir erreichen in diesem Brief trotz der vom Inhalt geforderten Sachlichkeit mehr mit dem Wirkungsstil als mit dem trockenen Sachstil. Bemühen Sie sich um ausführliche Information, stellen Sie die Sachlage objektiv dar. Mit treffenden Argumenten wird es Ihnen gelingen, den Briefempfänger für Ihr Anliegen zu gewinnen.

Gesuch

GRÜNCONS AG
Max Kaufmann
Rheinuferquai 12
7320 Sargans

Gemeinderat Sargans
Rathaus
Städtlistrasse
7320 Sargans

6. September JJJJ

Grünabfuhr. Gesuch um Muldentransport

Sehr geehrte Damen und Herren

Information Sachlage

Im Bereich Vollkonserven konnten wir den Stückausstoss dank der neuen, leistungsfähigeren Automatenrüsterei mehr als verdoppeln.

Aus der Bearbeitung von Rohfrüchten und -gemüse ergeben sich wöchentlich sehr grosse Mengen Rüstabfälle. Diese sind zum Kompostieren besonders gut geeignet.

Gesuch stellen

Nun ersuchen wir Sie, auf unserem Werkgelände hinter der Halle C eine grosse Mulde zu platzieren und für uns einen speziellen, regelmässigen Grünabfuhrtransport einzurichten.

Begründung:

Argumente nach Wichtigkeit aufbauen. Das beste Argument am Schluss.

- Die von der Gemeinde wöchentlich einmal angebotene Abfuhr reicht für die grosse Grünabfallmenge, über 3 t, nicht mehr aus.

- Der Fahrplan des offiziellen Grünabfuhrdienstes kann zurzeit wegen der grossen Menge Bioabfall nicht mehr eingehalten werden; Ihr Chauffeur braucht regelmässig eine weitere Fahrt.

- Mit der Muldenvariante können Sie für den notwendigen ausserordentlichen Transport frei disponieren und zudem Personalkosten sparen; denn die aufwändigen Verladearbeiten würden damit wegfallen.

Positiver Schluss

Wir hoffen, dass Sie unserem Gesuch entsprechen können.

Freundliche Grüsse

GRÜNCONS AG SARGANS

ppa.

Max Kaufmann

Briefverkehr mit Amtsstellen

Erkundigung/Auskunft

Wenn wir von einer Amtsstelle etwas wissen wollen, schreiben wir eine «Erkundigung».

Datenschutz
Der Datenschutz soll bezwecken, dass nur jene Daten gesammelt werden dürfen, die zur Erfüllung einer Aufgabe unbedingt erforderlich sind. Damit kann auch eine unerlaubte Einsicht in persönliche Daten verhindert werden.

Um zu erfahren, welche Datensammlungen bestehen, müssen diese bei der «Datenschutzbehörde» registriert werden. Private können ohne Meldung an das Amt betroffene Personen über das Bestehen einer Datensammlung mit besonders schützenswerten Daten direkt informieren.

Es muss Betroffenen möglich sein, in Datenbanken Einsicht zu erhalten, damit sie falsche oder unnötige Informationen aufdecken und sich dagegen wehren können.

Jede Person ist berechtigt, ein Auskunftsbegehren zu stellen. Auch urteilsfähige unmündige oder entmündigte Personen können ohne gesetzliche Stellvertretung um Auskunft ersuchen.

Erkundigung

Peter Nager
Sonnegg 4
6196 Marbach, 15. Februar JJJJ
034 233 20 44

Einwohnerkontrolle
der Stadt Luzern
Postfach
6000 Luzern

Erkundigung. Adresse

Sachlage

Heute musste ich von der Swisscom-Auskunft vernehmen, dass die Telefonnummer des Abonnenten

>   Herrn
>   Josef Hürlimann-Locher
>   Sedelstrasse 9
>   6004 Luzern

auf den 01.02.JJ gekündigt worden ist.

Begründung

Seit Jahren stehe ich Herrn Hürlimann als Berater zur Seite, und ich bin über die soeben erfahrene Abwesenheit des Abonnenten beunruhigt.

Können Sie die neue Adresse bekannt geben? Ihre Auskunft werde ich weder zu gewerblichen Zwecken noch missbräuchlich in irgendeiner Form verwenden.

Freundliche Grüsse

Besonderes
Die Anrede kann hier weggelassen werden.

P. Nager

Briefverkehr mit Amtsstellen

Eingabe

Die «Eingabe» ist eine spezielle Briefform. Wir fordern damit die Behörde auf, in einer bestimmten Situation etwas zu unternehmen oder eine Sachlage grundlegend zu ändern. Die Eingabe dient meistens dem öffentlichen Interesse, und sie endet mit einem begründeten, klaren Antrag.

Amtliche Briefe «Lettre signature»?

Wie in der Privatwirtschaft ist die Briefaushändigung gegen Unterschrift (LSI) nicht zwingend.

Hat ein Brief jedoch für beide Teile rechtliche Bedeutung, muss beispielsweise eine gesetzlich vorgeschriebene Frist eingehalten werden, sind zur Absicherung auch amtliche Briefe unbedingt gegen Unterschrift (LSI) auszuhändigen.

Eingabe	Quartierverein Dreilinden Eliane Buser, Präsidentin	6006 Luzern, 15. Mai JJJJ Sonnbühlstrasse 5
		Stadtrat der Stadt Luzern Postfach 6000 Luzern 3
	Eingabe. Dreilindenquartier	
3-teilige Anrede	Sehr geehrter Herr Stadtpräsident Sehr geehrte Frau Stadträtin Sehr geehrte Herren Stadträte	
Sachlage	Das Konzept JJ zur Beruhigung des Verkehrs hat mit der zeitlichen Einschränkung der Güter- und Schwertransporte und der Aufhebung der Parkplätze in der Kernzone der Stadt spürbare Erfolge gebracht.	
	Viele Automobilisten umfahren die Altstadt, und es zeigt sich, dass an Werktagen der Verkehr in unserem Quartier zu Morgen- und Abendstunden merklich ansteigt. Verkehrszählungen an verschiedenen Wochentagen und zu unterschiedlichen Zeiten bestätigen den Anstieg des Pendelverkehrs um 57 %.	
Anlass	Nach dem schweren Verkehrsunfall vor einer Woche sind wir Quartierbewohner um die Sicherheit der Fussgänger besorgt.	
Konkrete Massnahmen fordern	Es ist deshalb geboten, folgende Massnahmen zu beschliessen und durchzusetzen:	
	1. Auf den Quartierstrassen Weid- und Abendweg ist die Fahrgeschwindigkeit auf generell 30 km/h zu beschränken.	
	2. Die beiden Fussgängerübergänge Abendweg und Schulhausstrasse sind auffälliger zu markieren und mit Signalanlagen auszurüsten.	
	3. Auf der Dreilindenstrasse soll das Parkieren ostseitig verboten und dafür ein Fahrradweg eingerichtet werden.	
Antrag mit Begründung	Wir bitten Sie, unsere Vorschläge zu prüfen und dafür zu sorgen, dass in unserem Quartier die Gefahrenquellen möglichst bald verringert werden können.	
	Freundliche Grüsse	
	Quartierverein Dreilinden Luzern	
	Eliane Buser	

Objektiv informieren

Protokoll

An jeder Vorstandssitzung eines gut geführten Vereins oder an betriebsinternen Konferenzen bei Verwaltungs- und Fabrikationsbetrieben soll ein übersichtliches Protokoll geführt werden mit dem Zweck, mündliche Verhandlungen schriftlich festzuhalten.

Damit wird eine verbindliche, rechtswirksame Arbeitsunterlage geschaffen. Zur Abfassung des Protokolls wird ein Protokollführer bestimmt. Dieser gehört in der Regel zum Teilnehmerkreis, doch ist es auch möglich, einen neutralen Beobachter zum Abfassen des Protokolls einzusetzen. In grösseren Betrieben wird eine schreibgewandte Sekretärin mit der Führung des Protokolls beauftragt.

Das Protokoll ist ein Dokument, in dem als Zusammenfassung Verhandlungsgegenstände, Anregungen, Einwände, Beschlüsse, Absprachen, Arbeitsverteilungen, Aufträge, Termine aufgeführt sind. Das übersichtlich gestaltete Protokoll macht es möglich, auch auf frühere Abmachungen oder Anregungen nochmals einzugehen.

Das Protokoll ist deshalb ein wichtiges **Führungsmittel.** Es ist vollständig, unmissverständlich und übersichtlich gegliedert. Es wird in der Form eines Berichts* geführt.

Verben, die zum Einleiten einer Rede in Protokollen häufig gebraucht werden:

anregen	genehmigen
ausführen	hervorheben
beantragen	hoffen
befürchten	machen (Bedingung)
befürworten	mitteilen
behaupten	sich einsetzen
bekannt geben	sich erkundigen
bestätigen	überzeugen
betonen	unterstreichen
beweisen	verdeutlichen
darlegen	verraten
empfehlen	vertrauen auf
erklären	vorwerfen
erwarten	wünschen
fordern	zusammenfassen

Beispiele:

R. Moser regt an, dass ...
P. Meier befürchtet, wir seien ...
M. Strebel erklärt, sie habe ...

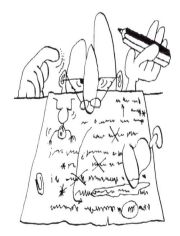

---

* Der Bericht

Der Bericht ist die möglichst genaue, nüchterne Wiedergabe eines Sachverhalts oder eines Geschehens in chronologischer Reihenfolge. Alle unnötigen oder subjektiv empfundenen Aussagen lässt man weg. Er ist wirklichkeitsgetreu, kurz und klar. Man konzentriert sich auf den Tatbestand. Berichte werden im Präteritum (Vergangenheit) geschrieben.

Objektiv informieren

So wird's gesagt ...	So steht's im Protokoll ...
a Präsident Ch. Walker sagt: «Die Kosten sind enorm gestiegen. Wir brauchen Passivmitglieder, die uns finanziell unterstützen.»	**a** Präsident Ch. Walker bemerkt, die Kosten seien enorm gestiegen. Es brauche Passivmitglieder, die uns finanziell unterstützten[1].
b L. Moosmüller sagt: «Ich habe die gleiche Meinung wie der Präsident. Es braucht Passivmitglieder. – Schon mehrmals bin ich von Interessenten angefragt worden. Wir können aber erst etwas unternehmen, wenn wir die Statuten geändert haben.»	**b** L. Moosmüller teilt die Meinung des Präsidenten und meldet, er sei schon mehrmals wegen der Passivmitgliedschaft angefragt worden, doch könne man nichts unternehmen, solange die Statuten von uns nicht geändert seien.
c Der Kassier M. Strebel spricht: «Ich führe bereits eine Liste von Interessenten. Ich bin der Ansicht, dass man die Statuten noch dieses Jahr ändern muss.»	**c** M. Strebel meldet, dass er bereits eine Liste mit Interessenten führt[2]. Der Kassier will die Änderung der Statuten noch in diesem Jahr.
d Frau P. Stamm meint: «Ich bin freiwillig bereit, bei der Verwirklichung dieser guten Idee mitzuhelfen.»	**d** Frau P. Stamm meldet, sie wolle bei der Verwirklichung dieser Idee mithelfen. *Oder:* Frau P. Stamm meldet, dass sie bei der Verwirklichung dieser guten Idee mithelfen wollte[3]. Frau P. Stamm meldet, bei der Verwirklichung dieser Idee mithelfen zu wollen[3].

a [1] «unterstützten», nicht «unterstützen». Wenn der Konjunktiv I (Möglichkeitsform) gleich lautend ist wie die Wirklichkeitsform (sie *unterstützen*), wählt man den Konjunktiv II.

c [2] neben «führe» auch «führt». Bei abhängigen Sätzen mit Redeeinleitung kann nach DUDEN auch der Indikativ (Wirklichkeitsform) gebraucht werden, sofern die indirekte Rede durch die Nebensatzform gekennzeichnet ist.

d [3] mit einem Nebensatz eingeleiteter *Konjunktional-* oder *Infinitivsatz* anstelle der indirekten Rede

Der Inhalt wird neutral gewichtet, und alles Nebensächliche wird weggelassen. Im Ergebnisprotokoll werden B e s c h l ü s s e, in einem Verlaufsprotokoll oder Verhandlungsprotokoll werden E r e i g n i s s e festgehalten. Der geübte Protokollführer baut das Protokoll nach einem von ihm individuell festgelegten Schema auf, das nach Bedarf geändert werden kann.

Sitzungsprotokolle sollen kurz sein. Dafür eignet sich das **Ergebnisprotokoll** (Beschlussprotokoll). Es werden bei dieser Protokollform nur die wesentlichen Punkte einer Verhandlung zusammengefasst.

Das Protokoll gibt Abwesenden Einblick über den Verlauf der Sitzung; sie sollen ihm die an sie gerichteten Aufträge ohne Rücksprache entnehmen können. Oft liegt dem Protokoll eine **Pendenzenliste** bei.

Ausführliche Protokolle schreibt man nur bei Anlässen, wo selbst das kleinste Detail, beispielsweise Zurufe, Beifall, Pfeifen, wichtig werden könnte. Alle diese Ereignisse werden mitprotokolliert, Zurufe wörtlich. Das ausführliche Protokoll eignet sich auch zum Festhalten von Versuchsabläufen.

Die Protokollführung verlangt Mitdenken und die Fähigkeit, Wesentliches zu sehen und während der Verhandlung zu erfassen.

Im Verein wird der Aktuar die verantwortungsvolle Arbeit des Protokollierens übernehmen. Die Arbeitstechniken zum Erfassen der Informationen sind unterschiedlich und den jeweiligen Bedürfnissen angepasst. Man unterscheidet:

Vollprotokoll
vollständige, wörtliche Wiedergabe
sehr hohe Beweiskraft

Verhandlungsprotokoll
Übersicht über einen Versammlungs- oder Sitzungsverlauf, Beschlüsse
chronologischer Aufbau

Kurzprotokoll
Zusammenfassung über Geschehen
allgemeine Feststellungen, Beschlüsse und deren Begründung mit Informationswert in geraffter Form

Beschlussprotokoll
nur Ergebnisse/Beschlüsse werden festgehalten
sehr kurz, begrenzter Informationswert

Die Protokolle werden stets den Bedürfnissen angepasst. Deshalb finden wir in der Praxis häufig Mischformen zwischen einem vollständigen, wörtlichen Protokoll und einem Kurzprotokoll.

Vollprotokoll

Mit dem Vollprotokoll erhalten wir eine wörtliche Wiedergabe über den Verlauf einer Sitzung oder einer Debatte. Der Protokollführer merzt zwar alle sprachlichen Unebenheiten aus, doch er schreibt den Verlauf wortgetreu nieder. Selbst Zwischenbemerkungen werden nicht ausgeschlossen. Diese Art des Protokollierens verlangt äusserste Konzentration und absolute Schreibgewandtheit. Oft wird das Protokoll ab Tonband niedergeschrieben. Die Teilnehmer müssen allerdings über Art und Zweck der Bandaufnahmen informiert werden und die-

Was erwarten wir von einem guten Protokoll?

- es informiert
- es sichert Informationen
- es ist unparteiisch
- es ist inhaltlich vollständig
- es hat klare, eindeutige, verständliche Aussagen
- es ist übersichtlich dargestellt, zweckmässig (einheitlich)
- es ist sachgerecht, wirtschaftlich
- es ist sprachlich einwandfrei
- es ist rechtlich unanfechtbar
- es ist ein Dokument (eine Urkunde), ein Beweismittel
- es ist eine Arbeitshilfe, eine Arbeitsgrundlage

Objektiv informieren

se ausdrücklich erlauben (Urheberrecht, Persönlichkeitsschutz!).

Wegen des grossen Arbeitsaufwandes ist das anspruchsvolle, ausführliche Protokoll nur in Ausnahmefällen gerechtfertigt: Gründerversammlungen, Generalversammlungen, Verhöre, Gerichtsverhandlungen, politische Debatten.

Das Vollprotokoll eignet sich besonders auch zum Festhalten wissenschaftlicher Versuche (Verlaufs- oder Ablaufprotokoll).

Verhandlungsprotokoll

Diese Technik des Zusammenfassens eines Geschehens oder Ereignisses bewährt sich dort, wo lediglich eine Übersicht über den Sitzungsablauf und abgesprochene Beschlüsse und Aufträge aufbewahrt werden soll. Das Verhandlungsprotokoll verlangt vom Protokollführer Sprachgewandtheit, Übersicht und die Fähigkeit, Wesentliches herauszuschälen und aufs Papier zu bringen.

Diese Protokollform ist besonders beliebt an Haupt- oder Delegiertenversammlungen, Verwaltungsratssitzungen, Arbeitssitzungen; vor allem dort, wo das Dokument auch als Beweismittel abgelegt werden soll.

Kurzprotokoll

Die Form des Kurzprotokolls ist die häufigste Protokollart an Sitzungen. Im Kurzprotokoll entscheidet der gewandte Protokollführer selbst, wie informativ seine Darstellung schliesslich sein soll. Bei seiner anspruchsvollen Tätigkeit trennt er schon während der Sitzung wichtige Verhandlungsgegenstände, Mitteilungen, Anträge und Beschlüsse vom «Allerweltsballast». Diese Kurzform des Protokollierens beansprucht einen grösseren Zeitaufwand als ein Beschlussprotokoll. – Die Hintergründe der Beschlussfassung und Auftragserteilung sind als Bericht zwar gerafft festgehalten, doch wird es bei dieser Protokollart beispielsweise später auch einem Aussenstehenden möglich, zu erfahren, welche besonderen Umstände und Anträge zu einem Beschluss geführt haben. Das Kurzprotokoll bewährt sich auch an Konferenzen, Sitzungen und Versammlungen.

Das Kurzprotokoll ist in Vereinen und an Arbeitssitzungen wegen seiner kurzen, präzisen Informationen sehr beliebt. Meistens liegt eine Pendenzenliste bei.

Beschlussprotokoll

Im Beschlussprotokoll sind – wie der Name darlegt – lediglich Beschlüsse, Aufgabenverteilung oder Aufträge festgehalten. Die Umstände, die zu den Beschlüssen geführt haben, sind dabei nicht erfasst.

Diese kostengünstige, Zeit sparende Art des Protokollierens kann überall dort angewandt werden, wo die Hintergründe der Beschlüsse und der Verlauf der Sitzung oder Versammlung bedeutungslos sind. Es wird später für Aussenstehende allerdings kaum mehr möglich sein, aufgrund eines Beschlussprotokolls den detaillierten Sitzungsverlauf gedanklich zu verfolgen.

An Sitzungen in Betrieben sowie an Vorstandssitzungen in Vereinen wird manchmal aus rationellen Gründen das Beschlussprotokoll vorgezogen. Obwohl diese Protokollart einen Entschluss selten nachvollziehen lässt oder begründen kann, setzt man diese rationelle Technik sehr häufig ein.

Lochen

Protokolle werden beim Empfänger gesichtet und abgelegt. Der Empfänger wird es schätzen, wenn er die Kopien nicht noch selber lochen muss.

In diesem Zusammenhang könnte man sich grundsätzlich überlegen, ob auch andere Dokumente, die der Empfänger erfahrungsgemäss im Ordner ablegen wird, bereits gelocht abgegeben werden sollen (Pendenzenliste zum Protokoll, Bestellbriefe/-formulare, Auftragsbestätigungen, Lieferscheine, Rechnungen, Kontenauszüge usw.). Selbstverständlich gilt dieser Vorschlag nur für Routinebriefe.

Alle anderen Briefe in der Geschäftskorrespondenz locht man nicht im Voraus.

Objektiv informieren

Wie bereite ich mich aufs Protokollieren vor?

- Ich bin am Sachgebiet interessiert.
- Ich will mit dem Thema einigermassen vertraut sein (Sachkenntnis).
- Ich kenne die Fachausdrücke.
- Ich kenne die Sachgeschäfte (Traktandenliste).
- Ich habe die Sitzungsunterlagen weitgehend studiert.
- Ich bestimme die Form des Protokolls.

Planung auf einen Blick

- Sind alle technischen Mittel (Schreibzeuge, Papier, Dokumentationen usw.) vorhanden?
- Sind die Schreibblätter nummeriert?
- Habe ich einen Platz, auf dem ich alle Teilnehmer gut sehen kann?
- Muss ich eine Präsenzliste (Namenliste) erstellen?
- Einsatz von Tonträgern: Wurde die Bewilligung zur Benützung eines Tonaufzeichnungsgerätes bei den Teilnehmern eingeholt (Copyright, Persönlichkeitsschutz)?
- Welche Art Protokoll ist zweckdienlich?
- Wem und wann soll das Protokoll zugestellt werden (Verteiler)?
- Muss das Protokoll als Dokument genehmigt und unterschrieben werden?

TIPP
Schreiben Sie während der Sitzung nur die wichtigsten Punkte auf, so genannte Schlüsselwörter. Später können Sie den Text ansprechend ausbauen.

Wie protokolliere ich?

- Ich will aufmerksam zuhören.
- Ich will Zusammenhänge sachlich festhalten, das Wesentliche erfassen.
- Nicht ins Kurzprotokoll gehören: ausführlicher Bericht über Begrüssung, nichtssagende Äusserungen, unhöfliche Bemerkungen, Vertrauliches, abschweifende Äusserungen, Schlusswort.
- Ich gliedere den Text übersichtlich, wähle Ober- und Unterbegriffe.
- Ich halte das Protokoll sprachlich und inhaltlich so einfach wie möglich, verfälsche aber nichts.
- Anträge und Beschlüsse halte ich wörtlich fest.
- Ich schreibe im Präsens und wähle in jedem Fall einen höflichen Stil.
- Bei Unklarheiten frage ich sofort nach.

Die Nachbereitung

- Ich verarbeite die schriftlichen Aufzeichnungen möglichst rasch.
- Ich nummeriere die Pendenzen (anfallende Aufträge, Merkdaten) und führe sie bei jedem Auftrag rechts am Rande auf.
- Ich streiche unpassende und subjektiv gemachte Äusserungen.
- Will ich Schlüsselbegriffe hervorheben?
- Habe ich nur offizielle Abkürzungen gewählt?
- Ist das Protokoll eine echte Information für den Adressaten?
- Lege ich eine Pendenzenliste bei?

Objektiv informieren

Protokollraster (Muster)

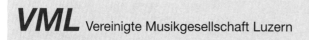

VML Vereinigte Musikgesellschaft Luzern

Aktuar:
Hans Meier, Dreilindenstr. 12, 6006 Luzern
Tel. 041 410 40 65

Protokoll

Nr. _____

Seiten _____

Anlass

Pendenz
Nr.

Datum
Ort
Vorsitz
Anwesend

Entschuldigt

Beginn
Schluss
Traktanden

Eröffnung

Verlauf

Ort, Datum   Unterschrift: _____

Verteiler

Sitzung/Versammlung
Nächster Termin
Zeit
Ort
Haupttraktandum

Objektiv informieren

Einladung zu einer Sitzung (Muster)

LSEH Lehrerverein der Schule für Erwachsenenbildung Horw
Ignaz Wyss, Aktuar
Schädrütihalde 54, 6006 Luzern, Tel. 041 370 91 17 / 041 370 92 17

Herr
Toni Wasmer
Dreilindenstrasse 20
6006 Luzern

Luzern, 25. Februar 2006

Einladung zur Vorstandssitzung

**Freitag, 24. März 2006
Beginn: 17.45 Uhr
Schluss: 20.00 Uhr
Schulhaus Blüemlimatt, Horw, Zi. 407**

Traktanden
1. Kurzinformation von Robert Horz zum Thema Projektwochen
2. Protokoll vom 28.01.06
3. Pendenzenliste 1.06
4. Kurzbericht des Präsidenten
5. VS-Präsidium
6. Gesellige Aktivitäten
7. Kasse
8. Verschiedenes

Freundliche Grüsse

- Protokoll 1.06
- Pendenzenliste

LSEH
Lehrerverein
der Schule für Erwachsenenbildung Horw

Aktuar:
Ignaz Wyss
Schädrütihalde 54
6006 Luzern
Tel. 041 370 91 17

Protokoll

6 Seiten

2.06

Pendenzen

Vorstandssitzung

Vorsitz:	**Wolfgang Amrein**
Datum:	Freitag, 24. März 2006
Ort:	Schulhaus Blüemlimatt, Horw
Anwesend:	Manuela Schnellmann, Wolfgang Amrein, Peter Buser, Peter Heinzer, Franz Kobler, Toni Wasmer, Ignaz Wyss, ab 18.40 Uhr als Gast: Robert Horz Entschuldigt: Marcel Häfliger
Beginn:	17.45 Uhr
Schluss:	20.15 Uhr
Traktanden:	1. Kurzinformation von Robert Horz zum Thema Projektwochen 2. Protokoll vom 28.01.06 3. Pendenzenliste 4. Kurzbericht des Präsidenten 5. VS-Präsidium 6. Gesellige Aktivitäten 7. Kasse 8. Verschiedenes

Präsident W. Amrein begrüsst den Vorstand im Zimmer 407.
Weil Robert Horz erst später eintreffen wird, eröffnet der Präsident die Sitzung mit Punkt 2 der Traktandenliste.

LSEH
Protokoll
Vorstandssitzung
24. März 2006

2.06
2/6

	Pendenzen
1. Kurzinformation von Robert Horz zum Thema Projektwochen	
Robert Horz hat zwei Themen, die er behandeln möchte. Thema 1: Absenzenkontrolle Thema 2: Projektwochen	
Absenzenkontrolle. Nach seinen Angaben ist mit dem heutigen Modus die Absenzenkontrolle ungenügend, beispielsweise stimmen die Angaben einzelner Lehrer an gleichen Klassen nur selten überein. Zudem würden unentschuldigte Absenzen äusserst selten mit dem «roten Zettel» gemeldet. Vorschläge zur Verbesserung des Systems nehme er gerne entgegen.	1
Projektwochen. Die Schulleitung wünsche weiterhin die Durchführung von Projektwochen für die gesamte Schule, an allen Abteilungen, gleiche oder ähnliche Themenwahl, zur selben Zeit. Zeitbereich: 4. Quartal, Oktober bis Dezember. Es sollen Handels- und Sprachlehrer gleichermassen beteiligt sein. Themata: Bloss lebenskundliche Inhalte als Block erachte er als ungeeignet. Vielmehr soll das Thema die Anforderungen einer kaufmännischen Berufsschule reflektieren. Keinesfalls sollen «ausgelaugte» Themata (beispielsweise «Umweltverschmutzung») gewählt werden. Vorstellung: Es soll ohne Rücksicht auf den regulären Stundenplan von mindestens zwei Lehrkräften ein fächerübergreifender Unterricht ermöglicht werden.	
Das Thema soll der Lehrerschaft an der nächsten Konferenz vom 29. April 2006 bereits bekannt gemacht werden. R. Horz wünscht auf diesen Zeitpunkt Vorschläge von uns Vorstandsmitgliedern. An der Lehrervorsammlung soll zudem eine Projektgruppe bestimmt werden mit dem Ziel, Anregungen und Unterlagen für die Lehrerteams zusammenzustellen. Es wird damit möglich, dass die letztmals männiglich gewünschte Vorbereitungszeit von einem halben Jahr eingehalten werden kann.	2

Robert Horz wünscht von uns zwar für die Projektwochen ein passendes Thema, doch dann bringt er bereits heute einen Vorschlag, der vom Vorstand gern aufgenommen wird: «Kunst und Kommerz» (Kunst- und Kongresshaus, «Schüür», Musikgruppen, Galerien, Theater, Filme …).

Franz Kobler schlägt vor, die Lehrtypen K, BL, V an dieser speziellen Woche zu vermischen mit dem Ziel, sich unter den unterschiedlichen Berufsgruppen näher kennen zu lernen.

LSEH
Protokoll
Vorstandssitzung
24. März 2006

2.06
3/6

2. Protokoll 28.01.06

Das Protokoll wird nach dem Hinweis, dass das Vorstandsessen nicht, wie unter «Termine» erwähnt, im Hotel Gütsch, sondern im «Bürgenstock» stattfinde, genehmigt. Äxgüsi!

3. Pendenzenliste 1.06

Folgende Pendenzen sind erledigt und können gestrichen werden: Nrn. 1, 3, 4, 5, 6, 7, 11, 12.

4. Kurzbericht des Präsidenten

Freifächer. W. Amrein bittet Franz Kobler um Auskunft über die besondere Regelung der Stundenpensen an den Freifachkursen. Franz Kobler weist darauf hin, dass zurzeit der Stundenplan in Ausarbeitung sei und es zu keinen grösseren Änderungen kommen werde.

Aus der Aufsichtskommission. Ab Sommer 06 kann Turnen in der Dreifachturnhalle St. Agnes angeboten werden.

Präsident Aufsichtskommission. Jetzt ist es offiziell: Herr Anton Meier ist der neue Präsident. W. Amrein wird Anton Meier nach seiner Wahl zu einer Sitzung mit dem Vorstand einladen. An dieser Zusammenkunft werden die Themen sein: Anstellungsreglement und Turnhallen-Standorte.

Büroeinrichtung. W. Amrein führte einer Lehrergruppe aus Deutschland unser neues Medienzimmer mit seinen Einrichtungen vor.

Mitarbeitergespräche. W. Amrein trug den Wunsch nach Mitarbeitergesprächen an die Schulleitung weiter.

Leitbild. Es wird an der nächsten Lehrertagung auf der Traktandenliste stehen.

Berufsmatura. 37 Anmeldungen sind bereits eingetroffen.

Betriebsbesichtigung. Die Betriebsbesichtigung bei der Post ist verschoben worden. Neuer Termin noch nicht bekannt.

Semesternoten. W. Amrein hat vom Rektor neu gestaltete Notenformulare gefordert.

Pendenzen

3

LSEH   2.06
    Protokoll   4/6
    Vorstandssitzung
    24. März 2006

	Pendenzen
5. VS-Präsidium	
W. Amrein ist trotz seiner gesundheitlichen Probleme bereit, für ein weiteres Jahr sein Amt als Präsident auszuüben.	
6. Gesellige Aktivitäten	
«Blick-über-den-Gartenzaun-Veranstaltung». Diese findet bald statt. W. Amrein trifft am 4. April Herrn A. Bütler, um Detailfragen zu klären.	4
Auffahrtsbummel. Toni Wasmer möchte, dass der vorgeschlagene Frühlingsbummel nach St. Urban (Protokoll 1.06, S. 5/8) verschoben und zu einem Herbstbummel wird. Grund: 800-Jahr-Jubiläum im Kloster St. Urban. Damit sind insbesondere während der Auffahrtszeit viele kulturelle Anlässe und Festivitäten verbunden. – Der Vorstand ist auch mit einem Herbstbummel einverstanden. Termin wird noch festgelegt.	5
Sommerfest. Franz Kobler wird mit Marcel Häfliger planen und für die Veranstaltung Ideen sammeln.	6
7. Kasse	
Beitrag Regionalverein. P. Buser teilt mit, dass alle Beiträge bezahlt sind. W. Amrein wird mit Pius Egli wegen der Verbandsbeiträge sprechen.	7
Geburtstag. P. Buser hat veranlasst, dass Emil Schnyder, Gründungspräsident unseres Vereins, zum 60. Geburtstag ein Präsent erhalten wird.	
Datenbank. P. Buser schlägt vor, von den Mitgliedern eine Datei mit Geburtstagsdaten und Anstellungsjahr anzulegen, damit niemand bei einem Jubiläum vergessen werden kann.	
Nichtmitglieder. Leider gibt es immer noch 14 Mitarbeiter, die nicht im LSEH sind. P. Buser wird vorgeschlagen, ein Mitgliederverzeichnis anzulegen.	8

LSEH
Protokoll
Vorstandssitzung
24. März 2006

2.06
5/6

	Pendenzen
8. Verschiedenes	
Amtsauftrag. F. Kobler teilt mit, dass der Schlussbericht von Charles Vincent auf Ende Juni zu erwarten sei. – Falls dies nicht der Fall sein sollte, legt Franz Kobler in den beiden Lehrerzimmern einen Ordner mit Blättern zur Einsicht auf.	9
Päd. Kommission. W. Amrein stellt fest, dass der Verein über das ED von der Pädagogischen Kommission für Berufsbildung noch keine Vernehmlassung hat. – I. Wyss wird Hanspeter Riechsteiner fragen, ob er allenfalls Kopien erhalten habe und diese an den Vorstand weiterleiten wolle.	10
Blumenstrauss. W. Amrein wird im Auftrag des Vorstandes Herrn Meier einen Blumenstrauss überbringen.	11

Termine.

Freitag	28. April 06	Lehrerkonferenz
Samstag	24. Juni 06	Vorstandsessen Hotel Bürgenstock
Freitag	7. Juli 06	Sommerfest
Freitag	15. September 06	GV
Herbst		Herbstbummel

12

Nächste Sitzung.

Datum	**Mittwoch, 14. Juni 2006**
Zeit	**18.30 Uhr**
Ort	**Schulhaus Dreilinden, Luzern**
	Zi. 117

13

Luzern, 25. März 2006

Der Aktuar:

Ignaz Wyss

Objektiv informieren

> *Als Pendenz bleibt ein Geschäft so lange, bis es als «erledigt» gestrichen wird.

LSEH
Vorstand

Pendenzenliste

Aktuar:
Ignaz Wyss
Schädrütihalde 54
6006 Luzern
Tel. 041 370 91 17

Protokoll 2.06

Pend.-Nr.	Protokoll-Nr.		verantwortlich	Termine
2*	1.05	Vereinsgründung Mitgliedschaft Willisau	W. Amrein	15.09.06
9	1.06	Vorstandsessen organisieren	M. Häfliger	14.06.06
10	1.06	Mitgliederwerbung, Brief	P. Buser	14.06.06
1	2.06	Absenzenkontrolle, Ideen	alle	14.06.06
2	2.06	Thema für Projektwoche	alle	14.06.06
3	2.06	Herrn A. Meier zur Sitzung einladen	W. Amrein	14.06.06
4	2.06	«Blick über Gartenzaun», Sitzung mit Herrn A. Bütler	W. Amrein	04.04.06
5	2.06	Herbstwanderung, Datum Restaurant reservieren	T. Wasmer	14.06.06
6	2.06	Sommerfest	F. Kobler M. Häfliger	07.07.06
7	2.06	Verbandsbeiträge	W. Amrein	14.06.06
8	2.06	Mitgliederverzeichnis	P. Buser	14.06.06
9	2.06	Amtsauftrag	F. Kobler	30.06.06
10	2.06	Vernehmlassung ED	I. Wyss	08.04.06
11	2.06	Blumenstrauss	W. Amrein	01.05.06
12	2.06	GV	alle	15.09.06
13	2.06	Vorstandssitzung	alle	14.06.06

Objektiv orientieren

Bericht

Der Bericht ist eine objektive Information; er soll dem Leser als Entscheidungshilfe dienen. Berichte findet man in vielen verschiedenen Darstellungsformen, beispielsweise als einfache Mitteilung, als Notiz, als Darstellung eines Tatherganges, als Vorgangsbeschreibung, als Rapport oder als Zusammenfassung.

Ein Sachverhalt wird schriftlich so dargelegt, dass ihn der andere (jeder) sofort verstehen kann. Das wird nicht immer einfach sein; denn der Bericht verlangt Anschaulichkeit und einen klar strukturierten sachlichen Aufbau mit wahrheitsgetreuem Inhalt in geordneter Reihenfolge.

Der Bericht darf keine subjektiven Äusserungen enthalten und kann mit seinem Inhalt beispielsweise auf die folgenden zentralen Fragen antworten:

Für den Verfasser eines Berichtes kann vielleicht die folgende formale Grundstruktur mit der proportionalen Inhaltsverteilung nützlich sein:

1. Überschrift

2. Verfasser
   (Inhaltsverzeichnis)

3. Ausgangslage
   (einleitende Vorbemerkung)

4. Vorgang (Darstellung)

5. Folgerung

6. Schluss

Der Bericht kann im Präsens (Beispiele: Protokoll, Betriebsanleitung, Mitteilung) oder im Präteritum (Beispiele: Zeitungsartikel, Ereignisrapport, Reportage, Zusammenfassung, Geschäftsbericht, Veranstaltungsbericht) geschrieben sein. Einzelne Bereiche setzen Sie mit Zwischentiteln (Untertiteln) ab.

Umfasst der Bericht mehrere Seiten, versehen Sie jede mit einer Pagina (Seitenziffer). Rückseiten können für Skizzen jeweils leer bleiben. Erstreckt sich der Bericht über mehrere Seiten, enthält er verschiedene Themenbereiche oder viele Untertitel, so schreiben Sie ein Inhaltsverzeichnis.

Es ist dem Leser sicher auch dienlich, wenn Sie dem Bericht zur Anschaulichkeit Skizzen*, Pläne* oder Fotos* beilegen.

*falls im Text erwähnt: nummerieren

Objektiv orientieren

Aktennotiz

In Aktennotizen werden Ergebnisse einer Besprechung oder Vorgänge festgehalten, um diese aktenkundig zu machen. Die Belege dienen als Grundlage und Information bei der geschäftlichen Tätigkeit, und sie können zudem bei Meinungsverschiedenheiten als Beweismittel dienen.

Mit der Aktennotiz geben wir Informationen in knapper Form an jene weiter, die selber nicht anwesend waren.

In der Aktennotiz sollen folgende Inhaltspunkte enthalten sein:
- Gesprächspartner (Teilnehmer aufführen)
- Wann? (Datum, Zeit)
- Gesprächsgegenstand / Vorgangsgegenstand
- Was wurde besprochen? Was ist zu beschreiben?
- Zusammenfassung der Vereinbarungen
- Erstellungsdatum
- Unterschrift des Verfassers
- Verteilerangabe
 evtl. Erledigungsvermerk

Aktennotiz

KBL
Kaufmännische Berufsschule Luzern
Landenbergstr. 37
6005 Luzern

29.06.JJ

Neueinrichtung Informatikzimmer

Lieferbedingungen, Mobiliar PC-Zimmer

Besprechung: Herr Dr. Werner Lätsch, KBL
Herr Ernst Emmenegger, KBL
Lieferant: Gubser Franz AG, 6030 Ebikon
Tel. 041 370 88 64 / Fax 041 370 99 99

Es fand heute die Besprechung über die Lieferbedingungen für das Mobiliar im PC-Zimmer statt. Franz Gubser erklärte, eine von der Schulleitung nachträglich gewünschte Verkürzung der Lieferfrist auf 8 Wochen sei nicht möglich, weil aus technischen Gründen die Zulieferer der Komponenten nicht früher liefern könnten. Die in der Auftragsbestätigung aufgeführte Lieferfrist von 10 Wochen könne jedoch eingehalten werden, und das Mobiliar werde am Freitag, 09.08.JJ, geliefert.

Luzern, 29.06.JJ

Theres Fischer, intern 4565

Objektiv orientieren

Aktennotizblatt

In grösseren Verwaltungsbetrieben, wo mehrere Angestellte zu einer Arbeit ergänzend beitragen, ist das «Aktennotizblatt» kaum zu entbehren. Es erspart viele Umtriebe und unnötige Fragen.

Das Aktennotizblatt bewährt sich,
- wenn verschiedene Mitarbeiter zu den Akten Zugriff haben oder daran arbeiten,
- wenn erst nach längerer Zeit die Arbeit wieder aufgenommen werden kann,
- wenn die abgelegten Akten unvollständig sind,
- wenn neue, zusätzliche Papiere darin abgelegt werden,
- wenn auf weitere Aktenpakete oder Register hingewiesen werden muss.

Was könnte auf dem Zettel stehen?

Aktennotiz	**Inhalt:**	**Aktennummer:**
	Eingangsdatum:	**Ausgabedatum:**
Anzahl: ❏ Seiten ❏ Pläne		
❏ lose ❏ gebunden	❏ nummeriert	❏ vollständig ❏ unvollständig
❏ Beilagen:		❏ weiterleiten an: zum Archivieren bereit:
❏ bezogen Nr.: Datum: Bemerkungen: Abteilung: Visum:	❏ bezogen Nr.: Datum: Bemerkungen: Abteilung: Visum:	❏ bezogen Nr.: Datum: Bemerkungen: Abteilung: Visum:
❏ Rückgabe Nr.: Datum: Bemerkungen: Abteilung: Visum:	❏ Rückgabe Nr.: Datum: Bemerkungen: Abteilung: Visum:	❏ Rückgabe Nr.: Datum: Bemerkungen: Abteilung: Visum:
❏ vollständig bearbeitet Datum: Bemerkungen: Sachbearbeiter: Visum:	❏ zum Archivieren bereit ❏ weiterleiten an:	❏ zum Versand an:

Objektiv orientieren

Verhandlungsbericht

Kaufmännische Berufsschule Luzern
Landenbergstr. 37
6005 Luzern

1/2

Neueinrichtung Informatikzimmer

Verhandlungsbericht
über die erste orientierende Sitzung vom 28.06.JJJJ, 17.00 –18.30 Uhr

Anwesend	Dr. Werner Lätsch, Rektor KBL, Luzern
	Hans Ackermann, Pädagogische Beratungsstelle, Luzern
	Ernst Emmenegger, Informatiker KBL, Luzern
	Albert Moser, Kantonaler Informatikbeauftragter, Luzern
	Peter Häfliger, Rektor IWB, Luzern
	Peter Zwimpfer, Informatiklehrer
	Ignaz Wyss, Sekretär

Ausgangslage

Dr. Werner Lätsch zeigt mit einer Grafik die in den letzten zwei Jahren erfreulicherweise wieder ansteigenden Schülerzahlen und weist gleichzeitig auf die wachsenden EDV-Bedürfnisse in der Wirtschaft hin.

Zwar verfüge die Kaufm. Berufsschule Luzern bereits über sieben Schulräume mit insgesamt 170 PC-Schulungsplätzen, doch die Zahl reiche nicht aus, die Nachfrage nach Unterrichtseinheiten in befriedigender Weise zu stillen. Zudem seien in zwei Zimmern noch PCs der letzten Generation installiert. Die Arbeit mit der Windows-Software sei auf diesen Geräten eine Zumutung für Kursleiter und Schüler. Eine dringende Sanierung dieser beiden Zimmer und die Einrichtung eines neuen Zimmers seien angezeigt.

Peter Häfliger weist darauf hin, dass die Räume auch für Höhere Kurse voll ausgelastet seien. Trotz Nachfrage könne er keine weiteren Kurse mehr anbieten.
Hans Ackermann vergleicht mit anderen Schulen, die höhere Schülerzahlen haben und auch nicht über mehr PC-Räume verfügen. Vielleicht bestehe die Möglichkeit, die vorhandenen Räume noch optimaler zu nutzen.

Peter Zwimpfer erinnert an die modernen Unterrichtsformen und sieht den künftigen Einsatz der PCs nicht nur zur Programmschulung, sondern als Instrument im vernetzten Unterricht zum Datenerfassen und -holen. Trotz guter Planung sei selbst in Randstunden ein aussergewöhnlicher Einsatz mit einer Klasse nicht möglich.

...

Objektiv orientieren

2/2

Der KBL-Informatiker Ernst Emmenegger hebt hervor, dass die Räume auch abends ausgelastet werden können; es gebe zudem immer wieder Anfragen von Firmen, welche die Schulungsräume mieten wollten.

Weiteres Vorgehen, Beschlüsse

Albert Moser, Kantonaler Informatikbeauftragter, erklärt, dass es nur möglich sei, bei nachgewiesenem Bedürfnis vom Kanton die entsprechende Unterstützung zu erhalten. Es sei nicht ausgeschlossen, dass auch der Kanton als Mieter in Frage komme; denn auch dort werde zurzeit ein neues Schulungskonzept für die EDV erörtert.

Hans Ackermann schlägt vor, dass die Schulverwaltung in einer Statistik die mögliche Entwicklung der Schülerzahlen in den kommenden fünf Jahren vorlegt und zugleich ein Einrichtungskonzept erarbeitet. Diese Unterlagen sollen den Sitzungsteilnehmern zugestellt werden.

Ernst Emmenegger erhält den Auftrag, bei verschiedenen Anbietern Offerten für die PCs, das Mobiliar und die Zimmereinrichtungen einzuholen. P. Zwimpfer, Informatiklehrer, und der Kantonale Beauftragte A. Moser sollen die Tauglichkeit für die Schule prüfen und die Preisangebote vergleichen.

Rektor W. Lätsch wird zu einer weiteren Zusammenkunft zum gegebenen Zeitpunkt, sicher noch vor den Herbstferien, einladen.

Luzern, 28.06.JJJJ

Ignaz Wyss, Sekretär

Adressliste Teilnehmer

Besonderes
Die Vornamen können im Verhandlungsbericht auch abgekürzt werden.

Medienkonferenz/Communiqué

Jedes Unternehmen hat einen eigenen Kommunikationsstil. Es verfasst aber nicht nur Botschaften an die Zielkunden, kommuniziert wird je nach Marktverhältnissen auch mit Lieferanten, Medien, Aktionären, Finanzinstitutionen, Verwaltungen, Mitarbeitern, Behörden und Verbänden.

Wollen Sie die Beziehung zur Öffentlichkeit planmässig pflegen, so informieren Sie bei aussergewöhnlichen Anlässen die Medien.

Anlass für umfassende Presse-Informationen geben beispielsweise ein Neubau, eine Gebäudeerweiterung, Betriebsbesichtigung, die Unterstützung kultureller Ereignisse, ein Jubiläum oder eine neue, technisch besonders interessante Anlage.

Gutes Einvernehmen mit den Medien ist wichtig! Lokalmedien oder Fachzeitschriften nehmen Neuigkeiten – wirkliche Neuigkeiten! – für ihr Publikum gerne auf.

Die Journalisten schätzen übersichtlich gestaltete, aussagekräftige Informationen, die wichtiges Aktuelles mit dem Unternehmen in Verbindung bringen.

Zu einer Pressekonferenz laden Sie die Medienleute mit einer sorgfältig vorbereiteten Presseinformation ein. Bedienen Sie die Teilnehmer am Anlass mit einer ausführlichen Dokumentation (Pressemappe), Fotos und Texten. Legen Sie der Dokumentation einen persönlich adressierten Begleitbrief mit Hintergrundinformationen bei.

Die Anwesenden schätzen vielleicht einen begleitenden, leichten Imbiss, um bei unbefangenen Gesprächen noch zu weiteren Exklusivinformationen zu kommen.

> Geben Sie den Journalisten, was sie brauchen.

> Durch Publizität gewinnt eine Botschaft an Glaubwürdigkeit. Mitteilungen im redaktionellen Teil wirken objektiver als in Zeitungsinseraten.

Medienkonferenz

Beim Verfassen eines Pressetextes achten wir auf **formale** und auf **inhaltliche** Schwerpunkte.

Konferenz

Anlass

Anlass	Zu einer Konferenz werden die Medien nur eingeladen, wenn ein **besonders wichtiger Grund** dies erfordert.
	Es können aktuelle Ereignisse von grösserer Tragweite sein, die eine ausführliche Information der Medien und eine **persönliche Stellungnahme** der Repräsentanten eines Unternehmens verlangen.
Themen	– Bilanz-Medienkonferenz – Eröffnung eines Büros bei einer grösseren Verkaufsstelle – besonders wichtiges Projekt mit Planungsschritten – Fusion – Krisenlage – neue Dienstleistungen oder neues Produkteangebot – Änderung der Geschäftspolitik

Pressecommuniqué

Formales

Absender	Angabe von Kontaktpersonen, die über den Inhalt des Communiqués und die Hintergründe informiert sind. *sehr wichtig* Name, Vorname, Funktion, Telefon, Telefax, E-Mail
Versanddatum	In sehr speziellen Ausnahmefällen Sperrfrist angeben. Die Ausgabesperre kann jedoch nur gewünscht, nicht erzwungen werden.
Gestaltung (Layout)	A4-Hochformat, einseitig beschriftet, breite Seitenränder, ca. 4 cm rechts und links, Zeilenabstand doppelt, leserfreundliche Schrift und Schriftgrösse (Times oder Helvetica 12–13 Punkt)
Papier	A4, weiss oder helle Farbe (nicht Briefpapier)
Fotos	Schwarzweiss, 13 x 18 cm, oder Dia (je nach Medium) Aussagekräftige Bilder wählen, dynamische Motive wählen, Personen zeigen
	Angabe des Fotografen, Fotos den Medien mit dem Vermerk **«Copyright durch XXX (Firma) abgegolten»** zur freien Verfügung geben
	Bildlegende auf der Rückseite des Bildes ankleben, in zweifacher Ausführung: eine für den Redaktor, die andere für den Umbruch
Begleitbrief	Mediencommuniqués werden meistens ohne Begleitbrief versandt.

Pressecommuniqué

Inhalte

Titel	Sachliche und informative Titel wählen
Lead	Zusammenfassung wichtigster Informationen
Struktur	Absätze, Zwischentitel
Stil	Für **alles** Schriftliche: Anstelle von «Herr» und «Frau» **Vornamen** verwenden. Keine passiven Satzkonstruktionen
Fremd-/Fachwörter	Möglichst wenig Fremd- oder Fachwörter
Abkürzungen	Nur offizielle Abkürzungen verwenden, sonst beim ersten Gebrauch oder mit einer Legende erklären

Medienkonferenz

Formales

Datum	Terminkollision mit anderen wichtigen Veranstaltungen (auch solche ausser Haus!) vermeiden
Wochentag	Auf den Redaktionsfahrplan Rücksicht nehmen Montag und Freitag sind beispielsweise bei den meisten Redaktionen weniger beliebt. Nicht geschätzt werden Samstag und Sonntag!
Tageszeit	Anreisewege und Schlusszeiten der Redaktionen beachten. Ideal: Mitte Morgen, offizieller Schluss vor dem Mittagessen
Verpflegung	Geschätzt wird ein Apéro und am Mittag fakultative, leichte, rasche Verpflegungsmöglichkeit in Form eines Buffets.
Fragezeit	Beliebt bei den Presseleuten ist die von der Firma eingeräumte Zeit, die Referenten persönlich noch tiefer befragen zu können.
Voravis	Wichtige Termine werden den Medien frühzeitig avisiert.
Einladung	Die eigentliche Einladung erfolgt kurzfristig, frühestens **zwei Wochen**, aber **spätestens eine Woche** vor der Veranstaltung. Medien, die durch keine Vertretung an der Konferenz anwesend sein können, erhalten eine Antwortkarte, um eine **Presse-Dokumentation** bestellen zu können.
Anmeldetalon	Der Einladung liegt ein **Anmeldetalon** bei. Medien, die auf die Einladung nicht reagieren, werden telefonisch nachgefasst. Der Anmeldetermin soll nicht zu früh angesetzt sein, ideal: **zwei Tage vor der Veranstaltung.**

Medienkonferenz

Ablauf

Absprache	– Medienkonferenzen werden mit der Geschäftsleitung abgesprochen und von ihr genehmigt.
Moderation	– Als Moderator kann ein PR-Verantwortlicher vom Betrieb oder ein aussen stehender «Medien-Profi» bestimmt werden.
Referate	– Die Fachreferate halten Mitglieder der Geschäftsleitung oder andere in- und externe Fachleute. Sie sprechen sich mit dem Moderator ab.

Dokumentation

Konferenz

Beilagen
- Mediencommuniqué
- Referate
- Fotos mit Bildlegenden (→ doppelt)
- Fact sheets
  Überblick über betriebswirtschaftliche Kennzahlen, Grafiken, technische Angaben
- Broschüren zum Thema
- Teilnehmerliste (→ nicht zwingend, da sie oft wieder ändert)
  Name, Vorname, Funktion, Unternehmen

Medienkonferenz

Pressemappe

Ihre Firma feiert das 100-jährige Bestehen und lädt die Kunden, die Nachbarn und die Pressevertreter zu einem «Tag der offenen Tür» ein.

Es werden eine Neuinvestition (Produkt, Gerät) und eine neue Dienstleistung vorgestellt. Vorgesehen sind auch zwei Fachreferate.

Anschliessend werden die Gäste bei Unterhaltungsmusik zu einem Apéro oder Zvieri im Festzelt eingeladen.

Laden Sie die Pressevertreter zu diesem Ereignis mit anschliessender Pressekonferenz ein. Eine Dokumentationsmappe wird an Ort und Stelle abgegeben.

Wie gestalten wir die Einladung?

• Briefumschlag: Adresse mit Ressortbezeichnung	Lokalredaktion
• Veranstaltungstitel und Zweck der Veranstaltung	Tag der offenen Tür
• Angaben zum Veranstaltungsverlauf	Programm

Was gehört auf die Einladung?

• Art des Anlasses	PR-Verantwortliche(r)
• Ort/Datum/Zeit	Anreisezeit (Bahn/Auto)
• Anmeldetalon	mit Adresse, frankiert
• Telefonnummer und Name der Kontaktperson (für Rückfragen, vorgängige Interviews oder Ähnliches)	direkte Linie, Fax-Adresse, E-Mail-Adresse

Was gehört in die Dokumentenmappe?

• Chef des Hauses (Name) → evtl. Eigentümer	*empfehlenswert*	Adresse, Tel.-Nr. Presseleute sprechen gerne mit dem obersten Chef
• PR-Verantwortliche(r) des Unternehmens	*sehr wichtig*	Adresse, Tel.-Nr.
• Organigramm, evtl. Leitbild	*empfehlenswert*	Auszüge
• ausführliches Mediencommuniqué	*sehr wichtig*	Rand: links + rechts je 4 cm
• Referate	*sehr wichtig*	Zeilenabstand doppelt
• Fotos mit Bildlegenden (Betrieb/Produkte)	*sehr wichtig*	13 x 18 cm
• betriebswirtschaftliche Zahlen	*sehr wichtig*	Diagramme
• Produktionsbeschrieb	*sehr wichtig*	Fabrik, Typ, Herstellung
• Teilnehmerliste	*empfehlenswert*	andere Betriebe / Medien
• Gästeliste	*empfehlenswert*	Prominenz

Privatbriefe, die es manchmal braucht ...

Wohnungssuche

Wenn Sie in der Zeitung eine Wohnung suchen, finden Sie auch Anbieter, die mit Chiffre-Inseraten anonym bleiben wollen. Das Inseratenbüro gibt auf Wunsch jedem Inserenten eine individuelle Kennziffer, die so genannte «Chiffre-Nummer». Spätere Anfragen wird dann das Inseratenbüro an den Adressaten weiterleiten.

Vor allem private Vermieter bevorzugen Chiffre-Angebote, damit sie zur Beantwortung der Anfragen ihre neuen Mieter nach selber ausgewählten Kriterien auswählen können.

> Chiffre A-123
> Publicitas Luzern
> Postfach
> 6002 Luzern

Wie soll man sich beim Anfragen verhalten?

Heben Sie Ihre Qualitäten als Mieter nicht aufdringlich, doch überzeugend hervor. Stellen Sie sich in ein positives Licht. Schreiben Sie Ihre gezielte Anfrage, begründen Sie Ihr Interesse, doch geben Sie dem nicht bekannten Anbieter nicht alles preis, nur jene Angaben, die im Inserat gewünscht werden.

Wohnungssuche Anfrage auf Inserat

Peter Taverna
ptaverna@tic.ch
041 410 92 17

3011 Bern, 20.04.JJ
Kornhausplatz 7

Chiffre-Nummer kann, muss aber nicht unterstrichen sein.

Chiffre A-123

Publicitas Luzern
Postfach
6002 Luzern

Anlass des Briefes Inhaltsübersicht

Inserat «NLZ», 19.04.JJ
3-Zimmer-Wohnung, Weggisgasse 12, 6004 Luzern

Individuelle Anrede oder keine

Guten Tag

In der «NLZ» bieten Sie eine geräumige, helle

3-Zimmer-Wohnung an der Weggisgasse 12, 6004 Luzern

zur Miete an. Ihr Angebot interessiert mich.

Sich diskret vorstellen Begründung des Interesses

Ab August werde ich bei der CREDIT SUISSE Luzern als Anlageberater die Stammkunden betreuen und ich möchte an einem ruhigen Ort in der Nähe meines Arbeitsplatzes wohnen können.

Falls Sie Referenzangaben oder weitere Auskünfte wünschen, erreichen Sie mich ab 17.00 Uhr unter 031 398 41 11.

Positiver Schluss

Es freut mich, wenn Sie mich zu einer Besichtigung einladen.

Freundliche Grüsse

Möchten Sie selbst beim Inseratenbüro Diskretion bewahren, so schreiben Sie bloss die Chiffre-Nummer des Inserates auf den Briefumschlag. Diesen Brief stecken Sie in ein grösseres, normal adressiertes Kuvert, das Sie dem Inseratenbüro zustellen.

Wohnung

Beanstandung an den Vermieter

Wenn Sie eine Wohnung im Mietverhältnis übernehmen, halten Sie unmittelbar beim Bezug in Ihrem Interesse allfällige Mängel in einem Protokoll fest.

Viel später, nach dem Wohnungsbezug, können Sie aber auch von Ihnen unverschuldete, versteckte Mängel entdecken, die unverzüglich oder erst später beseitigt werden müssen. Über diese benachrichtigen Sie den Vermieter in einem Brief, der vom Briefträger gegen Unterschrift ausgehändigt werden soll (→ «Lettre signature»).

Zurückhaltend in der Wortwahl, doch verbindlich und sachlich schreiben.

Wohnungsübernahme Antrittsprotokoll

→ Stellen Sie eindeutige, unverschuldete Wohnungsmängel erst später fest, so schreiben Sie einen Brief, den Sie als «Lettre signature» zustellen lassen.

→ Der «svit» (Verband für Immobilien-Treuhänder) hat zur Wohnungsübergabe praktische Checklisten erstellt, die bei der Wohnungsübernahme gegenseitig unterschrieben werden.

Wohnungsabnahme
Datum: 02.04.JJ/16.30

Mietobjekt		3-Zimmer-Wohnung, 1. Stock Süd
		Bahnhofstrasse 27, 8887 Mels
Vermieter		Ku+Pfi Treuhand AG
Neue Mieterin		Frau Séline Lampart, Bahnhofstrasse 27, 8887 Mels
Anwesend		Frau S. Lampart und Herr R. Moser, Ku+Pfi Treuhand AG

Folgende Mängel werden festgestellt:

Schlüssel		Briefkastenschlüssel fehlt
Küche	Spültrog	gut sichtbare Kratzer
	Hahnen	Warmwasser tropft
	Boden	2 Fliesen haben Risse
Bad/Dusche	Badewanne	Kratzer
	Abort	Brille hat kleine Risse
Wohnzimmer	Boden	Teppich hat vier kleine Brandflecken
Zimmer Süd	Fenstersims	Farbflecken
Zimmer Nord	Türe	Schlüssel fehlt
Estrich	Abteil	Schlüssel fehlt
Korridor	Lampe	Glasschale zerbrochen

8887 Mels, 02.04.JJ

Mieterin: Vermieter/Verwalter:

(Unterschrift S. Lampart)   (Unterschrift R. Moser)

Beanstandung **Wohnungsmängel**	Peter Taverna ptaverna@tic.ch 041 410 92 17	6004 Luzern, 28.10.JJ Weggisgasse 12

«Lettre signature»
› Briefempfang soll mit Unterschrift quittiert werden.

Lettre signature

Birrer Immobilien-Treuhand AG
Hirschengraben 7
6003 Luzern

Beschwerde/
Beanstandung
Anlass? Wo?

Beanstandung
3-Zimmer-Wohnung, Weggisgasse 12, 6004 Luzern

Individuelle Anrede

Guten Tag

Hinweis aufs Abnahmeprotokoll

Vor gut vier Monaten, am 16.06.JJ, habe ich die geräumige

3-Zimmer-Wohnung, Weggisgasse 12, 6004 Luzern

mit einem Abnahmeprotokoll als Mieter übernommen. Nun muss ich Mängel feststellen, die sich beim Bezug des Mietobjektes nicht gezeigt haben:

Mängel beanstanden und möglichst genau beschreiben

1. Backofen
   Der Temperaturregler oder der Backofenthermostat funktioniert offenbar nicht mehr einwandfrei, denn schon mehrmals war das Backgut trotz Niedrigtemperaturwahl zu dunkel.

2. Zimmertemperatur
   Im Arbeitszimmer ist es in den kühlen Herbstnächten ungemütlich kalt: 18°. Die bereits entlüfteten Radiatoren werden trotz geöffneter Ventile nicht warm.

Ich bitte Sie, die Mängel möglichst bald beseitigen zu lassen.

Bitte,
Mängel zu beheben, oder
Vorschlag unterbreiten, allenfalls
Reduktion der Miete

Freundliche Grüsse

Wohnungskündigung

Unbefristete Mietverhältnisse können Sie unter Einhaltung der gesetzlichen Fristen und Termine kündigen, sofern keine längere Frist oder ein anderer Termin vereinbart wurden. Halten die Parteien die vertragliche Frist oder den Termin nicht ein, so gilt der nächstmögliche Kündigungstermin.

Was müssen wir wissen?

Mieter und Vermieter von Wohn- und Geschäftsräumen müssen schriftlich kündigen. Mündliche Vereinbarungen sind nicht rechtsgültig. Ist das Mietobjekt die Familienwohnung, so haben zur gültigen Kündigung beide Ehepartner zu unterzeichnen. Kündet der Vermieter oder setzt er eine Zahlungsfrist mit Kündigungsdrohung an, so ist der Brief dem Mieter und seinem Ehegatten mit **getrennter** Post zuzustellen.

Es gibt verschiedene Gründe zur Kündigung einer Wohnung, vielleicht sind es familiäre oder berufliche Veränderungen. Kündigungen gehören bestimmt nicht zu den Alltagsbriefen.

Kündigungsbriefe sind «lettre signature» zu versenden.

Wohnungs-kündigung	Peter Taverna ptaverna@tic.ch 041 410 92 17	6004 Luzern, 20.06.JJ Weggisgasse 12
Bei Kündigungen gilt «Briefaushändigung gegen Unterschrift» → «Lettre signature»	LETTRE SIGNATURE Birrer Immobilien-Treuhand AG Hirschengraben 7 6003 Luzern	
Was?, Wo? – Betreffzeile bringt eindeutige Inhaltsübersicht.	**Kündigung** *3-Zimmer-Wohnung, Weggisgasse 12, 6004 Luzern*	
Individuelle Anrede	Guten Tag	
Begründung der Kündigung nicht zwingend, doch vorteilhaft.	Aus beruflichen Gründen nehme ich neuen Wohnsitz in Bern. Deshalb kündige ich unter Einhaltung der vertraglich vereinbarten Kündigungsfrist den Mietvertrag vom 01.06.JJ für meine	
Vertraglich vereinbarte Kündigungsfrist beachten *Besonderes* Brief rechtzeitig aufgeben. Der Empfänger muss den Brief **v o r** Beginn der Kündigungsfrist erhalten.	3-Zimmer-Wohnung, Weggisgasse 12, 6004 Luzern auf den 1. Oktober JJJJ. Vielen Dank für die angenehme Zusammenarbeit. Freundliche Grüsse	

**Dienstleistung
Beanstandung
Ferienarrangement**

Inge Bütikofer
Sonnbühlstrasse 5
6006 Luzern

Briefaushändigung
gegen Unterschrift,
ohne Versicherung!

Lettre signature

PRESTA Reisen
Direktion
Postfach
6340 Baar

09.03.JJ

Ferien in Malaysia

Guten Tag

Zum Einstieg Sachlage festhalten

Unsere diesjährigen Winterbadeferien verbrachten wir in der Zeit vom 14.02.JJ - 28.02.JJ in Malaysia, auf der Insel Penang, im Hotel Bayview Pacific. Dieses Arrangement wurde uns durch PRESTA-Reisen angeboten. Im Reiseprogramm war deutlich vermerkt «Unsere Vertretung erwartet Sie am Ausgang» ...

Erbrachte Leistung übersichtlich erklären, allenfalls auf Fotos, Belege, weitere Zeugen hinweisen.

Man durfte also annehmen, dass von der PRESTA irgendein Deutsch sprechender Vertreter die Schweizer Gäste betreuen würde ... Leider war dem nicht so: Es stand bei der Ankunft lediglich ein Englisch sprechender Mann mit einem Plakat beim Flughafen; dieser holte uns per Taxi ab und brachte uns zum Hotel. Unterwegs strengte er sich sehr an, uns bereits eine Inseltour für den nächsten Tag zu verkaufen, und am Ziel nahm er uns auch schon bei der Ankunft den Transportgutschein zur Rückfahrt ab ...

Erst drei Tage später lag die beiliegende Kopie einer Meldung der Reliance Tours im Schlüsselfach, sonst war nirgends etwas, nicht ein einziger Brief oder eine Mitteilung der PRESTA-Vertretung. Von anderen Reisebüros hingen Prospekte und Hinweise an speziellen Anschlagbrettern. Auch nach Rückfragen an der Reception wusste man nichts von PRESTA. – Der Zufall wollte, dass wir von Deutsch sprechenden Gästen angesprochen wurden, ob wir auch nicht wüssten, wer die PRESTA vertrete ... Wir waren also nicht die Einzigen, die wegen dieser Situation nicht zufrieden waren.

Im Hotel hatten wir Glück, weil wir auf einem Anschlagbrett der «Vögele Reisen Zürich» Hinweise auf Inselrundfahrten und andere Besichtigungstouren finden konnten. Die Reiseleiterin der Vögele Reisen, Frau Beatrice Jaggin, die sich im Hotel um das Wohl ihrer Gäste sorgte, war dann auch so freundlich und nahm uns auf allen Ausflügen, die sie organisierte, mit. Sie gab uns auch bereitwillig kompetente Auskünfte über weitere Ausflugsmöglichkeiten und wies auch auf bestimmte Modalitäten hin.

Sie besorgte auf unseren Wunsch drei Tage vor Abflug die Platzreservierung für unseren Rückflug. Wohl war der Flug reserviert, doch die Plätze wurden im Flughafen von der Reliance Tours nicht bestätigt. Dies hätte man unbedingt bereits früher tun sollen! Wir waren so verspätet, dass wir im Flugzeug jene Plätze zu nehmen hatten, die es eben noch gab, fensterlos und neben den WC-Türen ... Übrigens ... Erst am Vorabend lag dann wieder eine Mitteilung im Fach, dass wir vom Taxi zur Rückreise abgeholt werden. Wir waren also bis dann im Ungewissen, ob wir die Reise zum etwa 40 km entfernten Flughafen selber zu organisieren hatten; schliesslich hatte uns ja «Ihr Vertreter» den Gutschein für den Rücktransport schon bei der Ankunft abgenommen ...

Zum Hotel: Das Hotel Bayview ist ein sauberes, sehr gut geführtes Hotel mit einer schönen Parkanlage und Swimming-Pool im Freien. Es stimmt wirklich alles, und die Gäste werden vom Personal freundlich und zuvorkommend bedient. – Leider fliesst gleich neben dem Hotel in einem etwa drei Meter breiten Kanal das Abwasser der nahen Kläranlage ins Meer, und zwar so, dass sich das Wasser noch am Ufer verteilt. Es ist deshalb aus hygienischen Gründen kaum mehr möglich, am Hotelstrand und in der näheren Umgebung im einladend warmen Meerwasser zu baden, und wer das Bad trotzdem im auch von Abfällen verschmutzten Wasser wagte, musste damit rechnen, Opfer von schmerzbereitenden Quallen zu werden, die besonders häufig anzutreffen waren.

Man sah trotz des heissen Wetters kaum Leute im Meer baden ...

Vorschlag zur Bereinigung unterbreiten oder um einen Vorschlag bitten.

Nun sind wir wieder im Alltag und froh, dass die Reise trotz mangelnder oder schlechter Reisebetreuung gut verlief. Wir können aber Ihr Reiseangebot nicht weiterempfehlen; denn das Familienarrangement bot nur einen Teil der im Angebot versprochenen Annehmlichkeiten und Leistungen. Für die erbrachte Minderleistung am Aufenthaltsort erwarten wir deshalb die Rückvergütung von CHF 850.00, nämlich 10 % des von uns im Voraus überwiesenen Pauschalpreises.

Freundliche Grüsse

Message Reliance (Kopie)

Dankesbrief

Danke sagen, eine sympathische Tugend! – Vielleicht wollen Sie nach Glückwünschen danken, oder es hat Ihnen jemand eine besondere Gefälligkeit getan, vielleicht hat während ihrer Abwesenheit jemand zur Wohnung geschaut, die Blumen getränkt, die Tiere gefüttert, oder vielleicht waren Sie einer Einladung gefolgt. Dankesbriefe sind sehr individuell; sie werden in der ganzen Form auf den Adressaten und den entsprechenden Anlass zum Danken abgestimmt.

Privat schreiben wir solche Briefe mit der Hand. Dies ist zwar sehr aufwändig, doch Sie zeigen, dass Sie sich Zeit nehmen zu einem ganz persönlichen Dank.

Für das Verfassen von Dankesbezeugungen gibt es keine festen Briefvorlagen. Der Text kann freundlich, zurückhaltend als auch unbefangen, sehr persönlich wirken. Inhalt und Stil werden immer abhängig sein von der Beziehung der Briefpartner untereinander und vom Beweggrund, der den Schreibenden zum Danken veranlasst.

Vor hundert Jahren ...

> Weimar, den 7. August
>
> Hochgeehrter Herr
>
> Ich ersehe aus dem Schreiben meines Freundes Schlosser, dass Sie auf seinen Antrag erbötig sind, mir mit den erbetenen 400 Mk. aus der drückenden Verlegenheit zu helfen, in der ich mich befinde.
>
> Ich bin Ihnen für diese gütige Hilfe um so dankbarer, da ich mir auf keine andere Weise zu helfen wusste. Das grosse Vertrauen, das Sie mir bei dieser Gelegenheit bewiesen haben, weiss ich nach seinem vollen Werte zu schätzen; ich werde mich bemühen zu zeigen, dass ich seiner nicht unwürdig bin.
>
> Mit dem Versprechen, zur angegebenen Zeit Ihr Darlehn nebst Zinsen pünktlich zurückzuzahlen, versichere ich Sie meiner innigsten Dankbarkeit und bleibe
>
> Ihr
> dankbar ergebener
> Theodor Balz.
>
> Quelle: Prof. E. Walder «Moderner Muster-Briefsteller», 1900

Individuell danken

Dank fürs Blumengiessen

25/07/JJ

Liebe Nachbarn

Wir freuen uns, dass wir seit gestern wieder im vertrauten Luzern sind. Nach der langen Amerikareise etwas müde, war unsere Rückkehr noch angenehmer, als wir unser Zuhause sorgsam gepflegt wiedergefunden haben.

Die Blumen stehen in voller Pracht und kaum waren wir in der Wohnung, begrüsste uns schnurrend unser wohlgenährter Kater, den Sie während unserer Abwesenheit versorgt haben.

Für Ihre «Hütedienste» danken wir Ihnen herzlich und hoffen, dass Ihnen das typisch amerikanische Souvenir Freude bereitet.

Edith und Alfred Guyer

Der Dank wirkt noch persönlicher, wenn die Karte mit dem Präsent, statt vor die Türe gestellt, persönlich überreicht wird.

Dank nach einer Einladung

Liebe Inge
Lieber Oskar

Für die grosse Gastfreundschaft, die wir am Wochenende bei euch erfahren durften, danken Fritz und ich herzlich.

Es war so schön, sich beim schmackhaft zubereiteten italienischen Essen und dem edlen italienischen Tropfen an unsere gemeinsame schöne Ferienzeit mit unseren Kindern in der Toskana zu erinnern. Besonders überrascht waren wir, wie viele Details wieder auflebten, die auch manches verschmitzte Lächeln auslösten ...

Ein toller Abend, wir haben ihn sehr genossen!

Regina

Dank für ein Geschenk

Liebe Arbeitskolleginnen
Liebe Arbeitskollegen

18.03.JJ

Das war eine echte Überraschung! Für die vielen Glückwünsche und das grosszügige Hochzeitsgeschenk, das vor unserer Wohnungstüre stand, danken wir herzlich.

Sicher werden Inge und ich in unserer Stube einen passenden Ort auswählen, wo das farbenprächtige, ausdrucksvolle Bild platziert werden kann.

Nach den Ferien wird mein neuer Zivilstand in der Abteilung mit einem Brunch kräftig gefeiert!

Walter Weibel

Individuell danken

Dank **für** **Glückwunsch**	Lieber Alfons	18.03.JJ

Für deine Glückwünsche zu meinem beruflichen Erfolg danke ich dir. Es freut mich, dass ich nun endlich wieder Zeit habe, ungezwungen – ohne ständige Gedanken an den Diplom-Abschluss – mit dir und unseren Kollegen die gemütlichen Jass- oder Plauderabende verbringen zu können.

Hast du am nächsten Freitagabend frei? Wie wärs mit einem gemeinsamen Nachtessen? Ich freue mich auf deinen Anruf.

Gabriel

Dank
an Tierschutz,
verbunden
mit Anregung

Schweizer Tierschutz
Dornacherstr. 101
4008 Basel

10/08/JJ

Sehr geehrte Damen und Herren

Eine Anregung, die mit einem Dank eingeleitet wird, findet eher Zuspruch.

Vielen Dank für Ihre aufschlussreichen Rundbriefe. Mit grossem Respekt beachte ich Ihre Aktionen gegen quälerische Tierhaltungen. Gerne werde ich Sie mit einem Beitrag unterstützen.

Überleitung,
Darlegung des Problems

Bei dieser Gelegenheit bitte ich Sie auch zu prüfen,

- ob es bei den **heute möglichen Kühltechniken** überhaupt noch notwendig ist, das Schlachtvieh auf Schiene und Strasse über weite Strecken zu transportieren.
  Die schlecht betreuten Tiere leiden bestimmt über lange Zeit unter Hunger und Durst. Vor allem in Ostländern ist der Umgang mit dem Transportvieh bekanntlich nicht zum Besten bestellt.

- ob es mit den **heutigen Konservierungsmöglichkeiten** überhaupt noch angebracht ist, vor Gasthäusern die scheuen Zuchtforellen in den kleinen Aquarien, die Scheiben oft von Algen bewachsen, lebend zu hegen.
  Werden diese Tiere überhaupt noch gefüttert? Werden die Anbieter von amtlichen Stellen überwacht? Wer kontrolliert die Zuchtbetriebe? Ich sehe in der Innerschweiz selbst Transporter aus dem Wallis, die mit lebenden Fischen unterwegs sind ...

Anregung, bitte nicht Befehl!

Oft wird das Fleisch nach dem Tod der Tiere ohnehin konserviert, vakuumiert und eingefroren. Deshalb bitte ich Sie zu prüfen, ob es möglich ist, die Tierschutzgesetze so zu ändern, dass Transporte mit Lebendschlachtvieh

über 50 km oder länger als eine Fahrstunde

verboten werden.

Positiver Schluss

Ihren Einsatz schätze ich sehr, und ich bin überzeugt, dass Ihre aufklärenden Schriften manchen «ahnungslosen» Tierhalter zum Nachdenken über das Tier als Wesen und nicht als Ware veranlasst.

Freundliche Grüsse

Individuell danken

Dank und Absage	Sali Inge	08.11.JJ

Für die Einladung zur Vernissage danke ich herzlich. Ich freue mich mit dir, dass du in der Rathaushalle deine aussagekräftigen Bilder und Plastiken auch der Öffentlichkeit vorstellen darfst.

Gerne hätte ich mitgefeiert und an der Vernissage teilgenommen, doch ich bin bis Mitte Dezember in New York, wo ich mit einer Tessiner und einer Westschweizer Kollegin an einem Kulturprojekt für junge Kunstschaffende mitarbeiten darf.

Sicher hast du nichts dagegen, wenn ich mich nach der Rückkehr bei dir melde, um die Kunstobjekte unter deiner Führung in Ruhe betrachten zu können. – Danach möchte ich dich zum Mittagessen einladen, wobei wir bestimmt Gelegenheit finden, einige lustige Erlebnisse aus unserer gemeinsamen Studienzeit an der KGL aufzufrischen.

Ich wünsche dir viel Erfolg!

Regina

Dank an Reisebüro	Ferien in Malaysia	03.03.JJ

Guten Tag

Unsere diesjährigen Winterbadeferien verbrachten wir vom 14.02.JJ - 28.02.JJ in Malaysia, im «Bayview Pacific» auf der Insel Penang.

Während des Aufenthaltes entdeckten wir im Hotel Hinweise der Vögele Reisen AG für Inselrundfahrten und andere Besichtigungen. Ihre Reiseleiterin, Frau Beatrice Jaggin, gab uns bereitwillig Auskunft. Während des ganzen Ferienaufenthaltes beriet uns Ihre Angestellte wie ihre eigenen Gäste, obwohl wir nicht bei Ihrem Unternehmen gebucht hatten. Sie besorgte uns sogar die Platzreservierung für den Rückflug.

Wir danken der Vögele Reisen AG und der umsichtigen und freundlichen Reiseleiterin Frau Beatrice Jaggin für die Betreuung und die vielen guten Dienste.

Es gibt wohl keine günstigere und bessere Reklame für ein Reisebüro als gut ausgebildetes, freundliches Betreuungspersonal … Wir bitten Sie, uns künftig beim Versand der Vögele-Kataloge für Flugreisen und Badeferien auf die Adressliste zu setzen. Vielleicht finden wir das nächste Mal bei Ihnen ein passendes Arrangement …

Darf ich Sie bitten, unseren herzlichen Dank an Frau Jaggin nach Penang weiterzuleiten?

Freundliche Grüsse

Gabriel Bosshard

Individuell danken

Abmeldung für GV und Dank	08.03.JJ

Yachtclub-GV, Dienstag, 23.03.JJ

Sehr geehrter Herr Präsident
Geschätzte Vorstandsmitglieder

Vielen Dank für die Einladung zur GV. Bedauerlicherweise kann ich den Anlass nicht besuchen; denn aus familiären Gründen bin ich an diesem Abend ortsabwesend.

Auf die kommende Segelsaison freue ich mich sehr, und ich hoffe, wieder vermehrt auch am monatlichen Clubstamm dabei zu sein.

Ich wünsche Ihnen und den anwesenden Mitgliedern einen angenehmen Versammlungsverlauf und danke der Clubleitung für die grosse Arbeit, die geleistet wird.

Mast- und Schotbruch!

Gabriel Bosshard

Zum Abschied
Kollektivdank

Chor des Luzerner Theaters

18.07.JJ

Sehr geehrter Herr Schmeller

Nächste Saison werden Sie als Kapellmeister an einem grossen Theater in Augsburg eine neue Stelle antreten. Wir können Ihren Wunsch nach einer neuen Herausforderung verstehen, doch wir bedauern sehr, dass Sie uns verlassen werden.

Als erfahrener Musiker haben Sie mit dem Theaterchor die oft anspruchsvollen Werke ausgezeichnet vorbereitet, und an den Proben trug Ihr kooperativer Führungsstil viel dazu bei, dass Ihre hoch gestellten Ziele auch erreicht werden konnten. Ihre Fachkompetenz haben wir sehr geschätzt, und Sie behielten auch unter Zeitdruck, was ja in einem Theater die Regel ist, immer Ruhe und Übersicht. Die Chefdirigenten durften für ihre Aufführungen stets einen gut vorbereiteten Chor übernehmen.

Sie haben hohe, aber klare Anforderungen gestellt und systematisch gearbeitet. In Gesprächen mit Fachleuten war immer wieder zu vernehmen, dass die Leistungen des Chores am Luzerner Theater musikalisch deutlich verbessert wurden, selbst in der Presse wurde das hohe Niveau des Luzerner Theaterchores regelmässig lobend erwähnt.

Wir danken Ihnen herzlich für die unermüdliche und sehr erfolgreiche Arbeit mit uns Chorsängern.

Freundlicher Gruss

Individuell gratulieren

Glückwünsche

Für Glückwunschbriefe braucht es Musse. Vielen Absendern fällt es offenbar trotz persönlicher Anteilnahme schwer, einen eigenen Text zu verfassen.

Keiner will für Glückwünsche unpersönliche Standardsätze aus Briefmodellen übernehmen, doch die Bequemlichkeit, abgedroschene Formulierungen zu gebrauchen, bietet sich hier gerne an.

Glückwunschtexte müssen nicht lange sein, doch sie sollen von Herzen geschrieben sein.

Vermeiden Sie abgedroschene Wendungen, schreiben Sie persönlich. Selbst einfache Sätze, von uns verfasst – so wie gesprochen, vielleicht in Mundart! –, wirken persönlicher als ein erzwungener Reim.

Wer keinen Glückwunschbrief schreiben will, wählt stattdessen eine geeignete Karte – vielleicht mit einem passenden Blumenstrauss.

Zur Geburt
Brief an den Neugeborenen

→ Briefumschlag: Briefpost-Adresse auf den Namen des Kindes ausstellen.

21.11.JJ

Lieber Gabriel

Wir freuen uns mit deinen Eltern Mélanie und Pascal sehr, dass du als gesunder, kräftiger Bube in unsere Welt gekommen bist!

Gerne begleiten wir dich in deinem Leben und wir wollen stets auch etwas beitragen, dass du viele fröhliche Stunden erleben darfst.

Ignaz und Erika

Geburtstag

→ Dieser für einen 18-Jährigen passende, weniger formale Text soll Anregung zum Selberentwerfen sein.

Hallo Gabriel

a c h t z e h n !
21.11.JJ

Ab sofort

1. Volljährigkeit
2. Handlungsfähigkeit
3. Unterschriftsberechtigung
4. Beistandsfähigkeit
5. Bürgschaftsfähigkeit
6. Feuerwehrdienstpflicht
7. Führerschein
8. Heiratsfähigkeit
9. Initiativrecht
10. Kinofilmerlaubnis
11. Referendumsrecht
12. Spielsalontauglichkeit
13. Stimmrecht
14. Stimmenzählertauglichkeit
15. Unabhängigkeit
16. Wählbarkeit als Bundesrat
17. Wahlrecht
18. Wohnsitzfreiheit

Wir wünschen Glück!

Ignaz und Erika

Individuell gratulieren

Geburtstag	*21.11.JJ*

Lieber Gabriel

Zu deinem zwanzigsten Geburtstag wünschen wir dir alles Gute, Gesundheit und viel Freude privat und im Beruf.

Oskar und Inge

Prüfungserfolg	*11.08.JJ*

Liebe Séline

Die «Neue Luzerner Zeitung» hat mir heute verraten, dass du die KV-Lehre mit Auszeichnung abgeschlossen hast. – Ich freue mich mit dir und ich wünsche dir gute Gesundheit und viel Erfolg im Beruf.

Oskar

Beförderung	*11.08.JJ*

Lieber Gabriel

Herzliche Gratulation zu deiner Beförderung! Ich freue mich mit dir, dass du zum neuen Leiter der technischen Abteilung gewählt worden bist und nun die erworbenen Fachkenntnisse in der Praxis umsetzen kannst.

Sicher wird es dir mit deinem vorbildlichen Einsatz und deiner Erfahrung auch leicht fallen, die vielen Angestellten zu motivieren und bei ihrer anspruchsvollen beruflichen Tätigkeit zu unterstützen.

… aber achte gut darauf, dass du auch noch Zeit hast für deine Familie und zum Tennisspielen. Alles Gute!

Oskar

Individuell schreiben

Allerlei

Tennisclub
Passivmitgliedschaft

28.10.JJ

Aktivmitgliedschaft Tennisclub LIDO

Sehr geehrter Herr Präsident

Seit über 15 Jahren bin ich beim **TCL Aktivmitglied,** doch in den letzten Jahren hatte ich kaum Gelegenheit zu spielen.

Deshalb will ich für die kommende Saison nicht mehr die Spielberechtigung als Aktiver lösen. Gerne möchte ich jedoch, sofern dies möglich ist,

Mitglied des Clubs bleiben,

damit ich später mit der Überweisung des Saisonbeitrages wieder die Spielberechtigung als Aktiver erhalte.

Ich hoffe, dass dies möglich sein wird. Darf ich Ihre Nachricht bald erwarten?

Freundliche Grüsse

Krankenkasse
Anfrage Kurbeitrag

18.02.JJ

Kurbeitrag, Vers.-Nr. 96206190168, Markus Bütler

Bei der letzten Arztvisite hat sich herausgestellt, dass aus medizinischer Sicht für mich ein Kuraufenthalt in einer medizinischen Klinik mit Therapiemöglichkeiten empfohlen werden muss. Ein entsprechendes Arztzeugnis liegt bei.

Nun bitte ich Sie um folgende Auskunft:

> Wie hoch sind die Leistungsbeiträge der Kasse?
>
> Wird die Kasse auch den Aufenthalt in einer Auslandklinik, die vermutlich kostengünstiger ist als eine schweizerische, akzeptieren? Eine Liste mit drei Adressen aus Deutschland, die der Arzt empfehlen kann, liegt bei.
>
> Was muss ich administrativ vorkehren? – Ich möchte keinen Arbeitsausfall und bin bereit, den vorgesehenen 14-tägigen Kuraufenthalt während meiner Ferien im Juni zu verbringen.

Damit ich mich rechtzeitig anmelden kann, bitte ich Sie, Ihre Auskunft so bald wie möglich zu erteilen.

Vielen Dank und freundliche Grüsse

- Arztzeugnis
- Adressliste Auslandkliniken

Krankenkasse
Zustellung
Arztrechnung

Markus Bütler
Disponent

6006 Luzern,
Schädrütihalde 54

KONKORDIA
Krankenkasse
Winkelriedstrasse 53
Postfach 3663
6003 Luzern

Kassenleistungen

Mitglieder-Nrn.:
° 96206190168 *Markus Bütler*
° 96418025106 *Sarah Bütler*
° 98905095031 *Séline Bütler*
° 98905095031 *Björn Bütler*

Guten Tag

Bitte überweisen Sie den rechtmässigen Versicherungsanteil der beiliegenden Arzt-, Apotheker- oder Therapeutenrechnung auf folgendes Bankkonto:

Luzerner Kantonalbank
Pilatusstrasse 12
6003 Luzern

Konto 01-00-044882-10
Markus Bütler

Besten Dank für Ihre Bemühungen.

Freundliche Grüsse

→ Diese Vorlage dient zum Erstellen eines individuellen Formularbriefs an Ihre Krankenkasse.

Bei normgerechter Briefdarstellung können Sie zum Versand C 5/6-Briefumschläge mit Adressfenster verwenden.

- *Belege* ☐ Arztrechnung
  ☐ Rechnung Apotheke
  ☐ Therapie, Honorarrechnung

Versicherung
Halterwechsel
Kündigung

29.10.JJ

(Lettre signature)

KÜNDIGUNG Police Nr. 19.654.921
MAZDA 121. LU 166 966

Guten Tag

Auf den 31.12.JJJJ kündige ich wegen Halterwechsel den Versicherungsvertrag für das Fahrzeug «Mazda 121».

Ab 01.01.JJ gehört das Auto meiner Tochter. Sie wohnt nicht im Kanton Luzern; das Fahrzeug wird künftig vom Arbeitgeber versichert.

Freundliche Grüsse

Individuell schreiben

Bank
Dauerauftrag

Konto H. 01-00-343461-06. Markus Schmidle

Dauerauftrag

Bis zu meinem Abruf bitte ich Sie, folgenden

Dauerauftrag jeweils per 28. des laufenden Monats

vorzunehmen, und zwar erstmals am 28. Juli JJJJ an:

> UBS
> Pilatusstrasse 8, 6002 Luzern
> Konto:
> Liberty-Sparkonto 542.310.M2 R
> lautend auf
> Birrer Treuhand AG Luzern

Betrag CHF 2 000.00

Besten Dank!

Bank
Überweisungs-
auftrag

Überweisungsauftrag

28.02.JJ

Guten Tag

Ich bitte Sie, ab Konto

M1Q 021-564003-8-11
> Inhaber
> Thomas Schmidiger, Luzern
> UBS Luzern

CHF 8 000.00

umgehend zu überweisen an

> CREDIT SUISSE LUZERN
> Konto 0463-245234-10-2
> Inhaber
> Thomas Schmidiger, Luzern
> CS Luzern-Schwanenplatz

Vielen Dank und freundliche Grüsse

Individuell schreiben

Polizei Einsprache gegen Ordnungsbussen-verfügung	01.07.JJ
Briefempfang wird bei der Übergabe mit Unterschrift quittiert.	Lettre signature
Betrifftvermerk	LU 62 926 Art. 79, Abs. 4, SSV. Bussenverfügung, 28.06.JJ
Eingabefrist beachten!	**Einsprache**
Überleitung	Guten Tag
Sachverhalt objektiv darstellen	Vor drei Tagen blieb für den Warenumschlag unser Servicewagen, LU 62 926, während 30 Minuten vor dem Kunsthaus Luzern innerhalb der Parkverbotszone stehen.
Begründung der Einsprache	Polizeibeamter B. Meyer hatte aus diesem Grund eine Bussenverfügung, CHF 100.00, ausgestellt. Offenbar hat er die an der Frontscheibe angebrachte offizielle Sonderbewilligung zum Parkieren vor dem KKL übersehen.
Gegen Verfügung Einsprache erheben und Antrag stellen	Wir erheben Einsprache gegen die Bussenverfügung und bitten Sie, diese als ungültig zu erklären.
Positiver Schluss	Freundliche Grüsse ARTIS AG LUZERN
Beweismittel	- Parkier-Erlaubnis (Kopie) - Bussenzettel
→ Die Einsprache ist offizielles Rechtsmittel, das Sie innerhalb der vorgegebenen Frist zur Wiedererwägung einsetzen können.	

Individuell schreiben

Strassenverkehrs-amt
Halterwechsel

27.12.JJ

Halterwechsel, LU 166 966

Ab 01.01.JJ gehört das Fahrzeug «MAZDA 121» meiner Tochter

Séline Bütler, Rietstr. 86A, 8640 Rapperswil.

Sie wird das Fahrzeug ab Jahresbeginn im Kanton ST. GALLEN neu immatrikulieren lassen.

Da ich die Motorfahrzeugsteuern fürs neue Jahr bereits bezahlt habe, bitte ich Sie, diese an meine Adresse zurückzuerstatten oder für mein Zweit-Fahrzeug gutzuschreiben.

Ich wünsche Ihnen eine gutes neues Jahr und grüsse Sie freundlich

Kopien
- Fahrzeugausweis
- Bestätigung. Strassenverkehrsamt St. Gallen

Internet
Kündigung Provider

Lettre signature

Briefübernahme gegen Unterschrift

15.03.JJ

Kündigung Internet-Abonnement

Seit dem 02.06.JJ nutze ich als Abonnent Ihr Internet-Angebot. Wegen Nichtgebrauch

kündige ich den Anschluss
unter Einhaltung der vertraglichen Abmachungen
auf den 30.06.JJ

Vielen Dank für die geleisteten Dienste.

Freundliche Grüsse

→ Mit *«kündige»* wird der Wille zur Auflösung des Vertrages eindeutig klar.

Individuell schreiben

Steueramt Steuerveranlagung Einsprache	10.02.JJ	
Briefaushändigung nur gegen Unterschrift	Lettre signature	
Betrifftvermerk	Einsprache. Steuerveranlagung, Register-Nr. 672.62.289	
Anrede angemessen	Sehr geehrte Damen und Herren	
Begründen Sie, weshalb Sie schreiben.	Vor zehn Tagen habe ich die definitive Steuerveranlagung für das Jahr JJJJ erhalten.	
	Meine in der Selbstdeklaration für Fahrtkosten zum Arbeitsplatz aufgeführten Abzüge, **CHF 1 450.00,** haben Sie um CHF 1 000.00 gekürzt auf **CHF 450.00** mit der Begründung:	
Angefochtene Verfügung wörtlich aufführen oder wie hier darauf verweisen.	*Wegen des kurzen Arbeitsweges zwischen Wohn- und Arbeitsort und der guten Busverbindungen bestehe kein Anspruch auf den von mir deklarierten besonderen Fahrtkostenabzug für das private Verkehrsmittel. Gemäss einheitlich angewandter Praxis könne mir zugemutet werden, den Arbeitsweg mit dem öffentlichen Verkehrsmittel zurückzulegen. Vom Einkommen seien nur die Kosten für das Busabonnement abzuziehen.*	
Einsprache erheben	Gegen Ihre Veranlagungsverfügung erhebe ich fristgerecht Einsprache, und zwar aus folgendem Grund:	
Begründung	Als gehbehinderter Invalider bin ich für den Weg zum Arbeitsplatz auf ein eigenes, individuelles Transportmittel angewiesen.	
Antrag	Ich bitte Sie deshalb, auf Ihren Entscheid zurückzukommen und mir den Fahrkostenabzug in der Höhe von CHF 1 450.00 zu gewähren.	
Positiver Schluss	Ich freue mich auf Ihre positive Nachricht und grüsse Sie freundlich	
Beilagen gemäss Rechtsmittelbelehrung	- Arztzeugnis - Bestätigung IV - Verfügung - Zustellcouvert	

Beispiel einer Rechtsmittelbelehrung:

Gegen diese Veranlagung kann innert 30 Tagen seit Zustellung bei der Steuerveranlagungsbehörde schriftlich Einsprache erhoben werden.

Die Einsprache muss einen Antrag und dessen Begründung enthalten.

→ Die angefochtene Verfügung, das Zustellkuvert und die Beweismittel, die der Steuerpflichtige besitzt, sind beizulegen oder genau zu bezeichnen. Im Bedarfsfall findet eine mündliche Einspracheverhandlung statt.

Individuell schreiben

Steueramt Aufschub zur Abgabe der Steuererklärung	10.02.JJ
Registernummer angeben Betrifftvermerk	**Register-Nr. 672.62.289** **Steuererklärung. Abgabetermin**
Anlass	Heute habe ich die «Steuererklärung JJJJ» zur Selbstdeklaration erhalten.
Begründung des Aufschub-Antrags	Zum vollständigen Ausfüllen der Bögen fehlen noch wesentliche Unterlagen, beispielsweise die Abrechnung der Liegenschaft in Ebikon.
	Zur Einreichung der Steuerunterlagen ersuche ich Sie deshalb um Aufschub bis Mitte Mai JJJJ.
› Auch als E-Mail- oder Faxmitteilung möglich	Ich freue mich auf Ihre positive Nachricht und grüsse Sie freundlich

Steueramt Erstreckung der Zahlungsfrist	25.11.JJ
Registernummer angeben Betrifftvermerk	**Register-Nr. 672.62.289** **Steuern. Zahlungsfrist**
› Anrede ist angebracht	Sehr geehrte Damen und Herren
Anlass	In drei Wochen, am 31.12.JJ, wird die Zahlung der letzten Rate meiner Steuerrechnung fällig.
Einleitung mit Begründung	Wegen eines im Oktober zwingenden Spitalaufenthaltes hatte ich unvorhergesehene Auslagen und bei meiner Aussendiensttätigkeit als selbstständig Erwerbender einen bedeutenden Verdienstausfall. Bedauerlicherweise war ich noch unterversichert, was der Krankenversicherung erlaubte, nur einen Teil der teuren Therapiekosten zu vergüten.
Antrag	Ich bitte Sie, die Frist zur Zahlung der dritten und letzten Steuerrate neu auf den 1. März JJJJ anzusetzen.
Positiver Schluss	Vielen Dank für Ihr Verständnis, und ich freue mich auf Ihre positive Nachricht.

Individuell schreiben

Beileidsbezeugungen

Jeder verstorbene Mensch hat zu Lebzeiten das Leben anderer berührt oder geprägt. Als Betroffene trauern wir um den Verstorbenen und nehmen gefühlvoll Abschied.

Vielen Absendern fällt es offenbar trotz persönlicher Anteilnahme schwer, einen eigenen Text zu verfassen.

Haben Sie die verstorbene Person gut gekannt, so schreiben Sie an eine Angehörige oder einen Angehörigen eine persönlich adressierte Karte (oder einen Brief). Kennen Sie keine Bezugsperson, so schreiben Sie an die Trauerfamilie:

Trauerfamilie Stadler-Müller Kauenstrasse 2 7320 Sargans	Die Form dieser Adress-Anrede eignet sich besonders für Beileidsbezeugungen an Verwandte einer allein stehenden Person.

Verlieren Sie nicht viele Worte! Brauchen Sie niemals Füllwörter und achten Sie darauf, dass Sie nicht die üblichen, abgedroschenen Floskeln einsetzen wie: «*Unser herzlichstes Beileid*» oder «*Unsere tiefste Anteilnahme*», ebenso wenig «*... wird uns stets in Erinnerung bleiben*».

Vielleicht wollen Sie keinen langen Brief verfassen; aber auch bei kürzeren Texten schreiben wir Beileidsbezeugungen pietätvoll:

Wir sind sehr traurig.

Eva und Paul Gubser

Wir trauern mit dir.

Eva und Paul Gubser

28.09.JJ

Lieber Albert

Mit Bedauern haben wir vom Tod deiner Mutter erfahren.
Du warst stets bei ihr, wenn sie dich brauchte. Wir denken an dich.

Deine Arbeitskollegen

› Kollektiv-Beileidskarte an einen Arbeitskollegen, der seine Mutter verloren hat.

Stellenbewerbung

Bewerbungsanfrage

Vielleicht suchen Sie eine neue Herausforderung, um Ihre Erfahrungen und Kenntnisse anwenden zu können. Sie wissen zwar, **was** Sie interessiert, doch das **Wo** (die neue Arbeitsstelle) ist noch offen. Sie haben die Gelegenheit, sich aus eigenem Anlass nach einer offenen Stelle zu erkundigen, ohne bereits heikle persönliche Daten preiszugeben.

Bewerbungsanfrage

Stefan Hartweg
041 320 18 15

6010 Kriens, 25.04.JJ
St. Niklausenstr. 14

Stellengesuch

Sehr geehrte Damen und Herren

Als gelernter Schreiner arbeite ich seit mehreren Jahren in einer grösseren Bau- und Möbelschreinerei ausserhalb Kriens. Täglich habe ich einen langen Arbeitsweg zurückzulegen.

Nun möchte ich in der Nähe meines Wohnortes arbeiten und meine langjährige Erfahrung in der Baubranche anwenden können. Suchen Sie etwa einen zuverlässigen Fachmann?

Darf ich mich bei Ihnen bewerben? Ich freue mich auf Ihre Nachricht.

Freundliche Grüsse

→ Die Bewerbungsanfrage ist zu empfehlen, wenn Sie sich vorerst mal unverbindlich nach einer offenen Stelle erkundigen wollen, um sich allenfalls später bewerben zu können.

Bewerbungsanfrage
spontan

Roland Fischer
041 320 28 35

6010 Kriens, 25.04.JJ
St. Niklausenstr. 14

Freie Stelle?

Guten Tag

Jeden Tag auf dem Weg zum Büro fahre ich an Ihrer Firma vorbei ... In der Nähe zu arbeiten würde mir zusagen. Suchen Sie möglicherweise einen in der Metallverarbeitung erfahrenen Sachbearbeiter?

Darf ich mich bei Ihnen bewerben? Ich freue mich auf Ihre Nachricht.

Freundliche Grüsse

→ Diese Anfrage ist zu empfehlen, wenn Sie sich unaufgefordert nach einer freien Stelle erkundigen.

Für sich werben

Bewerbungsanfrage nach einem guten Tipp	Stefan Hartweg 041 320 18 15	6010 Kriens, 25.04.JJ St. Niklausenstr. 14

Abteilungsleiter

→ Dieser Brief ist passend, wenn Sie sich nach einem Hinweis unaufgefordert nach einer freien Stelle umsehen.

Guten Tag

Von einem Mitarbeiter habe ich erfahren, dass Ihr langjähriger Leiter der Spedition bald pensioniert wird. Suchen Sie einen führungserfahrenen, branchenkundigen Nachfolger?

Soll ich mich bei Ihnen für die frei werdende Stelle des Abteilungsleiters bewerben? Ich freue mich auf Ihre Nachricht.

Freundliche Grüsse

→ Den Namen des Mitarbeiters, von dem Sie den Tipp erhalten haben, geben Sie nur nach dessen Erlaubnis preis.

Bewerbungsanfrage auf ein Inserat

Stefan Hartweg
041 320 18 15

6010 Kriens, 02.04.JJ
St. Niklausenstr. 14

CHIFFRE 324-83 Rs

Orell Füssli Werbe AG
Postfach 8419
8022 Zürich

Inserat «NZZ», 29.03.JJJJ

Sehr geehrte Damen und Herren

Seit längerer Zeit arbeite ich als Kundenberater in einer grossen Druckerei. Nun suche ich eine neue Herausforderung in einem Zeitschriftenverlag.

Ich bin gelernter Buch- und Offsetdrucker, und ich verfüge im grafischen Gewerbe über mehrjährige Erfahrung, in der Sparte Technik als Drucker, im Büro als Sachbearbeiter und Kundenberater.

Suchen Sie einen zuverlässigen Mitarbeiter? Darf ich mich bei Ihnen bewerben?

Freundliche Grüsse

→ Diese Bewerbungsanfrage ist zu empfehlen, wenn Sie sich ohne Angebot nach einer neuen Stelle umsehen und nicht gleich alles preisgeben wollen.

Sie kann jedoch auch dann gewählt werden, wenn Sie sich spontan, ohne Angebot, nach einer neuen Stelle umsehen.

Für sich werben

Mit der Stellenbewerbung nehmen Sie in den meisten Fällen den ersten Kontakt mit dem zukünftigen Arbeitgeber auf.

Sie werben für sich und Sie sollen den Empfänger überzeugen, dass Sie die richtige Person und Arbeitskraft für die freie Stelle sind. Es ist sehr wichtig, diesen Brief übersichtlich, sauber und fehlerfrei zu gestalten. Das Bewerbungsschreiben ist Ihre persönliche Visitenkarte.

Vor dem Schreiben einer erfolgreichen Stellenbewerbung nehmen Sie sich eine offene Selbstbeurteilung vor, die Ihnen helfen soll, eigene Fähigkeiten sorgfältig zu analysieren und den Entscheid zu einem Stellenwechsel objektiv zu beurteilen. Unter Umständen können Sie damit einen Fehlentscheid abwenden. Es können Ihnen folgende Fragen helfen:

- Was (wer) wird gesucht?
- Verstehe ich die Ausschreibung richtig?
- Interessiert mich das neue Aufgabengebiet mehr als das alte?
- Warum will ich wechseln?
- Entspricht die ausgeschriebene Arbeit meinen beruflichen und persönlichen (privaten) Zielsetzungen?
- Was ist meine neue Funktion?
- Habe ich Aufstiegsmöglichkeiten?
- Habe ich Kompetenzen?
- Kann ich dort selbstständig arbeiten?
- Arbeite ich künftig in einem kleinen/ grossen Team?
- Was bringe ich für Kenntnisse mit?
- Wo sind meine Stärken, meine Schwächen (+ / -)?
- Mache ich mir nichts vor?
- Wie kann ich meine praktischen Fähigkeiten, mein Wissen an der neuen Stelle möglicherweise einsetzen?
- Was für Möglichkeiten bietet mir der derzeitige Arbeitsplatz?
- Wie ist das Arbeitsklima an der derzeitigen Stelle?
- Ist der Anlass zum Stellenwechsel nur ein materieller Grund?
- Gilt die neue Stelle als wirtschaftlich «gesicherter» Arbeitsplatz?
- Was kann ich verlieren *(ideell/materiell)*?
- Was kann ich gewinnen *(ideell/materiell)*?
- Ist die freie Stelle das einzige Angebot für eine neue Tätigkeit?
- Welche weiteren Möglichkeiten könnte mir der neue Arbeitsplatz bieten?
- Wie weit ist der Arbeitsweg?
- Welche Verkehrsmittel muss ich für den Arbeitsweg benützen?
- Was will ich in jedem Fall?
- Was will ich in keinem Fall?
- Habe ich beim derzeitigen Arbeitgeber vorzusprechen (vorgesprochen)?

Wo finden Sie Informationen über offene Stellen?

- in Stellenvermittlungsbüros
- in Inseraten, Tageszeitungen (regional und überregional), Amtsblättern, Verbandszeitungen
- auf Aushängern bei Firmen
- über mündliche Empfehlungen
- in den Arbeitsämtern
- in Sekretariaten von Verbänden oder anderen Arbeitnehmerorganisationen
- in Sekretariaten von Arbeitgeberorganisationen
- durch Eigeninitiative (Anfrage mündlich/schriftlich)
- über eigenes Inserat (Stellensuche)
- über Angebote im Internet

Plus-/Minuspunkte

Es wird wohl selten einen Arbeitsplatz oder eine Arbeit geben, wo nur Pluspunkte allein zu verbuchen sind. Ideal ist sicher, wenn sie in einem von Ihnen erstellten Polaritätsprofil deutlich überwiegen.

Um eine objektive Beurteilung anzustreben, nehmen Sie sich die Zeit zur übersichtlichen Gegenüberstellung der Pro- und Kontra-Argumente.

Stellen Sie sich von der derzeitigen Situation eine Liste mit Plus- und Minuspunkten zusammen.

Alte Stelle   +   −

Am derzeitigen Arbeitsplatz gefällt mir, dass...	Am derzeitigen Arbeitsplatz passt mir nicht, dass...
- ich selbstständig arbeiten kann - wir ein gutes Team sind	- ich unregelmässige Arbeitszeit habe - Aufstiegsmöglichkeiten fehlen

Neue Stelle   +   −

Die neue Stelle spricht mich an, weil...	An der neuen Stelle hätte ich halt...
- ich neu erworbene Kenntnisse aus der Weiterbildung anwenden kann	- einen wesentlich längeren Arbeitsweg

Was überwiegt?

Sprechen Sie mit einer Vertrauensperson über Ihre Absicht, über die Vor- und Nachteile eines Stellenwechsels.

Übereilen Sie sich nicht mit der Entscheidung. Sie können nur dann überzeugend für sich werben (... sich bewerben), wenn Sie sicher sind, dass der Wechsel richtig ist.

Für sich werben

Mit Ihrem eigenen Bewerbungsbrief werben Sie für sich, und mit der sorgfältigen Präsentation Ihrer Unterlagen beeinflussen Sie den Leser bestimmt positiv.

Es gibt Personalchefs, die an der formalen Gestaltung der Stellenbewerbung herausfinden können, wessen Hilfen sich der Bewerbende bedient hat. – Soll man gerade darum keine Standardbriefe brauchen? Obwohl die Standardform möglicherweise langweilig wirken kann, dienen Briefmuster für Ihre eigene Bewerbung, die Sie selbstverständlich individuell gestalten, als Richtschnur. Die bewährten Vorlagen geben Ihnen die Sicherheit, dass Sie mit dem Aufbau und der Form des eigenen Briefes etwa richtig liegen, schliesslich gehören ja Bewerbungen nicht zu den Routinebriefen ...

Bewerbung

Die Bewerbungsdokumentation ist Ihre Werbung.

Sie werben für sich, für Ihre Arbeitskraft, die Sie mit dem erworbenen Fachwissen angemessen «verkaufen» wollen.

Die Bewerbungsunterlagen sind Ihre persönliche Visitenkarte und der Brief die erste Arbeitsprobe.

Bewerbung auf ein Inserat mit Hinweis auf das Personalienblatt

Inserat «NZZ», 18.02.JJ

Sehr geehrte Damen und Herren

Im Inserat in der «NEUEN ZÜRCHER ZEITUNG» suchen Sie einen erfahrenen kaufmännischen Mitarbeiter für das Internetbanking.

Ich verfüge über mehrjährige EDV-Erfahrung und bewerbe mich deshalb um diese Stelle. Nach der 3-jährigen Banklehre bei der Zentralbank AG Luzern hielt ich mich zur Weiterbildung zwei Jahre in England auf, wo ich auch Informatikkurse besuchte.

Seit fünf Jahren arbeite ich als selbstständiger Wertschriften-Sachbearbeiter bei der CREDIT SUISSE ZÜRICH. Meine Tätigkeit ist zurzeit die Planung neuer Softwarekonzepte.

Referenzangaben und weitere Auskünfte über meine berufliche Tätigkeit finden Sie im beiliegenden Personalienblatt.

Gerne bin ich bereit, mich bei Ihnen vorzustellen. Darf ich Ihre Antwort bald erwarten?

Freundliche Grüsse

- Personalienblatt
- handschriftlicher Lebenslauf als Schriftprobe
- Arbeitszeugnisse, Nrn. 1–3

→ Beachten Sie die Beilagen. Es liegt als Schriftprobe der offenbar in der Ausschreibung gewünschte handschriftliche Lebenslauf bei.

→ Mehrere Dokumente: Die Kopien der Arbeitszeugnisse oder Diplome sind zu nummerieren, damit bei Verhandlungen jeder weiss, über welches Dokument gesprochen wird.

Bewerbungsbrief

Mit der Bewerbung zeigen Sie Ihr Interesse an einer neuen Stelle. Sie bieten Ihre Fähigkeiten an und bitten mit ansprechendem Inhalt den Adressaten, Ihre Bewerbung zu prüfen.

Achten Sie auf das Äusserliche; denn ein unsorgfältig geschriebener Brief würde vom Empfänger schon bei der ersten Durchsicht ausgeschieden.

Wird keine besondere Handschriftprobe (Beispiel: handschriftlicher Lebenslauf) verlangt, so können Sie den Bewerbungsbrief am PC oder handschriftlich verfassen.

Bewerbungsbrief zum Lehrabschluss

Tipp:
Bewerben Sie sich frühzeitig, noch während der Lehre!

Inge Hartweg
041 320 18 15

6010 Kriens, 12.02.JJ
St. Niklausenstr. 14

CHIFFRE 324-83 Rs

Orell Füssli Werbe AG
Postfach 8419
8022 Zürich

Inserat «NLZ», 09.02.JJ. *Stellenbewerbung*

Sehr geehrte Damen und Herren

Ihrem Inserat in der «NEUEN LUZERNER ZEITUNG» entnehme ich, dass Sie als Versicherungsunternehmen auf Anfang August eine *Mitarbeiterin* für den Schalterdienst und die Kundenbetreuung suchen. Ich bewerbe mich um die ausgeschriebene Stelle.

Zurzeit arbeite ich als Lehrtochter bei den «Winterthur Versicherungen Luzern», Abteilung für Motorfahrzeuge. Die Arbeit gefällt mir sehr, besonders schätze ich das Beraten der Kunden bei Versicherungsfragen.

Im Sommer schliesse ich die Lehre als kaufmännische Angestellte mit dem Berufsmaturadiplom ab. – Auf Anfang August suche ich eine Stelle mit Kundenkontakt, damit ich meine Kenntnisse anwenden und vertiefen kann.

Referenzangaben und weitere Auskünfte über meine berufliche Ausbildung finden Sie im beiliegenden Personalienblatt.

Gerne bin ich bereit, mich bei Ihnen vorzustellen. Darf ich Ihre Antwort bald erwarten?

Freundliche Grüsse

→ Wer hat eigentlich noch Lust, sich bei einer unbekannten Firma mit einer ausführlichen Bewerbung zu offenbaren?

Stellenausschreibungen mit Chiffre-Adresse sind eher weniger beliebt.

- Personalienblatt mit Foto
- Kopien:
  Lehrzeugnis
  Diplomzeugnis

Für sich werben

Bewerbung

Stellenbewerbung

Sehr geehrte Frau Steffen

Zur Ergänzung des Teams in Ihrer Modeabteilung suchen Sie eine gelernte Textilverkäuferin mit Englischkenntnissen.

Ich bewerbe mich um diese Stelle. Nach meinem 1-jährigen Englandaufenthalt trat ich die Stelle als Konfektionsverkäuferin bei «Designermode Ricklin», Bad Ragaz, an, wo ich seit drei Jahren arbeite.

→ Beachten Sie den Hinweis auf vertrauliche Behandlung.

Ich bin in ungekündigter Stellung, und ich bitte Sie deshalb, diese Bewerbung vertraulich zu behandeln.

Obwohl es eigentlich selbstverständlich ist, dass Bewerbungen «geschützte Daten» sind, kann dieser Hinweis nicht schaden.

Es würde mich freuen, mich bei Ihnen vorstellen zu dürfen.

Freundliche Grüsse

Bewerbung
Wiedereinsteigerin

Inserat «NLZ», 18.02.JJ

Sehr geehrte Damen und Herren

Im Inserat in der «NEUEN LUZERNER ZEITUNG» bieten Sie eine 50%-Stelle für den Empfangsdienst und für allgemeine Büroarbeiten an.

Nach der kaufmännischen Lehre arbeitete ich bis zur Verheiratung vier Jahre als Allein-Sekretärin in einer Firma für Sicherheitseinrichtungen.

Nachdem nun meine beiden Kinder schulpflichtig sind, möchte ich als Wiedereinsteigerin auf dem gelernten Beruf halbtags arbeiten. Die von Ihnen gewünschte Teamarbeit sagt mir zu, und ich glaube, dass die berufliche Erfahrung trotz meines «Familienurlaubes» den in der Ausschreibung gestellten Anforderungen entspricht.

Ihr Angebot interessiert mich sehr, und ich bewerbe mich um die freie Stelle.

Gerne bin ich bereit, mich bei Ihnen vorzustellen. Ich freue mich auf Ihre positive Nachricht.

Freundliche Grüsse

→ Beachten Sie die Beilagen.
Sie sollen aufgeführt werden, doch sie müssen im Brief nicht zwingend erwähnt sein.

- Lehr- und Arbeitszeugnis
- Personalienblatt

Personalienblatt

Das Personalienblatt als Ergänzung zum Bewerbungsbrief enthält die wichtigsten Angaben über Ihre Person. Es gibt auch Auskunft über Ihre Ausbildung, die frühere und derzeitige Tätigkeit.

Es ist üblich, dieses Blatt mit Maschine (auf dem PC) zu verfassen.

Das Personalienblatt wird bedauerlicherweise oft mit dem erzählenden Lebenslauf verwechselt und als «Lebenslauf» bezeichnet.

Welche Daten sind auf diesem Blatt wichtig?

Das Personalienblatt ist sehr individuell. Doch es wird im Gegensatz zum ausführlichen Lebenslauf gezielt abgestimmt auf die Erfordernisse, die bei einer ausgeschriebenen Stelle verlangt werden. Wenn sich ein Buchhalter für eine neue Stelle bewirbt, so ist es nicht wesentlich, ob er über einen Führerschein für das Lenken eines Autos verfügt. Würde er sich jedoch für die Stelle als Direktions-Chauffeur bewerben, so ist es bestimmt vorteilhaft, die zum Führen von Motorfahrzeugen erworbenen Führerscheinkategorien aufzulisten und die Zertifikate von Nothelferkursen zu erwähnen ...

Sie finden auf der folgenden Seite die Mustervorlage für ein «Personalienblatt» mit vielen Angaben, die Sie vielleicht nicht mehr aufführen müssen. Sicher ist es nicht angebracht, wenn Sie nicht mehr militärdienstpflichtig sind, die Rubrik «Militär» aufzuführen. Ebenso ist es nicht angezeigt, wenn Sie sich nach mehreren Berufsjahren wieder bewerben wollen, die Volksschulen (... sofern diese Angaben für die ausgeschriebene Stelle nicht bedeutungsvoll sind ...) detailliert aufzuführen.

Wichtigere Bedeutung werden später die Rubriken «Sprachen», «Berufliche, praktische Tätigkeit», «Weiterbildung» und «Referenzen» erlangen.

Im ausführlichen Lebenslauf gibt man im Gegensatz zum Personalienblatt handgeschrieben seinen Lebenslauf in Erzählform wieder. Er erlaubt einen tieferen Einblick in die familiären Verhältnisse und beschreibt wichtige Abschnitte in Ihrem Leben.

TIPP

Fügen Sie Ihr Foto als Grafik digital ins Personalienblatt ein.

Wählen Sie eine Fotografie, die Sie auf dem Blatt aufkleben, so schreiben Sie zum Schutz vor Verlust auf die Rückseite Ihre Adresse.

Für sich werben

Personalienblatt

Name, Adresse	Christian Wolfisberg Pestalozzistr. 11 8404 Winterthur	
Telefon	052 222 33 83	
Geburtsdatum	28. Juni JJJJ	
AHV	973.72.290.144	
Bürgerort	6048 Horw	
Zivilstand	verheiratet 2 schulpflichtige Kinder	

Bei aktiver Wehrpflicht — Militär: Sdt Mob L Flab 5/8

Detaillierte Angaben über den Besuch der Volksschulen nur dann, wenn sie in der Stellenausschreibung verlangt werden.

Schulen	6 Jahre Primarschule, Neudorf 3 Jahre Sekundarschule, Beromünster 3 Jahre Kaufmännische Berufsschule, Luzern 1 Jahr Ecole Commerciale Suisse, Paris
Sprachen	Deutsch Französisch, Englisch in Wort und Schrift Italienischkenntnisse

Möglichst lückenlos aufführen

Berufliche Tätigkeit	28.05.JJ - 20.05.JJ	kaufm. Lehre Zentralbank AG, Reussmatt 6004 Luzern
	01.07.JJ - 31.10.JJ	Angestellter Bank of England, 1173 Wellington Road GB-Purley, Surrey
	03.11.JJ - heute	Angestellter, Sachbearbeiter CREDIT SUISSE ZÜRICH Bahnhofplatz 3 8001 Zürich
	Hauptbeschäftigung: Privatkundenberater, Wertschriftenverwaltung, Kreditadministration	

Am wesentlichsten sind jene Angaben, die in der Ausschreibung der offenen Stelle vorausgesetzt werden.

Weiterbildung	Informatik, KV Zürich, Diplom
Diplome	Stenografie Französisch, KV Luzern, Zertifikat SIZ Vorbereitung auf die eidg. Diplomprüfung für Bankfachmann, Zürich, 2. Semester

Vor der Auflistung sind die Referenzpersonen anzufragen.

Referenzen	Herr Rafael Halm, Prokurist Bank Moneta & Co. Poststrasse 9, 8406 Winterthur Tel. 052 222 44 87
	Herr Heinz Kissling, dipl. Handelslehrer Im Zöpfli, 6004 Luzern Tel. 041 361 42 35

→ Für die Referenzenauflistung kann auch ein besonderes Blatt genommen werden.

Eintritt	nach Vereinbarung

Der erste Eindruck ...

> Mit der Stellenbewerbung wirbt jeder für sich selbst.
>
> Wer mit seiner Bewerbung überzeugen kann, hat Erfolg!

Erfolgreiche Unternehmen legen grossen Wert auf das gute Erscheinungsbild und achten auf gezielte, sorgfältige Werbung für ihre Produkte oder Dienstleistungen.

Die Stellenbewerbung ist genauso wichtig wie irgendeine andere Werbung. Mit der Bewerbung bieten Sie Ihre Arbeitskraft, Ihre Kenntnisse, Ihr Können und Ihre Erfahrungen an.

Bewerbungsunterlagen für einen anspruchsvollen Posten versendet der geschickte Bewerber standesgemäss als «Dokumentation».

Er ordnet die Bewerbungsunterlagen in logischer Reihenfolge und stellt sie zu einem Mäppchen zusammen, allenfalls mit einem Deckblatt und mit einer schützenden Plastikfolie.

Vorstellungsgespräch

Werden Sie aufgrund der Bewerbung zu einem Vorstellungsgespräch eingeladen, so haben Sie bereits eine wichtige Hürde übersprungen. Sie dürfen nämlich den Verlauf weiterer Verhandlungen als aussichtsreich betrachten; und Sie haben die Gelegenheit, noch anschaulicher zu erklären, warum Sie sich für diese neue Arbeitsstelle bewerben, weshalb Sie die gestellten Anforderungen zu erfüllen vermögen.

Es ist selbstverständlich, dass man in gepflegter Erscheinung und in angepasster Kleidung zum Anstellungsgespräch erscheint. Ein Dekorateur beispielsweise soll einfallsreich und experimentierfreudig wirken. Es wird deshalb kaum einen Betriebsinhaber stören, wenn dieser mit grellfarbener Krawatte und bunter Kleidung antritt. Vielleicht stimmen gar die Farben der Krawatte oder der Kleidung mit dem von ihm für die Bewerbungsunterlagen gewählten bunten Briefpapier überein ...

Ein Bewerber für einen Posten als Ärztebesucher oder als Bankbeamter wird eher in neutraler, dunkler Kleidung antreten. Für seine Bewerbungsdokumentation wird er konventionelles, weisses Papier wählen.

Die meisten wollen mit dem Stellenwechsel ihre Arbeitsbedingungen verbessern oder die erworbenen Kenntnisse besser anwenden können. Jetzt müssen in einem persönlichen Gespräch nähere Abklärungen (Arbeitsbedingungen, Lohnabsprachen, Sozialversicherungen, Kündigungsfristen, definitiver Stellenantritt usw.) gemacht werden. Geschickte Verhandlungspartner sorgen dafür, dass beide Parteien mit dem Ergebnis zufrieden sein werden.

Worüber geben Sie Auskunft?

Persönliches	Fragen aus den Bereichen Religion, Sexualität oder Politik müssen nur beantwortet werden, wenn dies für die Arbeit ausschlaggebend ist (Pfarrer, Jugendbetreuer, Gewerkschaftssekretär).
Gesundheit	Allfällige Krankheiten oder Unfallfolgen müssen lediglich erwähnt werden, falls diese die Arbeitsfähigkeit beeinträchtigen.
Schwangerschaft	Schliesst die Schwangerschaft die Arbeit (Tänzerin, Barmaid, Model) an der konkreten Stelle möglicherweise aus, so muss sie bekannt gegeben werden.
Personalienblatt	Die berufliche Laufbahn soll lückenlos aufgeführt sein.
Lohn	Das Gehalt an früheren Stellen muss nicht bekannt gegeben werden.
Grafologisches Gutachten	Es darf nur mit ausdrücklicher Einwilligung der Bewerberin oder des Bewerbers erstellt werden.
Bewerbungsunterlagen	Auf Wunsch müssen sie zurückerstattet oder vernichtet werden. Sie sind vor der Einsicht Dritter zu schützen.

Anstellungsgespräch

Der erfahrene Arbeitgeber führt die Anstellungsgespräche mit grosser Routine; er ist in der Regel auch gut vorbereitet. Auch Sie können sich auf das Gespräch vorbereiten. Hier ein paar Merkpunkte:

- *Ich erscheine pünktlich (Anreisezeit berücksichtigen).*
- *Ich verstelle mich nicht; gebe mich natürlich.*
- *Meine Kleidung ist gepflegt, angepasst, branchengemäss, nicht auffällig.*
- *Ich höre gut zu.*
- *Ich überlege und gebe bedachte, nicht übereilte Antworten.*
- *Ich kann den möglichen Stellenwechsel überzeugend begründen.*
- *Ich will über mein Können und meine Kenntnisse, Fähigkeiten und Erfahrungen informieren: Weiterbildung, Diplome, Tätigkeiten, Führungserfahrungen (Vereine, Ämter).*
- *Ich bin mit Lohnforderungen zurückhaltend, frage nicht, warte auf konkrete Zahlen des Gesprächspartners.*
- *Ich begründe meinen allfälligen Wunsch nach Erhöhung des Lohnangebotes.*
- *Ich vermeide widersprüchliche Aussagen, will glaubwürdig wirken.*
- *Für alle meine Unterlagen hätte ich bei näherer Abklärung glaubhafte Antworten, besonders dort, wo in Zeugnissen ohne Verschulden nicht die gewünschten Qualifikationen stehen ...*
- *Ich enthalte mich abschätziger Bemerkungen über ehemalige Arbeitgeber oder Arbeitskollegen.*
- *Ich will offen, ehrlich sein.*
- *Was sage ich, wenn ich aufgefordert werde, mich selbst zu charakterisieren?*
- *Was will ich fragen?*
  Arbeitszeit, Weiterbildung, Sozialleistungen, Ferienregelung, Spesenentschädigung, Teuerungsanpassungen, Aufstiegsmöglichkeiten usw.
- *Anstellungsvertrag: Gesamtarbeitsvertrag oder Einzelarbeitsvertrag*
- *Ich sage nicht sofort zu; ich lasse mir Bedenkzeit einräumen.*

Gehaltsverhandlung

- *Versuchen Sie herauszubringen, was der Arbeitgeber braucht. Vielleicht können Sie der Firma in einem Bereich neue Impulse geben, was sich erst im Gespräch verdeutlicht.*
- *Lassen Sie sich bei der Lohnvorstellung nicht zu früh in die Karten blicken.*
- *Sprechen Sie erst über Zahlen, wenn Ihnen die Stelle definitiv angeboten wird. Verhandeln Sie auch beispielsweise über Spesen, Essensvergünstigungen, Firmenauto, Ferien, Pensionskasse und Beteiligungsmöglichkeiten. Grosszügige Zugeständnisse können unter Umständen andere Faktoren etwas ausgleichen.*
- *Vermeiden Sie die Bittstellermentalität. Auch wenn Sie in einer bedrängten Lage sind, lassen Sie sich das nicht anmerken.*
- *Machen Sie keine spontanen Zugeständnisse. Sie haben das Recht, sich alle Bedingungen des Arbeitsverhältnisses in Ruhe zu überlegen. Lassen Sie sich diese schriftlich vorlegen.*

Der Entscheid

Hat man sich später für die neue Stelle entschieden, so teilt man den positiven Entscheid dem neuen Arbeitgeber telefonisch oder schriftlich mit.

Ist kein schriftlicher Arbeitsvertrag vorgesehen, so soll man den Arbeitgeber um eine schriftliche Zusage der Anstellung bitten.

Bei einer Absage ist es ebenso angezeigt, den negativen Entscheid möglichst bald mitzuteilen. Bei dieser Gelegenheit dankt man für das Gespräch und fordert die Bewerbungsunterlagen zurück.

Zusammenfassung

Der Bewerbungsbrief
Im Gegensatz zu früher schreibt man den Bewerbungsbrief wie einen gewöhnlichen Geschäftsbrief mit Maschine. Wird jedoch an der künftigen Stelle das Schreiben mit der Hand noch verlangt, so können Sie den Bewerbungsbrief mit Ihrer eigenen Handschrift schreiben. Er dient dem Empfänger als Schriftprobe.

Das Personalienblatt
Das Personalienblatt enthält die wichtigsten Angaben über Ihre Person. Es gibt auch Auskunft über Ihre Ausbildung, die frühere und derzeitige Tätigkeit. Es ist üblich, dieses Blatt mit dem PC zu schreiben.

Der ausführliche Lebenslauf
Den ausführlichen Lebenslauf schreibt man im Gegensatz zum Personalienblatt handgeschrieben und in Erzählform. Er gibt einen tieferen Einblick in die familiären Verhältnisse und beschreibt lückenlos wichtige Abschnitte – auch nicht berufliche! – in Ihrem Leben.

Nützliche Tipps

Kopien
Falls Sie Ihrem Bewerbungsschreiben Diplome, Schul- oder Arbeitszeugnisse beilegen wollen, verwenden Sie dazu lediglich Kopien!

Variante
Um sich vor Indiskretionen zu schützen, sendet man bei Chiffre-Inseraten nicht die vollständigen Bewerbungsunterlagen. Man bekundet lediglich das Interesse an der neuen Stelle und führt im Brief die wichtigsten Angaben (Ausbildung, Tätigkeiten, Erfahrungen) auf, ohne jedoch den derzeitigen Arbeitgeber zu erwähnen. Fühlt sich der anonyme Inserent angesprochen, so wird er sich melden.

Absagen
Immer wieder kann es vorkommen, dass die an eine Chiffre-Nr. zugestellten Unterlagen nicht mehr zurückgesandt werden. – Hier kann ein weiterer Brief an die Chiffre-Kennziffer mit der Bitte um Rücksendung der zugestellten Unterlagen vielleicht Erfolg bringen ...

Briefaushändigung nur gegen Unterschrift?
Es ist nicht üblich, Bewerbungsbriefe als «Lettre signature» abzusenden.

Checkliste

Was gehört zu einer Stellenbewerbung? Auf einen Blick.

1 Bewerbungsbrief
2 Lebenslauf
3 Personalienblatt
4 Passfoto
5 Schulzeugnisse
6 Lehrzeugnisse
7 Arbeitszeugnisse, Diplome

Personen, die als Referenz dienen sollen, sind anzufragen, ob sie bereit sind, Auskunft zu geben.

1
- Bezug auf Inserat oder Vermittlung, Grundangabe
- Wunsch, die Stelle zu erhalten
- Hinweis auf besondere Kenntnisse, Berufserfahrung
- Vorschlag zur persönlichen Vorstellung

2
- Wird ein Lebenslauf verlangt, soll er handschriftlich abgefasst sein.
- Übersicht über Jugendzeit, Familienverhältnisse und private Aktivitäten in erzählender Form

3 4
- Es hält für das Personalbüro alle wichtigen Angaben über die eigene Person fest.
- Referenzangaben
- Passfoto
  Jahrgangangabe, Rückseite mit Adresse

5 6 7
- Volksschulzeugnisse (Kopien) nur auf Verlangen beilegen
- Berufsschulzeugnisse, Arbeitszeugnisse, Diplome, Fähigkeitsausweise nur als Kopien senden
- Kopien fortlaufend nummerieren, als Beilage vermerken

Checklisten

Haben Sie nicht auch schon überlegen müssen, wie es eigentlich das letzte Mal war, als Sie etwas zu organisieren hatten? Ihre Erfahrung hat Ihnen bestimmt geholfen, und Sie haben sich wieder gut daran erinnert.

Jedermann im Betrieb soll in seiner Funktion ersetzbar sein, doch es fällt nicht immer leicht, sich in das Arbeitsgebiet einer Kollegin oder eines Kollegen einzuarbeiten. Im Laufe der praktischen Tätigkeit haben die Angestellten Erfahrungen gesammelt und sich entsprechendes Wissen angeeignet.

Beispiel:
> Wenn Ihr Arbeitskollege die Sitzungs- und Tagungsräume verwaltet, so weiss er bestimmt, ob der **Saal A** auch rollstuhlgängig ist, ob im **Saal B** die Einrichtung für eine Leinwand, für einen Projektor besteht oder ob ein Anschluss für den Beamer vorhanden ist, ob der **Saal C** mit Sitzplätzen für 40 Tagungsteilnehmer eingerichtet ist. – Sind für jeden Raum so genannte «Checklisten» vorhanden, so gewinnen Sie rasch einen Überblick über die angebotenen Räume und Einrichtungen, selbst über auswärtige.

Checklisten eignen sich auch besonders gut bei wichtigen wiederkehrenden *Arbeitsvorgängen* sowie bei der *Planung organisatorischer Massnahmen*. Sie finden deshalb eine Muster-Checkliste zur **Sitzungs- und Tagungsvorbereitung.**

Um Überblick zu gewinnen, halten Sie alles Wichtige, das sich nach Ihrer Planung das letzte Mal bewährt hat, fest. Ergänzen Sie, woran Sie noch zu denken haben, was nicht vergessen werden darf.

Planung und Organisation künftiger Anlässe werden Ihnen bestimmt leichter fallen und ... Ihr Nachfolger oder Ihre Nachfolgerin kann mit vorhandenen Checklisten die von Ihnen übertragene Arbeit planungsgemäss, ohne zusätzlichen grossen Aufwand, weiterführen.

Checklisten bringen Sicherheit, und Sie gewinnen Zeit!

Erfassen von Sitzungs-/ Tagungsräumen

Zur Planung und Vorbereitung einer Sitzung, Konferenz oder Versammlung leisten bei der Suche eines geeigneten Lokals gut vorbereitete und sorgfältig ausgefüllte Checklisten wertvolle Dienste.

Ankreuzen, was zu erledigen oder abzuklären ist *Ergänzungen*

Standort	Ort	
	Adresse	
	Stockwerk	
	Raum-Nr.	
Raumgrösse	3–10 Personen	
	11–20 Personen	
	21–50 Personen	
	.... Personen	
Einrichtung	☐ Tische (rechteckig/rund)	
	☐ Gruppentische	
	☐ Stühle/Sitzplätze	
	☐ Fenster zum Öffnen	
	☐ Verdunkelungsmöglichkeit	
	☐ klimatisiert	
	☐ fliessend Wasser (warm/kalt)	
	☐ Toiletten in der Nähe	☐ rollstuhlgängig
	☐ Podium	
	☐ Bühne (mit Vorhang)	☐ rollstuhlgängig
	☐ Küche (gross/klein)	
	☐ Lift	
	☐	
Ausstattung	☐ Videoanlage	
	☐ Videorecorder	
	☐ Lautsprecheranlage	
	☐ Mikrofonanlage	
	☐ Mikrofon in der Höhe verstellbar	
	☐ Bildschirm	
	☐ PC/Beamer	
	☐ Leinwand	
	☐ Wandtafel	
	☐ Hellraumprojektor, Faserstifte	
	☐ Flipchart, Schreibzeug	
	☐ Pinwand, Magnetknöpfe	
	☐ Diaprojektor, Magazine	
	☐ Filmprojektor (8/16/32 mm)	
	☐ Dämmerlichtschalter	
	☐ Telefonanschluss	
	☐ Netzstecker (___)	
	☐ Getränkeautomat	
	☐ Modem-Anschluss	
	☐	
Allgemeines	☐ angenehme Ambiance	
	☐ ruhig	
	☐ Neubau	☐ rollstuhlgängig
	☐ Altbau	☐ rollstuhlgängig
	☐ renovierter Altbau	☐ rollstuhlgängig
	☐ Verpflegung im Hause	
	☐ Gasthaus in der Nähe	☐ rollstuhlgängig
	☐ eignet sich als Festsaal	
	☐ verkehrsgünstig	
	☐ Nähe Haltestelle	
	☐ Parkplätze	
	Bezugsperson:	
	☐ Tel.	

Was muss noch besorgt werden?

Sitzungs-/Tagungsvorbereitung

Ankreuzen, was zu erledigen oder abzuklären ist		*Ergänzungen*
Anlass	☐ Sitzung ☐ Konferenz ☐ Versammlung	
Personenzahl	☐ 3–10 ☐ 21–40 ☐ 11–20 ☐	
Wo?	☐ Sitzungsort (Tagungsort) bestimmen ☐ telefonisch reservieren ☐ schriftl. Bestätigung verlangen ☐ Veranstaltungsraum inspizieren	Ort Adresse Stockwerk Raum-Nr.
Wann?	☐ Datum festlegen ☐ Dauer bekannt geben	Datum Dauer
Unterlagen	☐ Standort: Planskizze abgeben ☐ Sitzungsraum reservieren ☐ auf öffentl. Verkehrsmittel hinweisen ☐ Anreisezeiten bekannt geben ☐ auf Parkplätze hinweisen ☐ Parkgutscheine abgeben ☐ Einladung versenden ☐ Traktanden festlegen ☐ Pendenzenliste (Protokoll) kopieren ☐ Begleitbrief beilegen ☐ Unterlagen zusammenstellen	
Verlauf	☐ Zeitplan festlegen ☐ Reihenfolge der Referate bestimmen ☐ Sprecher über Reihenfolge informieren ☐ Präsenzliste anfertigen ☐ Protokollart festlegen ☐ Protokollführerin/-führer bestimmen	
Allgemeines	☐ Tagungsraum: Einrichtungen prüfen ☐ Ausschmückung organisieren ☐ Konsumation während des Anlasses ☐ Konsumation nach dem Anlass ☐ Konsumation in der Pause organisieren ☐ Essen nach Anlass bestellen ☐ Bedienungshilfen anstellen ☐ Kostenfrage klären ☐ Namensschilder anfertigen ☐ Hotel: Zimmer reservieren ☐ Gäste abholen, begleiten	
Was wird eingesetzt?	☐ Rednerpult ☐ Videokamera ☐ Videogerät ☐ PC/Beamer ☐ Bildschirm ☐ Filmvorführgerät ☐ Diaprojektor ☐ Leinwand ☐ Mikrofonanlage ☐ Kassettengerät ☐ Hellraumprojektor ☐ Flipchart ☐ Tafel ☐ Pinwand ☐	
Presse	☐ Pressemappe zusammenstellen ☐ Dokumentationen auflegen ☐ Presseleute betreuen	

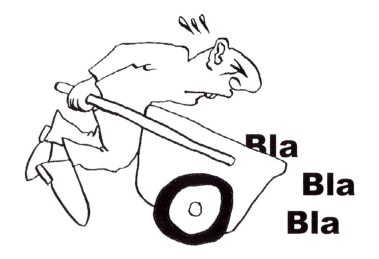

7 Stiltipps

Stellen Sie sich vor, eine Kollegin habe während Ihrer Ferienabwesenheit eine grosse drollige Figur aus weicher Knetmasse auf Ihren Tisch gestellt. Wenn Sie bei Arbeitsaufnahme das lustige Geschenk anfassen und zur Seite stellen, bleiben Fingerabdrücke und veränderte Formen zurück.

Ähnlich ist es mit der Sprache. Sie wandelt sich ständig: Es gibt immer wieder Berührungen mit neuen Sprachbereichen und es kommen neue Wörter hinzu, während andere als veraltet verschwinden. Diese Veränderungen wirken sich auch in der schriftlichen Kommunikation auf den Schreibstil aus.

Verzichten Sie auf langweilige Formulierungen und jene gestelzten Wörter, die Sie in der gesprochenen Sprache nie brauchen würden, beispielsweise *«Im beiliegenden Prospekt ersehen Sie ...»* oder *«Ihrer geschätzten Antwort entgegensehend grüssen wir Sie»*. Würden Sie das Wort *«ersehen»* beim Sprechen wirklich brauchen? Ich denke kaum!

Die Bedeutung eines Satzes ist nicht einfach das Aneinanderreihen von Wörtern. Das Wort ist stets nur der Teil eines grösseren Zusammenhanges, ein Element unserer Sprache, das es uns möglich macht, unsere Gedanken anderen Menschen mitzuteilen.

Wirkungsvolle, zeitgemässe Briefbotschaften sind Leser-bezogen, kurz und prägnant. Bei den folgenden sieben Stilregeln sollen Tipps und Lösungsvarianten uns vom Floskelstil abhalten.

> Die Sprache wandelt sich ständig.

Ausdrucksstarke Verben wählen

TIPP 1

Ein Viertel in unserer Sprache sind Verben.
Können wir zwischen einem Nomen und einem Verb wählen, so entscheiden wir uns für das Verb.

• Streckverben!

Es gibt Verben, die in einer bestimmten Satzkonstruktion auf ein Nomen – sehr oft ein substantiviertes Verb, das mit **-ung** endet – angewiesen sind und nicht alleine stehen können.

Der Text wirkt durch sie schwerfällig, inaktiv. Auf solche Streckverben verzichten wir.

Streckverb	Treffendes Verb		Variante
Beachtung *schenken*	**beachten** **achten auf**	Wir schenken den Preiserhöhungen Beachtung.	Wir *beachten* die Preiserhöhungen. Wir *achten* auf die Preiserhöhungen.
Belieferung *vornehmen*	**liefern**	Die Belieferung werden wir kommenden Montag vornehmen.	Wir *liefern* nächsten Montag.
Beratung *durchführen*	**beraten**	Wir führen die Beratung bei Ihnen zu Hause durch.	Wir *beraten* Sie zu Hause.
Prüfung *unterziehen*	**prüfen**	Wir werden das Modell Ende Woche einer Prüfung unterziehen.	Wir *prüfen* das Modell Ende Woche.
Rechnung *tragen*	**berücksichtigen**	Wir werden den besonderen Umständen Rechnung tragen.	Wir werden die besonderen Umstände *berücksichtigen*.

• unnötige Verbvorsilben weglassen

Zur vermeintlichen Ausdrucksverstärkung wird das Verb mit einer Vorsilbe unpassend aufgebläht.

aufgeblähtes Verb	treffendes Verb	aufgeblähtes Verb	treffendes Verb
*ab*ändern	**ändern**	*ein*sparen	**sparen**
*ab*kopieren	**kopieren**	*herab*mindern	**mindern**
*ab*sinken	**sinken**	*los*lösen	**lösen**
*an*liefern	**liefern**	*zusammen*addieren	**addieren**

200

TIPP 2 — Adjektive sorgen für eine lebendige Sprache.

Wir verzichten aber auf Adjektive, wenn sie bloss als Füllwörter eingesetzt werden.

• Überflüssige Adjektive

Adjektive können Attribut (Beifügung) oder Adverb (Umstandswort) sein.
Attributive Adjektive sind oft überflüssig, weil sie einen Sachverhalt doppelt wiedergeben.

Überflüssige Adjektive	
Er erlag seinen *schweren* Verletzungen.	Er schaute durchs *durchsichtige* Fenster.
Das *verheiratete* Ehepaar machte gerne mit.	Es sind *unbedeutende* Kleinigkeiten.

• Falsche Adjektive

Nomen sollen nicht in falsche Adjektive verwandelt werden.

Falsche Adjektive	Variante
Es waren *gesundheitliche* Überlegungen, die zum Entscheid führten.	Er entschied zugunsten seiner Gesundheit.
Der Sohn hat das *elterliche* Haus zu früh verlassen.	Der Sohn hat das Elternhaus zu früh verlassen.
Der *ferienabwesende* Vertreter ruft Ihnen in zehn Tagen zurück.	Der zurzeit in den Ferien weilende Vertreter ruft Sie in zehn Tagen an.

• Doppelsuperlative

falsch	richtig
Es ist die *meistgelesenste* Zeitung.	Es ist die *meistgelesene* Zeitung.
Er erinnert sich an seine *schlafloseste* Nacht.	Er erinnert sich an die *schlaflose* Nacht.
Der Verunfallte braucht *bestmöglichste* Pflege.	Der Verunfallte braucht *bestmögliche* Pflege.

• Adjektive, die zu schwulstigen Nomen-Begriffen führen, meiden.

Ist das Attribut inhaltlich nicht auch als Antonym (gegenteilige Bedeutung) bekannt, so sind wir bei der Anwendung besonders vorsichtig.

Schwulstige Begriffe	Ersatz
Dies ist die *nackte* Wahrheit. Das ist die *reine* Wahrheit.	Dies ist die Wahrheit. Das ist wirklich wahr.
Es handelt sich um eine *brennende* Frage.	Es handelt sich um eine (äusserst) wichtige Frage.
Es kam zur *unliebsamen, lästigen* Störung.	Es gab eine unvorhergesehene Störung.

TIPP 3: Wir meiden schwerfällige Nomenkonstruktionen.

Zur besonders wirkungsvollen Gestaltung einer Rede wird oftmals auf den Nomenstil b e w u s s t n i c h t verzichtet. Für das Schreiben von wirkungsvollen Briefen gilt diese Empfehlung jedoch nicht.

Finden wir im Text ein Nomen mit **–ung**, das eine Handlung bezeichnet, so lohnt es sich zu prüfen, ob es nicht durch ein Verb ersetzt werden kann.

alt	neu	Kommentar
Wir möchten unseren Dank zum Ausdruck bringen.	Wir danken. Wir danken herzlich.	Mit «m ö c h t e n» bekunden Sie eigentlich – genau genommen – bloss die Absicht zu danken. Nomenstil meiden!
Wir geben Ihnen die Erlaubnis, vor unserem Haus parkieren zu dürfen.	Wir gestatten Ihnen gerne(,) vor unserem Haus zu parkieren. Das Parkieren vor unserem Haus ist erlaubt.	«Sie dürfen vor unserem Haus selbstverständlich parkieren» wäre bestimmt noch Sie-bezogener, doch vielleicht möchten Sie hervorheben, dass Sie das Parkieren erlauben …
Wir ziehen in Erwägung, das Parkieren zu verbieten.	Wir erwägen, das Parkieren zu verbieten.	«Wir beabsichtigen, das Parkieren zu verbieten» ist ebenso möglich, doch mit 'e r w ä g e n' wird das 'gründliche Überlegen' verstärkt.
Er konnte einen Nachweis erbringen, dass er nicht dabei war.	Er konnte beweisen, dass er unbeteiligt war.	«Für diese Annahme hatte er bis heute noch k e i n e n N a c h w e i s erbracht»; bei diesem Beispiel ist das Anwenden des Nomens 'N a c h w e i s' richtig.

• Unpassende Nomen, die mit Verben verbunden sind

Nomen sind zwar unentbehrlich, vielleicht aus stilistischen Gründen auch sinnvoll, doch oft wird der Text durch den Nomenstil schwerfällig.

Unpassende Nomen	Passender Ersatz
Bezug nehmen	sich beziehen
Erteilung einer Bewilligung	bewilligen

• Nomen, die eine Handlung bezeichnen sollen, machen den Text schwerfällig.

alt	neu	Kommentar
Im Falle eines Verlustes der Kundenkreditkarte ist ohne ausdrückliche Bewilligung die Neuausstellung durch das Personal unzulässig.	Nach ausdrücklicher Erlaubnis darf das Personal verlorene Kundenkreditkarten ersetzen.	Positiv schreiben, wenn es möglich ist, auf negierende (ablehnende) Botschaften verzichten.
Sie können mittels einer halben Drehung die Öffnung des Deckelverschlusses leicht erwirken.	Nach einer halben Drehung können Sie den Deckel abheben.	'mittels einer halben Drehung'; würden Sie in einem Gespräch jemandem das Öffnen eines Behälters so erklären …?
Unsererseits zeigen wir die Bereitschaft, auf den Antrag einzugehen und die Erhöhung der Rente um 10 % zu veranlassen.	Wir nehmen den Antrag an und veranlassen, dass die Rente um 10 % erhöht wird.	Wird die Rente erhöht, so ist der Antrag genehmigt. Es soll nicht nur die 'Bereitschaft', darauf einzugehen, gezeigt werden …

Fremdwörter, die keine Fachwörter sind, ersetzen wir.

Fremdwörter in unserer Sprache sollen nicht «**Modewörter**», sondern **Fachwörter** sein.

Fachwörter bezeichnen auf einen Blick oft eng begrenzte **Sachgebiete**, die zu umschreiben aufwändig, kaum möglich oder zu schwierig sind.

Fremdwörter*, auf die wir verzichten	passendes deutsches Wort
retournieren	zurücksenden, zurückbringen
avisieren	ankündigen, benachrichtigen
Feeling	Gefühl, Einfühlungsvermögen
prompt	rasch, sofort, unverzüglich, pünktlich, fachgerecht
effektiv	tatsächlich, wirklich, wirksam

*
Kann ein Fremdwort von den Lesern verschiedenartig interpretiert werden, so muss es ersetzt werden.

Fachwörter	
abonnieren	für eine bestimmte Zeit im Voraus bestellen, eine periodisch wiederkehrende Leistung vereinbaren
Amateur	jemand, der eine Sache nicht berufsmässig betreibt
bankrott	finanziell zusammengebrochen, zahlungsunfähig
Chassis	Fahrgestell bei Fahrzeugen
Chauffeur	Das französische Wort 'Chauffeur' wird in unserem Sprachgebrauch mit 'Kraftwagenführer' und nicht mit 'Heizer' verknüpft.
City	Bezeichnung für *Innenstadt* oder *Geschäftsviertel* in Grossstädten
Delinquent	Übeltäter
etikettieren	beschildern, Waren beschriften
Formular	Vordruck, Muster
Garage	Raum zum Abstellen von Fahrzeugen
Hurrikan	verheerender tropischer Wirbelsturm
konservieren	erhalten, haltbar machen
Matinee	Vormittagsveranstaltung
Mumie	einbalsamierter Leichnam
Oper	musikalisches Bühnenwerk
parzellieren	Grossflächen in kleine Grundstückflächen aufteilen
Quiz	Dieses Stichwort macht uns klar, dass es sich um ein Frage- und Antwortspiel in Rätselform handelt.
Menu à la carte	Ein Gericht, das von der Speisekarte gewählt wird.

TIPP 5: Schreiben Sie Leser-orientiert und damit wirkungsvoll.

Weder der «Ich-» noch der «Wir-Stil» spricht die Leser an. Ein Brief in natürlicher, lebendiger Sprache wird leicht verstanden und regt zum Weiterlesen an.

alt	neu	Kommentar
Aus den Prospekten können Sie selber ersehen, dass wir diverse Bürosessel anbieten, und die Preisliste nennt Ihnen beiliegend zu unseren Angeboten die neuesten Preise.	Im Prospekt finden Sie das reichhaltige Angebot bequemer Bürosessel sowie die aktuelle Preisliste.	Mit 'ersehen' wird ein Wort gewählt, das nicht einmal in der Mundart gebraucht wird … Wie soll die Preisliste 'Preise nennen' können …?
Wir senden Ihnen beiliegend einen Prospekt, der alle für Sie nötigen Angaben zur Ferienreise enthält.	Wünschen Sie detailliertere Auskünfte über Ihre bevorstehende Reise? Dem beiliegenden Prospekt können Sie weitere Angaben entnehmen.	Wir senden *beiliegend* … Hier steht dieses Wort fälschlicherweise als Adverb. Richtige Anwendung als Adjektiv: *beiliegender* Prospekt. «Für Sie nötige Angaben» … Wären für andere etwa mehr Angaben nötig? Zudem: Woher sollen wir wissen, welche Angaben der Leser für nötig findet …?
Man legt einfach eine neue Toner-Kassette ins Gerät, das nachher wieder zu einem Kontrollcheck eingeschaltet wird.	Nachdem Sie die neue Toner-Kassette eingefügt haben, schalten Sie das Gerät zur Funktionskontrolle ein.	Übersichtlich gegliederte oder kurze Sätze sind wesentlich schneller zu erfassen und zu verstehen. Wortwiederholungen meiden.
Die Anfrage über einen günstigen Wäschetrockner haben wir mit Interesse zur Kenntnis genommen.	Vielen Dank für Ihre Anfrage. Für Sie haben wir ein besonders günstiges Angebot ausgesucht:	Der *Nomenstil* bringt langweilige Sätze. Mit passenden Verben werden die Sätze geschmeidiger.
Wir geben diesen Monat zum Jubiläum allen unseren Stammkunden beim Einkauf einen Rabatt von 10 %. Wir zählen Sie auch dazu.	Als Stammkunde erhalten Sie bei Ihren Einkäufen während des ganzen Jubiläumsmonats 10 % Treuerabatt.	Mit dem Grundsatz der Sie-Bezogenheit sprechen Sie den Briefleser an. Der Adressat hat nicht das Gefühl, dass ihm etwas *«von oben herab»* gewährt wird.
Für Ihre rasche Erledigung betreffend Mängelrüge sind wir Ihnen sehr dankbar.	Wir hoffen, dass Sie die Mängel möglichst rasch beheben können.	Wer soll erledigt werden? Passivsatz: Sind wir dankbar.
Wir machen Sie höflichst darauf aufmerksam, dass die bestellten Produkte teuerungsbedingt auch für Sie halt teurer geworden sind.	Wir bedauern sehr, dass die Artikel wegen der allgemeinen Teuerung aufgeschlagen haben.	höflich – höflicher, am höflichsten … 'höflichst'… in Briefen veraltete, floskelhafte adverbiale Wendung; es gibt keinen Grund, das Wort 'höflichst' in Briefen noch zu verwenden.
Wir sind nächsten Monat in Ihrer Gegend. Bei dieser Gelegenheit sehen wir vor, auch Ihnen unsere günstigen Qualitätsprodukte vorzustellen. Sie erhalten zuvor ein Telefon von uns.	Gerne möchten wir Sie besuchen, damit auch Sie unsere preiswerten Qualitätsprodukte kennen lernen. Deshalb erlauben wir uns, Sie in den nächsten Tagen anzurufen.	Die alte Version ist eindeutig bloss aus der Sicht des Schreibers entstanden. Wir möchten Sie besuchen. Der Besuchstermin vom 'nächsten Monat' kann beim Anruf vereinbart werden, gehört noch nicht in den Brief.

TIPP 6 — Dialektfärbungen und Belehrungen meiden.

Unser Ziel ist eine gepflegte Verhandlungssprache, ohne umständliche Formulierungen, Satzblähungen oder Belehrungen.

alt	neu	Kommentar
Wir tragen den Gedanken, die Halle zu mieten.	Wir möchten die Halle mieten.	Mit 'möchten' oder 'wollen' können Sie eine Absicht bekunden.
Wir bedanken uns für die obgenannte Anfrage und erlauben uns, Ihnen folgendes günstiges Angebot anzubieten:	Vielen Dank für die Anfrage. Gerne unterbreiten wir Ihnen ein günstiges Angebot:	Nach einer Anfrage braucht es keine «Erlaubnis» zur Antwort. «Sich bedanken», in der Mundart häufig, ersetzen Sie durch «danken», oder einfach durch «Vielen Dank» oder «Besten Dank».
Wir bitten Sie um Mitteilung, ob für die Pünktlichkeit der Lieferung Gewähr ist.	Bitte bestätigen Sie den vorgeschlagenen Liefertermin.	Mit der «Pünktlichkeit der Lieferung» ist der Liefertermin gemeint.
Es würde uns freuen, wenn uns ein Vertreter Ihrer Firma im nächsten Monat zu einer näheren Besprechung besuchen könnte.	Es freut uns, wenn uns Ihr Vertreter im kommenden Monat besucht.	Ein Vertreterbesuch ist in der Regel immer mit einem Gespräch (Besprechung) verbunden.
Wir teilen mit, dass die Ware erst in zehn Tagen zur Auslieferung kommen wird.	Wir sorgen dafür, dass Sie die Ware in zehn Tagen erhalten (werden).	Der Nomenstil wurde durch die Sie-Bezogenheit abgelöst. Der Satz hat auch ohne «werden» futurale Bedeutung.
Es stimmt nicht, was Sie uns am Telefon gesagt haben.	Ihre telefonische Nachricht entspricht nicht den uns vorliegenden Angaben.	Sich nicht in eine Wertungsdiskussion einlassen, sich ohne weitere Belehrung auf Fakten beziehen.
Wir nehmen Bezug auf Ihren heutigen telefonischen Anruf.	Vielen Dank für Ihren Anruf von heute.	Nomenstil meiden! Gibt es Anrufe, die nicht telefonisch sind?
Wir wären Ihnen sehr dankbar, wenn Sie uns wirklich pünktlich auf den abgemachten Termin liefern könnten.	Wir erwarten die Lieferung am vereinbarten Termin.	Konjunktiv 2, «wären» und «könnten»: In der Mundart häufig, doch in Briefen eher rar. Sätze im Indikativ sind prägnanter und auch stilistisch besser.
Von wo aus konnten Sie als Fussgänger beim Spazieren sehen, wie das Auto und das Velo zusammenstiessen?	Wo standen Sie, als Sie die Kollision der Fahrzeuge (des Autos mit dem Fahrrad) beobachten konnten?	Ein Spazierender ist doch in der Regel ein Fussgänger … 'Spazieren' ist nebensächlich.
Könnten Sie uns ein Referenzmuster schicken?	Ist es Ihnen möglich, uns ein Referenzmuster zuzustellen?	Das Muster 'zustellen lassen' anstelle von 'schicken lassen' tönt etwas feiner. Hier auf Konjunktiv 2 'könnten' verzichten.

TIPP 7 — Wir wählen so oft wie möglich den Wirkungsstil und achten auf die «SIE-Botschaft»!

Unser Ziel ist eine gepflegte Verhandlungssprache, ohne umständliche Formulierungen, Satzblähungen.

alt	neu	Kommentar
Für die Prüfung dieses Gesuches und Ihre entsprechende Stellungnahme in den nächsten Tagen bedanken wir uns im Voraus bestens.	Wird es Ihnen möglich sein, das Gesuch zu prüfen und uns in den nächsten Tagen zu benachrichtigen?	Nomenstil meiden. Sie können den Adressaten auch mit einer Frage wirkungsvoll ansprechen.
Für weitere Fragen und Informationen zur Prämienberechnung stehen wir Ihnen zur Verfügung.	Wünschen Sie weitere Auskünfte zur Prämie, so freuen wir uns auf Ihren Anruf.	«*Wünschen Sie weitere Auskünfte zur Prämie, so erreichen Sie uns tagsüber unter 041 370 91 21 (Frau I. Bütler)*» ist noch Sie-bezogener. Man soll dem Leser durch konkrete Angaben e c h t e Unterstützung geben.
Für weitere Fragen stehen wir Ihnen jederzeit gerne zur Verfügung.	Für weitere Auskünfte stehen wir Ihnen gerne zur Verfügung.	Wer hat schon gerne F r a g e n ? Zwar gibt man «*Auskünfte*» nach Fragen, doch es klingt Sie-bezogener. Übrigens: Stehen Sie tatsächlich j e d e r z e i t zur Verfügung?
Gemäss Ihrem Brief haben wir die Mitteilung erhalten, dass Sie den Hauseingangsschlüssel verloren haben und deshalb einen neuen brauchen.	Sie teilen uns (schriftlich) mit, dass Sie einen Ersatzschlüssel für die Haustüre brauchen.	Schreiben Sie kurz und prägnant. Wählen Sie die passenden Begriffe wie '*Ersatz*' oder '*Haustüre*'.
Ebenfalls beiliegend senden wir die Rechnung.	Sie finden beiliegende Rechnung.	Der Absender liegt doch nicht bei! Das Wort '*beiliegend*' darf in dieser Anwendung als A d j e k t i v, jedoch nicht als *Adverb* gebraucht werden.
Nach Angabe Ihrer Vorschriften sind die Pläne angepasst worden.	Die Pläne entsprechen nun den von Ihnen gewünschten Anpassungen.	Sie-Bezogenheit wird deutlich, und zudem konnte ein Passivsatz vermieden werden.
Die Ersatzteile werden bei dieser Reparatur nicht in Rechnung gestellt.	Sie erhalten zu diesen Reparaturarbeiten sämtliche Ersatzteile gratis.	Es ist die gleiche Botschaft, doch der Satz ist aktiv und wirkt kundenbezogen.
Wir machen Sie darauf aufmerksam, dass unsere Karte voll von guten Fischen ist.	Auf unserer Karte finden Sie Menüangebote mit schmackhaften Süsswasserfischen.	Sie-Bezogenheit und die Information an die Kundschaft ist umfassend.
Ihr Auto wird in den nächsten Tagen repariert und Sie werden dann Bericht erhalten.	Ihr Auto reparieren wir noch diese Woche und Sie erhalten umgehend Bericht.	Passivsatz wird aktiv. Der Kunde wird etwas präziser (Sie-bezogener) auf den Reparaturtermin hingewiesen.

Wörterbuch zum Nachschlagen

a
gestern, heute Abend
gegen Abend
abends, abends spät
zu Abend essen
abwärts gehen
in Acht nehmen
8-jährig, die 8-Jährige
8-mal
allein erziehend
allein stehend
im Allgemeinen
allzu oft, allzu sehr
alles beim Alten lassen
für Alt und Jung
der Montagabend
montagabends
Anfang Juni
im Argen liegen
aufseiten
    auf Seiten
aufwärts gehen
aufgrund
    auf Grund
bei Arm und Reich
aufrauen, aufgeraut
aufwändig
    aufwendig
auseinander gehen
auseinander setzen
auseinander halten
aus sein

b
Balllokal
    Ball-Lokal
Basssänger
behände, Behändigkeit
beieinander sitzen
beisammen sein
bekannt geben
belämmert
jeder Beliebige
Bändel
im Besonderen erwähnen
besser gehen
es ist das Beste, wenn ...
aufs Beste (beste) geregelt
zum Besten geben
bestehen bleiben
Bestellliste
    Bestell-Liste
in Betreff
Betttuch
    Bett-Tuch
in Bezug auf, mit Bezug
ein bisschen (wenig)

ein Bisschen
    kleiner Bissen
blank poliert
Blässhuhn
    Blesshuhn
blau gestreift
bleiben lassen
im Bösen wie im Guten
Bouclé
    Buklee
des Langen und Breiten

c
cash (bar), das Cash
der Cashflow
Count-down
    Countdown
Come-back
    Comeback
Comestibles
Compactdisc
    Compact Disc
Conceptart
    Concept-Art
Corpus Delicti

d
da sein, da gewesen
dabei sein
dahinter kommen
dank seines/seinem
nichts dafür können
Dampfschifffahrt
darüber fahren
darüber fallen
    aber: drüberfahren,
    drüberfallen
darüber fliegen
darüber stehen
darunter liegen
Daten verarbeitend
davor hängen
davor schieben
dein (in Briefen klein!)
Mein und Dein kennen
Delfin
    Delphin
delfinschwimmen
Delikatess(en)geschäft
Delikatesssenf
    Delikatess-Senf
deplatziert
Derartiges erleben
des(sen) ungeachtet
des Weiteren
deutsch sprechendes Paar

Deutsch sprechende Frau
dicht gedrängt
Dienst habend
Dienst tuender Arzt
Differenzial
    Differential
Diktafon
    Diktaphon
Dilemma
Dilettant
dir (im Brief klein!)
doppelt wirkendes Mittel
dort zu Lande
    dortzulande
drei viertel voll
drei viertel acht
dreiviertellang
das Drittletzte
drückend heisses Wetter
jemanden mit Du anreden
im Dunkeln lassen
im Dunkeln tappen
dünn besiedeltes Land
durchbläuen
durcheinander bringen
dusslig, Dussligkeit
Dutzend(e) Male
    dutzend(e) Mal(e)

e
ebenso viel
ebenso wenig
ebenso gut
ebenso lange
ebenso oft, ebenso viel
aufs Eindringlichste
das Einfachste ist, wenn ...
aufs Eingehendste
einige Mal
einige tausend
einige Tausend
eins sein
einwärts gebogen
einwärts gedreht
einwärts gehen
einzeln stehendes Haus
das Finzelne
ich als Einzelner
ins Einzelne geregelt
im Einzelnen noch klären
das Einzige, Einzigartige
Eis laufen, Eis gelaufen
Eisen verarbeitende Kunst
Ekel erregende Brühe
    ekelerregende
Ekstase
eng anliegend

eng befreundet
eng umgrenzt
eng verwandt
(nicht) im Entferntesten
aufs Entschiedenste
Entsetzen erregend
    entsetzenerregend
die Entwäss(e)rung
das Entweder-oder
Erfolg versprechend
    erfolgversprechend
Erholung suchend
    erholungsuchend
der Erholung Suchende
    der Erholungsuchende
ernst gemeinter Rat
ernst zu nehmende Idee
fürs Erste, zum Ersten
etliche Mal
euch (in Briefen klein!)
existenziell
    existentiell

f
Rad fahren
spazieren fahren
fahren lassen
Fairness
Fairplay
    Fair Play
fallen lassen
anheim fallen
Falllinie
Fall-out
    Fallout
falsch gespielt
falsch liegen
falsch spielen
Fantasie
    Phantasie
fantasiebegabt
fantasielos, fantasievoll
fantasieren
Fantast
    Phantast
Fassette
    Facette
Fastfood
    Fast Food
das Fax
der Faxanschluss
Feed-back
    Feedback
fein gemahlen
fein geädert
fein geschnitten
fein vermahlen

fein machen
fein schleifen
fern halten
fern liegend
fern stehen
fertig bringen
fertig zu bringen
fertig bekommen
fertig machen
fertig stellen
fest besoldet
fest binden (ganz fest)
festbinden (anbinden)
fest geschnürte Schlinge
fest angestellt
fest gefügt
festfahren
festlegen
festnehmen
fest stehen (fester Stand)
feststehen (es ist sicher)
festgesetzter Zeitpunkt
fest verwurzelt
fest kochendes Gemüse
fett gedruckt
Fetttusche
    Fett-Tusche
Feuer speiender Vulkan
First-Class-Hotel
Fisch verarbeitend
Fleisch fressende Pflanze
Fliegender Fisch (Art)
Flipchart
    Flip-Chart
Floppydisk
    Floppy Disk
flöten gehen
flott gehendes Geschäft
flott geschriebenes Buch
flüssig machen
Flusssand
    Fluss-Sand
Folgendes
das Folgende
aus Folgendem
im Folgenden
alle Folgenden
föhnen (Haar föhnen)
Fosburyflop
    Fosbury-Flop
Fotografie
    Photographie
Fotolithografie
    Photolithographie
Fotosynthese
    Photosynthese
Frappé
    Frappee

Freejazz
    Free Jazz
frei lebende Tiere
frei lebend
freimachen (ausziehen)
der Frigidär
    Frigidaire
frisch gebacken
frittieren
Fritteuse
froh gelaunt
frohlocken
fronen, frönen
Frotté
    Frottee
früh verstorben, vollendet
zum Frühesten
mit dem Frühesten
allzu früh
von früh auf
frühestens
Dienstag früh
Fuffziger
spazieren führen
5-Tonner
    Fünftonner
Funken sprühend
Furcht einflössend
    furchteinflössend
Furcht erregend
    furchterregend
fürlieb nehmen
Furnier
fuss(e)liger Stoff

g
Gams, Gämse
Gamsbart
gämsfarben
Gämsjäger
Gärung
im Grossen und Ganzen
ums Ganze, fürs Ganze
ganzgare Haut
gar gekochtes Fleisch
gassaus, gassein
Gebräu
Gefahr bringend
    gefahrbringend
gefangen halten
gefangen zu nehmen
dunkel gefärbt
das Gegebene
gegeneinander drücken
gegeneinander prallen
gegeneinander geprallt
geheim halten

geheim zu halten
im Geheimen
Geheimtipp
geheim tun
sich gehen lassen
jemanden gehen lassen
das Geheul
Gehrock
Gehrung
gut gelaunt
Gelbe Rüben
gelblich rot, gelblich grün
gut gemeinter Vorschlag
genau genommen
aufs Genau(e)ste
des Genaueren erläutern
genauso gut
genauso lange
Genre
Geograf, Geografie
    Geograph, Geographie
gut geordnete Bibliothek
gut gepflegter Rasen
gerade biegen
gerade halten
gerade stehen
gerade zu halten
geradeso gut
ein Geringes tun
nicht das Geringste tun
nicht im Geringsten stören
gering schätzen
gering zu achten
allzu gern
gern gesehen
im Gesamten
gut gesinnter Mensch
Gesöff
Geste, Gestik
gesundschreiben
getrennt lebende Partner
der Gewahrsam
Gewinn bringende Arbeit
    gewinnbringend
Gewinnnummer
    Gewinn-Nummer
Ginfizz
    Gin-Fizz
Gingerale
    Ginger-Ale
glänzend schwarze Haut
glatt hobeln
glatt ziehen
glatt rühren
das Gleiche (dasselbe)
aufs Gleiche hinaus
Gleich und Gleich
gleich denkend

gleich lautend
gleich gesinnter Mensch
gleich gestimmt
gleich geblieben
gleich geartet
2-gliedrig
    zweigliedrig
Glimmstängel
Glissade
glitzrig
Glossar, glossieren
Glück bringendes Los
    glückbringendes
glühend heisses Eisen
der goldene Schnitt
goodbye!
3-gradig
Grafologe
    Graphologe
Grapefruit
Grafit, grafitgrau
    Graphit
grau melierte Haare
Gräuel
Grauen erregend
    grauenerregend
äusserst grauenerregend
graulen (sich fürchten)
gräulich (zu Grauen)
grell beleuchtete Bühne
grifffest, grifflos
grob gemahlener Kaffee
aufs Gröbste beleidigen
    aufs gröbste beleidigen
gross gemustert
gross kariert
gross angelegter Plan
im Grundsätzlichen
zu Gunsten der Familie
    zugunsten der Familie
gustieren

h
haften bleiben
haften bleibende
halb leer, halb nackt
halt rufen
    Halt rufen
Halt machen
ich mache Halt
Halt zu machen
Halt gemacht
unter der Hand
überhand nehmen
eine Hand voll
Händchen haltend
Handel treibend

hanebüchen
hängen bleiben
hängen lassen
Happyend
   Happy End
Harass
hart gebrannter Ton
hart gefrorener Boden
hart gewordenes Brot
hart gekochtes Ei
Haus halten
haushalten
zuhause
   zu Hause
nachhause
   nach Hause
heilig halten
heilig sprechen
heilig gesprochen
heilig zu sprechen
heimlich tun
heiss begehrt
heiss ersehnt
heisslaufen
   heiss laufen
Motor ist heissgelaufen
   Motor ist heiss gelaufen
heiss umkämpft
heiss umstritten
hell leuchtender Stern
hell lodernde Flamme
helllichter Tag
heran sein, heraus sein
herausarbeiten
herausfordern
herum sein
heute Abend
heute Mittag, heute Nacht
hier behalten
hier bleiben
hierher kommen
hier lassen
Highsociety
   High Society
die erste Hilfe
Hilfe bringend
Hilfe suchend
mithilfe
   mit Hilfe
hin sein
hintereinander fahren
hintereinander gehen
hinterher sein
hinüber sein
hinübergehen
er ist hinübergegangen
Hitze abweisender Stoff
   hitzeabweisender Stoff

hoch schätzen
hoch begabt
hoch gesteckte Ziele
hoch qualifiziert
hoch stehend
Hof halten
höher stufen
höher gestellt
Holz verarbeitend
Hotdog
   Hot Dog
Hotpants
   Hot Pants
halbes Hundert Mal
100-prozentig
   100%ig
100stel-Sekunde
der Hundertste
hungers sterben
Hurra schreien
   hurra
Hypertonie

i
im Allgemeinen
   i. Allg.
Identitätskarte
ihr (in Briefen klein)
Ihre (Höflichkeitsform)
im Argen liegen
im Besonderen
im Einzelnen
immer währender Herbst
im Nachhinein
im Stande sein
   imstande
im Übrigen
im Voraus
im Vorhinein
in Betreff
in Bezug auf
ineinander fliessen
infrage stellen
   in Frage stellen
infrage kommende Regel
das In-Kraft-Treten
inne sein, innewerden
Insekten fressendes Tier
in Stand halten
   instand halten
irgendetwas
irrewerden, irrwerden
   irrgeworden

j
Jacketttasche
   Jakett-Tasche

4-jährig, 4-Jähriger
jedes Mal
irgendjemand
Jobsharing
Jogurt
   Joghurt
Jung und Alt
Jury

k
kahl bleiben, kahl fressen
kahl scheren
kalorienarm
kaltgepresstes Öl
kalt lächelnd
kaltstellen, kalt stellen
Känguru
Kapelle
Karamell
Kartografie, Kartograf
   Kartographie, Kartograph
Katarr
   Katarrh
Keepsmiling
Kegel schieben
kennen lernen
kennen gelernt
kennen zu lernen
Kennnummer
   Kenn-Nummer
sich im Klaren sein
es ist klar geworden
klar denkend, klar sehen
kleben bleiben
kleben zu bleiben
Kleeeinsaat
   Klee-Einsaat
Klein und Gross
im Kleinen betrachtet
bis ins Kleinste geplant
klein gemustert
klein geschrieben
klein kariertes
Klemmmappe
   Klemm-Mappe
klitschnass
knapp halten
kochend heisses Wasser
Kohle führende Flöze
kölnisch(es) Wasser
Koloss
Kontrolllampe
   Kontroll-Lampe
Kopf stehen
habe Kopf gestanden
Kosten sparend
   kostensparend

Kostüm
krankmelden
krankschreiben
Krebs erregendes Mittel
   krebserregendes Mittel
Krieg führende Partei
Kristallleuchter
   Kristall-Leuchter
krumm nehmen
Kunststofffolie
   Kunststoff-Folie
Kür laufen, Kür gelaufen
den Kürzeren ziehen
über kurz oder lang
vor kurzem
seit kurzem
kurzarbeiten
zu kurz kommen
kurz treten
kürzer zu treten
kurz gefasste Erklärung
kurz gebratenes Fleisch
kurz geschnittene Haare
Kustode

l
lahm legen
den Verkehr lahm gelegt
Lamé
   Lamee
hier zu Lande
   hierzulande
ein Langes und Breites
des Langen und Breiten
des Längeren
allzu lang
lang ziehen
lang gezogene Kurve
lang gehegt
lang gestreckt
länglich rund
längs gestreift
langstäng(e)lig
langstielig
La-Ola-Welle
Laub tragender Baum
auf dem Laufenden sein
den Motor laufen lassen
lebend gebärende Tiere
lebendig gebärende Tiere
Leben spendend
Leder verarbeitend
leer laufen lassen
leer stehende Wohnung
leichenblass
es ist mir ein Leichtes
es ist mir leicht gefallen

209

leicht beschwingte Musik
leicht bewaffnet
leicht entzündlicher Stoff
leicht verdauliche Speise
die Leichtverletzten
  die leicht Verletzten
kennen lernen
kennen zu lernen
lieben lernen
zum letzten Mal
der Letzte, der kam
dies ist das Letzte
bis ins Letzte planen
Letzteres wird geprüft
leuchtend blaue Augen
lieb haben
lieb gewordene Sache
liegen geblieben
liegen gelassen
liegen lassen
links stehender Politiker
Linksabbieger
der Linksaussen
3-linsig
Lizenziat
  Lizentiat
Lizenz
losschrauben
etwas loswerden
Luftschifffahrt
  Luftschiff-Fahrt
lynchen

m
Maître de Plaisir
Dutzende Mal
  dutzende Mal
Millionen Mal
Maläse
  Malaise
3-malig
Maschine schreiben
Maschine geschrieben
Maschine zu schreiben
maschinegeschrieben
Mass halten
Mass haltende Forderung
Metalllegierung
  Metall-Legierung
mies machen
der Miesmacher
das Mindeste
  das mindeste
im Mindesten
  im mindesten
5-minütig
5-minütlich

missachten
mit berücksichtigen
  mitberücksichtigen
mithilfe
  mit Hilfe
Mitleid erregend
  mitleiderregend
gestern Mittag
heute Mittag
morgen Mittag
dienstagmittags
Dienstagmittag
Mixedgrill
  Mixed Grill
modebewusst
das Mögliche tun
alles Mögliche tun
sein Möglichstes tun
der Mopp
morgen Abend
morgen Nachmittag
gestern Morgen
heute Morgen
morgen früh
  morgen Früh
für morgen
zu morgen
Multiplechoiceverfahren
  Multiple-Choice-
  Verfahren
mündig sprechen
mündig gesprochen
ein paar Mund voll Brot
Musik liebend
müssig gehen

n
Nachbess(e)rung
im Nachfolgenden lesen
im Nachhinein
morgen Nachmittag
der Nächste, bitte!
das Nächste wäre zu tun
Nachstehendes lesen
im Nachstehenden tun
nah verwandte Personen
nahe bringen
nahe gebracht, gelegen
des Näheren erläutern
nahe liegender
ihm nahe stehen
nahe kommen
nahe legen, nahe liegend
näher liegend
näher stehen
das Nämliche tun
nassfestes Papier

nationalbewusst
nebeneinander legen
nebeneinander sitzen
im Nebenstehenden
Negligee
  Negligé
Nessessär
  Necessaire
neu eröffnetes Geschäft
neu geschaffen
aufs Neue beginnen
auf ein Neues
neu bearbeitetes Werk
neu vermähltes Paar
nicht eheliches Kind
  nichteheliches Kind
nicht öffentlich
  nichtöffentlich
Nichtzutreffendes
  nicht Zutreffendes
nicht rostend
nichts ahnend, sagend
Hoch und Niedrig (jedermann)
ein Hoch und Nieder
niedrig stehend
No-Name-Produkt
  Nonameprodukt
Non-Food-Abteilung
  Nonfoodabteilung
Non-Stop-Flug
  Nonstopflug
Not leidend
notlanden
notgelandet
Nummerierung
nummerieren
nummerisch

o
o-beinig
o. Ä., oder Ähnliche(s)
obenauf liegen
obenaus schwingen
oben erwähnt
oben genannt
obenher gehen
obenher, obenherum
oben stehend
Obiges, im Obigen
Occasion
  Okkasion
die Odyssee
offen bleiben, offen legen
offen halten, offen lassen
offen stehend
Offerte
Offerent

offline
Offlinebetrieb
des Öfteren, des Öftern
Openair
  Open Air
Ordonanz
  Ordonnanz
Orthografie
  Orthographie

p
paar Mal
paarweise
Panter
  Panther
Papier verarbeitend
Pappmaschee
  Pappmaché
Paragraf
  Paragraph
parallel gelaufen
parallel geschaltet
passee
  passé
patsch(e)nass
penetrant
perfid
die Perfidie
10-Pfünder
Phantast
  Fantast
Phonodiktat
  Fonodiktat
Photozelle
  Fotozelle
pitschenass,
pitschepatschenass
plantschen
  planschen
platzieren
  Platzierung
Platz sparend
  platzsparend
Platzierungsvorschrift
Portemonnaie
  Portmonee
plumpvertraulich
potenzial
  potential
präferenziell
  präferentiell
pretiös
  preziös
Probe fahren
Profit bringend
  profitbringend

q

Quackelei
Quacksalber
quadrofon
   quadrophon
Quäntchen
quanteln
Quartal(s)abschluss
quasseln, Quasselei
quatschnass
quer gegangen
quer legen
quer schiessen
Querulant
Quizmaster
Quorum

r

Racket
Raclette
Rad fahren
Rad schlagen
um Rad zu fahren
Rammmaschine
   Ramm-Maschine
Rat suchend
Ratsuchende
   Rat Suchende
zurate (zu Rate) ziehen
rau, ein raues Wesen
Raubein, raubeinig
rauborstig
Raufrost, Raureif
Rauhaardackel
Raumschifffahrt
   Raumschiff-Fahrt
der Vollzug ist rechtens
für rechtens gehalten
rechts stehende Partei
reich geschmückt
rein waschen
   reinwaschen
rein goldener
   reingoldener
rein wollen
   reinwollen
ins Reine bringen
ins Reine schreiben
Respekt einflössend
   respekteinflössend
Rhythmus
richtig gehende Uhr
richtig stellen
im Rohen fertig sein
Rohheit
Rollladen
   Roll-Laden

rosig weiss
rot glühend
rückwärts gegangen
rückwärts gehen
rückwärts gewandt
ruhen lassen
ruhig stellen

s

Saisonier
   Saisonnier
Salesmanager
St.-Galler Bratwurst
   St. Galler Bratwurst
sauber halten
sauber gehalten
sauber zu halten
sauber machen
Saure-Gurken-Zeit
   Sauregurkenzeit
sausen lassen
Saxofon
   Saxophon
Schallloch
   Schall-Loch
zu Schanden gehen
   zuschanden gehen
Schänke
   Schänktisch
aufs Schärfste verurteilen
   aufs schärfste verurteilen
Schatten spendend
Schauder erregend
   schaudererregend
scheel blickend
schick
Schickimicki
schief gegangen
schief gelegen
schief gewickelt
schlecht beraten
schlecht bezahlter Job
schlecht gelaunt
schlecht machen
aufs Schlimmste täuschen
   aufs schlimmste täuschen
Schmutz abweisend
   schmutzabweisend
schmutzig grau
sich schnäuzen
Schneewechte
aufs Schönste
   aufs schönste
Schrecken erregend
   schreckenerregend
geschrien
zu Schulden kommen lassen

zuschulden kommen lassen
schuldbewusst
schwach begabt
schwach betont
schwarz malen/sehen
schwer halten/fallen
schwerkriegsbeschädigt
Schwindel erregend
   schwindelerregend
Segen bringend
sein lassen
aufseiten (auf Seiten)
vonseiten (von Seiten)
zuseiten (zu Seiten)
selbst verdientes Geld
selbstständig
   selbständig
selig sprechen
sequenziell
   sequentiell
Skipass
   Schipass
sodass
   so dass
so genannt, sog.
sonst jemand
sonst was
Soufflé
   Soufflee
soviel ich weiss
so viel für heute
so viel du willst
rede nicht so viel
soweit ich ihn kenne
es ist so weit
sowenig er einsieht, dass
du hast so wenig gelernt
Spagetti
   Spaghetti
spät vollendete Oper
spazieren fahren
spazieren gegangen
spazieren zu fahren
speien, gespien
Sporen tragend
Staaten bildende Insekten
im Stande
   imstande
in Stand halten
   instand halten
Stängel
Stängelblatt
Standard
Standarte
stattdessen
   statt dessen
Staub abweisend
   staubabweisend

Staunen erregend
   staunenerregend
stehen geblieben
steif halten
im Stillen
Stillleben
   Still-Leben
stilllegen
Stopp, Stoppball
8-strahlig
stramm ziehen
   strammziehen
aufs Strengste
   aufs strengste
streng genommen
Strom führend
Stuckatur
substanziell
   substantiell
Suddendeath
   Sudden Death
synonym

t

zu Tage
   zutage
tausend
   Tausend
tausende
   Tausende
Tearoom
   Tea-Room
Teeernte
   Tee-Ernte
tief bewegte Stimme
tief empfundenes Mitleid
tief greifend
tief gefühlt
tiefgekühltes Obst
tief schürfend
aufs Tiefste
   aufs tiefste
tief verschneit
3-Tonner
todblass, todbleich
Tollpatsch, tollpatschig
totenblass
tot geboren
tot stellen
totlachen
totlaufen
totschlagen
treu ergeben
treu gesinnt
treu sorgend
Typografie
   Typographie

im Trockenen haben
auf dem Trock(e)nen sitzen
trocken sitzen
Tunfisch
    Thunfisch

u
u. Ä., und Ähnliches
übel nehmen
übel wollen
übel riechend
übereinander schlagen
übereinander werfen
übereinander gestellt
übereinander zu legen
überhand nehmen
überhand genommen
überhand zu nehmen
überschwänglich
Überschwänglichkeit
überwächtet (Pflanzen)
überwechtet (Schnee)
ein Übriges tun
alles Übrige
übrig behalten
übrig bleiben
u-förmig
    U-förmig
um sein
umso besser
umso grösser
umso weniger
im Umstehenden finden
ins Unabsehbare
Anzeige gegen unbekannt
unendliche Mal
ins Ungeheure
zu Ungunsten
    zuungunsten
Unheil bringend
uni gefärbter Stoff
im Unklaren sein
unplatziert
unten liegend, stehend
unselbstständig
    unselbständig
Unselbstständigkeit
    Unselbständigkeit
die Unsrigen
    die unsrigen
unter der Hand
Unzählige beteiligten sich

v
Varietee
    Varieté
verantwortungsbewusst

verbläuen
im Verborgenen bleiben
verloren gehen
verloren gegangen/ging
verschiedene Mal
Verschiedenes ist unklar
verschütt gehen
verselbstständigen
    verselbständigen
Vertrauen erweckend
Vibrafon
    Vibraphon
Lob der Vielen (vielen)
zu viele Leute
viel zu viel
viel gereister Mensch
viel sagender Blick
    vielsagender Blick
viel gepriesen
4-Achser
um viertel acht
um drei viertel acht
vierteljährig
eine Hand voll
im Vollen leben
aus dem Vollen schöpfen
voll gegessen, voll essen
voll stopfen
vonseiten
    von Seiten
im Vorausgehenden
im Vorhinein, im Vorigen
im Voraus, zum Voraus
heute Vormittag

w
wach halten
    wachhalten
wachrütteln
Wache stehend
Wechte
    Schneewechte
Wagon
    Waggon
Walfang treibend
warm halten
    warmhalten
warm laufen
    warmlaufen
Wasser abstossend
    wasserabstossend
zu Wege bringen
    zuwege bringen
weggemusst
wehtun
Ach und Weh schreien
weich gedünstet

weich kochen
weiss glühend
weit gereister Mensch
weiter tragende Folgen
weit reichende Vollmacht
    weitreichende Vollmacht
weit verzweigtes Netz
    weitverzweigtes Netz
des Weiteren
im Weiteren
weiter bestehen
    weiterbestehen
weit schauend
    weitschauend
die Dritte Welt
im Wesentlichen
wichtig tuende Leute
widereinander arbeiten
wieder geboren
    wiedergeboren
wieder sehen
    wiedersehen
wieder tun
das Wiedersehen
wieder verwenden
    wiederverwenden
wie viel
wievielmal
wie viele Male
wild lebende Tiere
wild wachsende Pflanze
3-wöchentlich
wohl bedacht
wohl beraten
wohl tun
wohl wollen
sich wund liegen

x
x-beinig
    X-beinig
x-Beliebige, x-beliebig
x-fach, x-fache
zum x-ten Mal(e)

y
y-Achse
Y-Chromosom
Yogi
    Jogi
Yogin
    Jogin
Youngster

z
zart besaitet, zart fühlend
die oberen zehntausend
    die oberen Zehntausend

5-zehig
eine Zeit lang
zielbewusst
Zierrat
2-zifferig
zigtausend
    Zigtausend
Zigtausende
    zigtausende
zufrieden geben
zufrieden lassen
zufrieden zu geben
zufrieden stellendes
zu Gunsten
    zugunsten
zu Grunde
    zugrunde
zu Hause
    zuhause
zu Lasten
    zulasten
zu Leide
    zuleide
zu Rande
    zurande
zu Rate
    zurate
zu Mute
    zumute
zum Voraus
zu Nutze
    zunutze
zu Schanden
    zuschanden
zurzeit (jetzt)
zur Zeit
zusammen sein
zusammen gewesen
zusammengefasst
zu Seiten
    zuseiten
zu Stande
    zustande
zu Tage
    zutage
zu viel des Guten
zu Wege
    zuwege
zu wenig
Zwanzigerjahre
    zwanziger Jahre
jeder Zweite
zum Zweiten
das zweite Gesicht
das Zweite Programm
12-Achser
12-achsig
Zylinder